朱杰人 著

中国结

—— 朱杰人时论散文集

增订本

华东师范大学出版社·上海

图书在版编目（CIP）数据

中国结：朱杰人时论散文集／朱杰人著. —增订本. —上海：华东师范大学出版社，2022
ISBN 978 - 7 - 5760 - 2928 - 4

Ⅰ.①中… Ⅱ.①朱… Ⅲ.①时事评论—中国—文集 ②散文集—中国—当代 Ⅳ.①D609.9 - 53②I267

中国版本图书馆 CIP 数据核字（2022）第 112637 号

中国结——朱杰人时论散文集（增订本）

著　　者　朱杰人
责任编辑　吕振宇
责任校对　时东明
装帧设计　高　山

出版发行　华东师范大学出版社
社　　址　上海市中山北路3663号 邮编200062
网　　址　www.ecnupress.com.cn
电　　话　021 - 60821666　行政传真 021 - 62572105
客服电话　021 - 62865537　门市（邮购）电话 021 - 62869887
地　　址　上海市中山北路3663号华东师范大学校内先锋路口
网　　店　http://hdsdcbs.tmall.com

印 刷 者　上海中华商务联合印刷有限公司
开　　本　890×1240　32开
印　　张　14.875
字　　数　330千字
版　　次　2022年7月第1版
印　　次　2022年7月第1次
书　　号　ISBN 978 - 7 - 5760 - 2928 - 4
定　　价　70.00元

出版人　王　焰

（如发现本版图书有印订质量问题,请寄回本社客服中心调换或电话021 - 62865537联系）

目 录

改版自序 / 1
序言一 孙　颙 / 1
序言二 刘永翔 / 1
写在前面的话 / 1

上编　时论

谈"百年大计" / 3
"连续作战"有感 / 5
无可非议的六千元收入 / 7
风度与修养 / 9
学会"严格的节制" / 11
羞辱后的发愤 / 13
学者的责任感 / 15
漫画与古籍的联姻 / 17
呼唤更多的学术基金会 / 20
文化的投入 / 22

民族的才是世界的 / 24
上海的色彩 / 26
强化国际意识 / 28
消费也是一种文化现象 / 30
"人大效率" / 32
提倡大学教授到中学兼课 / 34
何必溢美 / 36
由孟丽昭入党想到的 / 37
十五万册! / 39
古文今译得失谈 / 41
"马上办科" / 44
儒家文化是建设的文化 / 45
破"门户之见" / 47
"下海"以后 / 50
"炒一炒"学术如何 / 53
从《三国》歌曲想到《涛声依旧》 / 56
"吃公"的"二房东" / 58
愿"热线"变冷 / 60
广告行为 / 61
图书馆热 / 62
愿永葆微笑 / 63
如此修典 / 64
提倡双休日读点书 / 66
曹雪芹故乡何其多 / 68
"吃文化" / 71

何处看《商鞅》？ / 72

"成功学"的背后 / 73

树立创新意识 / 76

手剥小核桃 / 79

享受足球的快乐 / 81

君子不器 / 82

急不得 / 84

媚俗的代价 / 86

还学术一片净土 / 88

三只眼睛看书城 / 90

喜闻大学生进国青队 / 92

加强诚信教育 / 94

中国结 / 96

衣食足而思文化 / 98

骡马上岗的启示 / 100

吴文俊的实话 / 102

足球出城与京剧下乡 / 103

诚信动真格 / 105

北京"膀爷"与上海"睡衣" / 106

以新中国的速度前进 / 108

喜气洋洋 / 110

满街红旗满目星 / 112

期待宽容 / 114

易中天于丹走红的背后 / 116

捍卫古文 / 119

另一种"恶俗":假新闻与伪学术
　　——从所谓"朱熹故里之争"说起 / 122
"车让人"的文化要义 / 126
儒家价值同样有普世性 / 131
人之所以为人——解读《朱子家训》/ 136

中编　散文随笔

不堪回首：与妈妈有关的日子 / 141
朱昌均与韩中两国的民间文化交流 / 168
台湾学者林庆彰 / 185
榕城祭吴适 / 190
苏渊雷先生小传 / 193
"愿意终身在彷徨觅路之中" / 196
朱熹后裔在韩国 / 198
韩国的朱子后裔 / 202

中国人吃蜗牛 / 207
宋代的爊鸭 / 208
宋代的劳务市场 / 210
东坡请饭 / 212
中年诸葛亮 / 213
胡庆余堂的楹联 / 218
作为吉祥物的麋鹿 / 220

过年说"孝" / 222

书与教授与书房 / 226
一本成语词典 / 228
香港科技大学访问记 / 231
莲　花 / 234
忐忑城大行 / 237

朱子家礼的现代演绎 / 240
化民成俗
　　——婺源县朱子文化落地工程纪实 / 250
祠堂与理学 / 258
重视索引之学 / 261

致十七子
　　——刘永翔、严佐之荣退纪念文集序 / 265
我与田浩
　　——田浩《旁观朱子学——略论宋代与现代的经济、教育、文化、哲学》序 / 269
《本体即功夫——走进阳明学》序 / 275
《何立人医论医案选》序 / 282
《何立人膏方十五讲》序 / 288
《朱熹书法全集》序 / 292

《十三经汉魏古注丛书》序 / 297
朱茂男《走在朱子之路上》序 / 304
尤溪的朱子学担当
　　——《千秋文脉——朱子文化集萃》序 / 306
《朱子诗经学考论》序 / 308
《朱子一百句》（修订本）序 / 312
《苏颂文集》序 / 314
《阮刻〈毛诗注疏〉研究》序 / 318

朱岳中字序 / 321
王元声字序 / 322
李芳芳字序 / 323
朱丁丁字序 / 324
朱海虹字序 / 325

在程俊英先生追悼会上的讲话 / 326
在纪念琴人汪双池先生诞辰325周年
　　系列活动上的讲话 / 328
在祁儿婚礼上的讲话 / 333
在严子徽、孙默然婚礼上的讲话 / 338
祭先祖侍讲待制徽国文公墓文 / 340
紫阳书院第一期朱子思想学术读书班
　　结业告先师文 / 341
哭朱公祥南文 / 342

和语文教师谈谈文字学（一）
　　提倡学一点文字学 / 343
和语文教师谈谈文字学（二）
　　仓颉作书的传说——中国文字的源流 / 346
和语文教师谈谈文字学（三）
　　目中之形与意中之形——象形与指事 / 349
和语文教师谈谈文字学（四）
　　"波者水之皮"之谬——形声与会意 / 352
和语文教师谈谈文字学（五）
　　叔来与拾麦——假借与转注 / 357
和语文教师谈谈文字学（六）
　　许慎与《说文解字》/ 361

今天我们为什么要读朱熹？
　　——《新民晚报》记者姜燕在武夷山与朱杰人教授谈朱子学说的价值 / 364

下编　出版论文

拥抱时代机遇　提高人才竞争力 / 375
好的装帧　书的灵魂 / 378

不当"刘姥姥" / 380

你的名字叫"智慧" / 383

给您一个智慧的人生 / 386

刹刹出版跟风之风 / 394

学术出版的春天是否来临？让我们真诚地
期待 / 397

改制　大学社的历史拐点 / 404

为大众构建亲近学术的平台 / 415

责任与激情的产物
——《惊天地　泣鬼神——汶川大地震
诗钞》诞生记 / 419

阅读新药会让我们致癌吗？ / 425

学术出版是需要门槛的 / 427

传统出版：不要太过悲观 / 431

改革进取，促进出版社可持续发展 / 436

改版自序

《中国结》结集出版于2018年年底。编这一本小书,其初心是为了记录:记录国家的历史,也记录自己的历史。所以,我的编排在大类上作出上、中、下三编的安排后,基本上是以文章发表的时间为序。文章也不作改动,力求保持其历史原貌。有些文章现在看来很幼稚,甚至还有错误,我都不改,保留着。我想,这也是尊重历史。人不可能不犯错误,把过去的错误痕迹留着,对自己、对后人也是一种警示。

书印得很少。我当过出版社的社长,当然知道这一类书不可能畅销,印得越多,亏得越多,能印出来就上上大吉了。所以我对王焰社长满怀感激之情。可是没有想到的是,这本书出版不久就售罄了。向我要书的人越来越多,他们都说买不到,所以只好找作者。这使我大惑不解,我不知道都是一些什么人会买这本书,我的朋友?学生?亲戚?于是,我萌发了再印一版的念头。另外,2018年以后我又写了一些时文和散文,正好可以补充进去。当然,原版中有一些错字也可借此改过来。

还是要感谢王焰社长,她再一次满足了我的奢望。

这一次改版一共增补了25篇文章,这些文章有的是"游戏"之作,如字序、祭文。但于我而言,却是深有寄托的。仁者见仁,智者见智,读者可有自己的理解,更欢迎批评。旧版的文章还是保留原貌,仅个别的地方做了一点删节——

我不想让现在的年轻人"穿越"得太痛苦。

感谢吕振宇为此书所作的努力,他的认真、刻苦,使我感动。他的编辑水平日见提升,使我欣慰。

我还想借这个机会向两位为此书初版时写了序的人致谢。

一位是我的老领导——上海市新闻出版局的老局长孙颙。我在华东师大出版社当了十五年社长、三年董事长,他是看着我"长大"的。一个人在一家出版社主政十八年,这在新中国的出版史上并不多见。而我这个脾气不好又容易得罪人(尤其是领导)的人能"创造"这个记录,与孙局长有关。我上任后不久,他就对我们学校的党委书记张继顺说,以他的经验,出版社的成败与社长的稳定有关,频繁更换社长对出版社的发展最不利。张书记是个从善如流的领导,她采纳了孙局长的意见,于是我一干就是十八年。他在当局长的时期,正是中国大学出版蓬勃发展的时期,他对上海的大学出版社给予非常多的支持和关照。大学出版社因为体制上的原因,不受地方出版行政部门管辖。所以很多外地的大学社常常抱怨自己是"后娘养的"。可是在上海,我们受到的关爱绝不亚于局属出版社。我请他为我的书写序,其实心中是有点忐忑的。可是他一听立马答应,并说,有些话正是他想找机会讲的——他对大学出版倾注了感情,他对大学出版有自己独到的认知与理解。这是一个领导者智慧的体现和结晶,不能不被出版人所重视和钦佩。

另一位是我的同学和学长——刘永翔。称他为同学没有问题。称他为"学长"却有点问题,他其实比我们年龄都小。但是,在学业上,我们都承认他足以为"长"。本书的《致十七子》一文我已经详细描写了他所以能为十六子之长的缘由，这里就不再赘述了。我要说的是他给我写序。我要他写序，他有点为难，他说他用文言作文已成习惯，竟至不会用语体写作了。但是为一本语体文的书写一篇文言的序，恐怕会不伦不类。我说，没关系，你就用文言写，我喜欢。我之所以一定要他写，是因为除了他没有第二人可以当得此任。在我的同学中他对我最了解，也最理解。我们的学术见解也大多相通。还有，就是他对我生活和工作上的帮助也是最多的，记得在我最困难的时候，是他伸出援手，使我度过了难关。后来序写好了，竟然是一篇漂亮的语体文。他说自己是荒废了语体写作之能，实际上他是藏而不露。尤其让我佩服的是，他在序中写我，写得比我自己写自己还传神，可见，他是真的了解我。

他们两位的序，都是在我的书（初版）已成型待印的时候给我的。生米已经煮成了熟饭，连让我道谢的机会也不给。现在好了，能够再版，也有机会对他们说一声谢谢了。

最后，我要感谢老同学张蝶英。她是我大学时代全年级公认的才女。她为我的书改版通读了全书，改正了不少错误。她读过一遍，我可以放心了。

朱杰人写于2021年的儿童节

序言一

我与朱杰人先生的关系,像我与很多值得敬重的同行一样,既熟悉,又不熟悉。说熟悉吧,我们多年一起行走于出版的艰辛之路,在各种会议上碰到了,有许多心领神会的专业交流,彼此启发和激励;说不熟悉吧,我们几乎没有个人私交。交往最密切的一回,记得是本世纪初的某年,在台湾办首届上海书展,上海去了一批出版人和作家,我和朱杰人先生,均是代表团成员。也就是在那一次,我才知道他是古代大思想家朱熹的后代,在朱氏家族的联谊会中,他还是举足轻重的人物,所以,他要趁这次访问,见一下在台湾的朱熹后人。

因为这种既熟悉又不熟悉的状况,我对朱杰人先生的了解就很局限。原先,我知道他在古典文化方面造诣深,是学有专攻的教授,但是没有拜读过他的专业论述,聊起来,只能客套地寒暄"久仰!久仰!"至于他还是写时论随笔的好手,我孤陋寡闻,真是不知道。这次,为了作序,我读到他的许多佳作,不由为擦肩而过觉得遗憾。有一段时间,我也喜欢涂抹时论随笔,我们可以交流的话题似乎不限于出版专业,本来可以更加宽广。

我想起前辈罗竹风先生对编辑的定义:杂家。有一种不准确的理解,以为提倡杂家,就是反对编辑做专家。其实,你看罗竹风先生本人的示范,他在语言学方面是专家,在宗教学方面是新时期颇有贡献的专家。依我的理解，他的意思，当你投身编辑出版事业的时候，你要以杂家的思维方式，兼容并蓄，为各界优秀书稿的问世奉献智慧，也就是为他人做嫁衣裳。因此，有专家底蕴的杂家，有广泛文化兴趣和知识的杂家，有奉献精神的杂家，才是最有前途的编辑。

朱杰人先生，大体符合上述条件。他凭深厚的专业功底，加上广阔的文化学养和视野，全身心地投入华东师大出版社的选题开发和出版管理，在任十几年，成绩卓著。这不是客套的泛泛之语，作为同行，我有实际感受，而且有数据支撑。在朱杰人先生接掌华东师大出版社之前，该社已经具备一定规模。在朱杰人先生掌管之后，其发展是加速度的。以上海出版社的横向比较，该社从一个中上水准的出版单位，逐年跨越，仅就销售、利润等数据分析，在第一方阵中占据了显赫的位置。同时，华东师大出版社的学术水准、文化影响也获得了很好的口碑。目前，在出版社新班子的领导下，这一好的发展势头正在延续，令人不得不拍手称赞。

有不了解情况的旁观者，会轻率地把华东师大出版社的飞跃，归结为教材、教辅读物的贡献。这里，先不讨论教育读物本身的价值（比如华东师大出版社的《一课一练》系列已成功地进入英国的教育图书市场），只需要简单反问一句：当许多教育出版社发展处于匀速状态的时候，当市场上对于教辅读物的争抢处于白热化的时代，为什么没有掌控多少垄断项目的华东师大出版社能够异军独起？

我属于近距离的旁观者，也许可以说说客观的感受。

朱杰人先生领导下的出版社，给我比较深刻的印象，是不停息地给自己提出新的发展目标,为了实现目标,又不知疲倦地进行改革的探索。作为一篇短序,我不可能完整地论述他们的作为,仅就其中的一点,他们改革本社管理体制的果敢,说一些感想。

有一年年终的时候,我和几个同事去华东师大出版社。那一年,华东师大出版社的业绩非常出色,利润超过了四千万,在旁人看来,该歇歇脚了。讨论的时候,朱杰人先生与他的同事们提出,要加大改革力度,想探索分社制的管理模式。一个长期高度集中管理且运行优良的出版社,要大幅度放权,实行分社管理,不但要冒很大的风险,而且是把改革的矛头直接对准了社长室本身。我对他们的魄力和改革的勇气甚为佩服,并且从心底赞许。在我看来,中国出版业的改革,过分依赖行政手段主导下的合并,而对于一个出版单位发展中的裂变重视不够。许多历史事实,包括上海一些著名出版社的演变史,可以证明,裂变往往能够达到难以估量的效果。比如,上海文艺出版社的一个编辑室裂变后成长为上海译文出版社,上海教育出版社的一个编辑室裂变后成长为上海科技教育出版社,均是人所共知的著名案例。因此,我对朱杰人先生与他的同事们的改革设想,给予热烈的支持。后面的若干年,他们也确实不断地发展着。华东师大出版社的成就,是该社同仁共同奋斗多年的成果,比如,总编辑阮光页策划华东师大作家群项目,就是文化影响广泛的事件。而作为掌舵该社多年的朱杰人先生,奉献就更是不同一般了。

这些均是旧话。我早已离开出版岗位,朱杰人先生也退休多年。但是,公允评价一个人的功过得失,是我为这本书写序时首先冒出来的想法。

本书是朱杰人先生的时论随笔集。上编为兴趣广泛的时论，中编主要是文史性质的散文，下编则集中于出版专业的话题。关于出版，前面我已经随心闲扯过，这里再就朱先生的文化短文唠叨几句。

写时论和谈文说史的短文，要旨在于作者的独特眼力和认识。假如是人云亦云的敷衍文字，是抄来抄去的废话空话，那就是浪费读者的时间，顶多为作者换几块钱的稿费。短文虽短，写好甚难，难就难在独特的见解并不易得。有几年，我常为《文汇报》写短评，我与编者有个君子之约，他们不催稿，不命题，待我自个有所心得再动笔。所谓心得，就是个性化的认知罢了。

朱杰人先生的这些文章，写到与儒家传统、朱子文化相关的题目，他得心应手，让人看得心悦诚服，那不奇怪，自有他的家学渊源支撑着，并非随手可以拣来的文字。他把文字学通俗化，写得普通读者一读就懂，我也不感到惊奇，因为他执掌华东师大古籍所多年，根底当然是深的。他还能把一些名人趣事、文化典故演绎得栩栩如生，足见他的写作能力绝对不在研究能力之下。比如一篇《中国结》，后来被收入多种教学读本，确实值得称道。

不过，这次读朱杰人先生的各种文章，尤其让我佩服的，是他写时论随笔的激情和深入浅出的论辩。他原先给我的印象，略有些学究气，多做学问的深沉，少热情洋溢的活力。看来，朱先生的多种性格，单凭我偶然的观察，是不容易明白的。他热情地谈论大众话题（如《消费也是一种文化现象》),他认真地针砭时弊(如《愿"热线"变冷》),若是涉及文化建设方面的讨论,他更是按捺不住,尖锐的看法必须一吐为快(比如《文化的投入》和《还学术一片净土》),甚至不经意间听到关于电视剧《三国》歌曲的故事,也会让他借题发挥,议论风生。我不得不感佩,骨子里,他浸透着中国文人的气血,"文章合为时而著",依然虔诚于"先天下之忧而忧"的士大夫精神。

孙　颙

二〇一八年七月十八日

序言二

杰人兄的散文即将结集问世，问序于我。我不自量力，居然一口答应。然而一开始虽有青蝇附骥之喜，继而却难免生佛头着秽之忧。

杰人文彩斐然，他的大作，我早就陆续读过，并为之击节不已了。其笔下所涉之广之深，正如明代东林党人的联语所述："风声雨声读书声，声声入耳；家事国事天下事，事事关心。"风格明快，恰如其人；而树义正大，更深得我心。我曾自许为杰人钟期，而想不到他对我东涂西抹的赝古之作竟也叹赏有加，真是古人所谓的"文字骨肉"了。但尽管两人的文学鉴赏力相近，我和杰人在性格和才性上却是截然相反的：

我性缓，他性急。我拘谨，他豪爽。我喜独处，他多交游。我注虫鱼近汉，他好义理重宋。我文思濡滞，如上水之船；他下笔如飞，有倚马之才。我书癖外无他好，他文才外有吏能。我性僻而惟耽吟咏，他忧世而思畅儒风。我有避俗之想，他有用世之志。趋向虽自始即不同，而交情则历年而若一。

我常常这样想：以我才之狭，此生能备员教授，所遇实已过于所望。而杰人虽平生不乏赏音，曾历长我校古籍所及出版社，有振兴拓展之功，且众望所归，被推为中国历史文献研究会会长和上海市儒学研究会会长。但以其才之大，其能之多，所处实皆不足回旋，未能展其骥足。如有际遇，所就将不限于此。而杰人对此并不在意，虽已退老林泉，仍尽其在我，为继承光大其先祖晦庵先生的学术思想而栖栖奔走。

杰人与我一九七八年一同考取上海师范大学古籍整理专业研究生，该校原由五校并成，入学时拨乱反正，合而复分，我分在华东师大，他分在上海师院（后为上海师大），而隽因师的《诗经》学，两校同学是在一起听讲的，每周都相聚一次。杰人和我一见如故，相视莫逆。毕业后各自留校。隽因师识才爱才，又调他来当学术助手，缘此我二人由同门而更成同事。屈指交情，至今已有四十年之久了。犹记我在注《清波杂志》时，需要查《海陵集》中的《张循王神道碑》，该集华师大无而上师大有，杰人时在该校，即请其代查。近四千三百字的文章，他竟为我一字字细心抄录，为友能尽心如此！共事之后，对我照拂尤多。

杰人早负文名，工作之馀，常在报章发抒己见，佳作迭出，屡为散文选本所收，其中且有选入中小学教科书者，本书所收《中国结》即其中一篇。正论、巧思，织而为一，文之与物，妙合无垠，无怪一经登出，一时传诵。这是杰人的得意之作无疑。所以此番结集，即拈篇名而为书名，这不仅仅是"自知明艳"，其拳拳的爱国情结，实亦藉此而倾吐无遗。

我为人执拗，喜为不合时宜之事。自读研究生以来，经眼都是"之乎者也"之文，执笔皆为"鲁鱼亥豕"之正，于是练起文言文来，邯郸学步，竟至故步尽失，把白话文给荒废了，反觉"我手写我口"为难。然而若以文言为白话作品作序，未免不伦不类，所以虽有蒹葭倚玉树之惭，更有序文累作者之惧,还是决定用白话撰文。因为我想,当读者瞥见封面上"中国结"三大字,继而看到作者大名,回想起那篇脍炙人口的大作,思窥全豹,定会对拙序之拙一笑置之,而对佳作之佳争睹为快的。

刘永翔

二〇一八年八月三十日

写在前面的话

我属鸡，1945年生人。去年（2017年）是我的本命年。都说，本命年会很难过，要多加小心。记得去年春天，我的学生和溪带我去洛阳王屋山下的道观阳台宫，主事的道长知道我今年是本命年，说我犯太岁。我问他有没有办法避，他说多消费是办法之一。子不语怪力乱神，我听过也就算了。但细细想想，2017年我确实也没有少消费，可是，它对我来说还是很不顺：家事不顺、学术圈不顺、朱氏家族内部更不顺。我不是一个向困难低头的人，按我的性格，如果早几年，我一定会和这些"不顺"斗争，一直斗到顺为止。可是现在我已经没有了这样的斗志（即便勇气依然），也没有了这样的力气（即便心有余）。想起当年读《稼轩长短句》，读到"廉颇老矣，尚能饭否"，一点感觉都没有，以为那不过是文人故作惊人之语而已。轮到了自己，才意识到这是一句多么精彩的关于人、人与年龄、人与自然之间微妙关系的警句。所以，2017年我做了一个诀别：随它去。家事不顺，随它去；学术圈不顺，随它去；朱氏家族不顺，更是随它去。有生之年，我应该做一点有意义的事，于家国有意义，于学术有意义，于祖宗有意义，于自己有意义。这本文集就是我以为有意义的一件事。

其实，内子殷殷很早就提醒过我：你一直为别人出书，为什么不为自己出一本？这句话，出现的频率随着时间的迁移越来越高。而我总是对她笑笑,心想:我不是不想写,踏入出版社大门的那一天,我就已经明白,我的写作计划只有待我退休以后才有可能去实现。可是退休了,我依然没有时间。

直到去年11月,在清华大学参加朱子经学研讨会,方旭东的一番话语,才让我惊醒。他说,我们都不知道你还写过关于"道统"的文章,一般人对你的认识只是敬佩你的"事功",不知道你在学术上也有建树。我愕然,无言以对。

我这个人,很不习惯讲自己的事,最怕被人夸奖。所以,我从不提自己的"功绩"。面对方旭东这个小老弟,我破例自夸了一次。我说,我到华东师大出版社整整18年(1997年就任社长,2012年改任董事长,2015年,年届从心,退休)。在例行的任职谈话时,校党委书记陆炳炎问我,有什么要求。我说,我一定不辱使命,我唯一的要求是去了出版社,也不脱离教学与科研。他爽快地同意了,但要求我处理好出版社工作与教学、科研的关系,要以出版社的工作为主。我也爽快地同意了。说实话,我去出版社是憋了一口气的,因为有人说"朱杰人怎么搞得好出版社!"那我就要搞给他看看。可是到了出版社才知道,那是一个如何耗时、耗神、耗命的地方。一点也不夸张地说,每天上班,一进入出版社的大门,几乎连上厕所的时间都没有,更不要说政治上、经济上的压力,让你的神经如何24小时地紧绷。但是,18年来我始终没有放弃我的学术研究。每年我都可以写出两到三篇论文。我的写作时间基本上就是几个长假(春节、五一和国庆)。当然,大部头的学术著作是没有时间涉猎了。这些文章一般都在学术研讨会的论文集上发表,因为没有了评职称、考核等的压力，发表与否、发表在哪里，我一概不问。所以，除非和我一起出席研讨会的同仁（每年我都会出席好几次学术研讨会，每次参会我都会提交一篇新作），其他人大概不会知道我研究了什么、写了什么。

方旭东听了吃惊地说，朱老师你也太低调了，你在出版社工作，为什么不把这些论文收集起来出本论文集？我说，我做出版十几年，见多了那些垃圾出版物。为评职称出的书、为扬名声出的书、为招摇撞骗出的书、为升官出的书，我真的很鄙视这些东西。我的学术研究值多少钱，我自己有数，不想也做一个被人鄙视的人。旭东不同意我的观点，他说，学术的分量、贡献，要让公众来评判，你自己说了不算。我听了你在会上讲的关于"道统"的观点，才知道有些话你早就说过了。

他的话有点打动了我。话头扯开，忍不住又说了另一个话题。我告诉他，除了学术论文，我还写过很多时论、散文、随笔，字数恐怕比学术论文还多。我的一些时论甚至被收入中小学课本（如《中国结》被收入北京市的小学课本，《消费也是一种文化》被收入上海市的中学课本）。我们古籍研究所的老师，孩子考大学，都把我的时文（主要是《文汇报》"虚实谈"专栏中的文章，因为字数限定在千字以内，与高考作文的限定字数相当）拿来做范本。他又是一惊，说了一声"刮目相看"："朱老师，你不要犹豫了，赶紧把这些文章结集出版，等我的女儿考大学时有参考书好用。"当然，这是开玩笑的话，我不会当真。但是他的这一席话同样也让我动心。

回到上海以后，我有好几天睡不着，脑子里都是方旭东的话。我想，他的话也许是对的，不管我的这些论文、散文是不是有价值、价值几何，都是我回应时代的产物，都是我认真地用心思考和研究的成果，把它们留下来，可以看到一个有良心的知识分子的心路历程，深浅如何，分量几许，任由别人和后人去掂量吧。无论如何，它对自己也是一个纪念和交代。

于是，我花了两个月，编了三本书：

一本，《朱子学论集》。这是一本我所有关于朱子及朱子学研究的论文集。感谢北京大学出版社为我出版。王明舟社长是拔刀相助，我真的非常感谢他。

一本，《桑榆匪晚集——朱杰人学术论文自选集》。这是一本除朱子学研究外的论文集，涉及诗经、文献学、宋史、儒学等的研究。感谢上海古籍出版社的高克勤社长，他是一诺千金地为我助力。他说，我自己出书也是选择避嫌的。

这是第三本。

这本书收罗了我历年来所写的时论、散文、随笔。时论的文章主要是《文汇报》的"虚实谈"专栏和"文汇论坛"专栏。有一段时间，我经常给《文汇报》投稿，我这个人家国情怀太浓，太关心国家大事、社会现象，常常忍不住要发表议论，虽然是书生意气，但不说出来如鲠在喉。这类文章写多了，摸索出一点套路来，再加上老同学潘益大的"照顾"，越写越来劲，像上了瘾。这一过程直到我去了出版社才慢慢消停。虽常常技痒，但是出版社的工作节奏已经不允许我继续"炫技"了。

散文和随笔，有一些是学术随笔，有一些是写人与记事。这里，有一篇长文是写我的母亲的，文章发表的时候她还健在，她喜欢我的文章，总是拿给别人看。文章最先发表在一本叫《著名作家忆母亲》的书中，后来《上海文学》杂志也刊发了。在编这一本书的时候，我一直在犹豫要不要再收入进去。最终，我还是拗不过自己的良心——亏欠妈妈的太多了，现在除了文字，我已经无以为报了。

本书的第三部分是关于出版的文章。干了十几年出版，写了一些与出版有关的文章，不敢说有见解，但心得还是有的。对中国的出版文化，我一直有一种想要批判的念头（曾经发誓退休后写一本"中国出版文化批判"的书），现在，真退休了，却不想写了。出版给了我很多，让我有了很大的成就感，但是出版同样也伤了我很多。两相抵消，我已经完全没有了与它继续纠缠的兴趣。退出这个舞台，就不要再干预它了吧。

最后，还是要说一句感谢的话。这一次要感谢的是我曾经的"家"——华东师范大学出版社，和"家"的现任主人——社长王焰。她听了我的写作计划以后竭力要求我把这本书交给她出版。她说，你避个哪门子嫌呢，怎么说你也是个大教授呀。谢谢她的真诚，我离开出版社以后一直受到她的关照。但愿这一次她的好心也不会给她带来麻烦。

2018年1月24日于桑榆匪晚斋

上编 时论

谈"百年大计"

人们常说，培养人才的工作是"百年大计"。这意思是十分深刻的。

古今中外，凡是有远见的政治家和科学家，都十分注意人才的培养。据说，英国著名的科学家戴维把发现和培养了法拉第引为自己的骄傲，并把这当作自己一生在科学上最大的贡献。后来法拉第在电磁学上作出的杰出贡献，证明了戴维的远见。清人龚自珍"我劝天公重抖擞，不拘一格降人才"的诗句，则是有远见卓识的思想家对培养人才高度重视的称颂。

人才的培养总有个过程，不是一蹴而就的。一个人从小学到中学乃至大学，一个周期就是十几年。这往往使那些只注意眼前的同志产生忽视教育的倾向。一个单位生产任务完不成，产品少了，质量差了，很容易察觉出来，而培养人才的工作则不然，有的同志以为不抓教育，不注重人才的培养，照样能够完成生产指标。其实这是一种政治上的近视。因为各项社会主义建设事业，依赖于各方面的建设人才去创建，去发展。华国锋主席说，为了建设四个现代化的社会主义强国，必须尽快把教育搞上去，极大地提高整个中华民族的科学文化水平，造就一支宏大的工人阶级知识分子队伍。教育上不去，人才出不来，实现四个现代化便只能是空话。

"四人帮"乱我学校，毁我教育，弄得青年一代胸无大志，不学无术，什么国家的前途、人类的理想，被抛得一干二净。这种破坏给我们造成青黄不接的严重困难。当然，"四人帮"也抓他们的"教育"，培养他们的"人才"。江青不是口口声声叫嚷要把教育"抓到我们自己手里"吗？张春桥不是狂呼"抓住了教育这个问题，也就抓住了全国的关键"吗？"四人帮"抓来抓去，无非是要用自己叛徒、特务、文痞、流氓的面貌来改造下一代。张铁生、陈阿大之流便是活的标本。"四人帮"确实是一伙不可多得的反面教员。他们的倒行逆施，从反面教育了我们绝不能忽视无产阶级教育事业。

说起"百年大计"，往往会给人一种慢慢来的错觉。"百年"么，时间不可谓不长。可是毛主席说："中国有句古话，'十年树木，百年树人'。百年树人，减少九十年，十年树人。"毛主席是不同意"慢慢来"的。不然的话，时间过去了，人才还培养不出来，势必要迟缓四个现代化的进程。从现在到2000年，只有22年的时间。人才的培养周期长，我们如果没有强烈的紧迫感，稍一松懈就会耽误十几年。光阴似箭，时不再来，我们一定要把这培养人才的"百年大计"抓紧、抓好！

（原载于《文汇报》1978年7月5日）

"连续作战"有感

"为什么一堂课要有四十五分钟的限制?"在很多教师看来,这是个不成问题的问题。然而,事实却不然。

我就曾听说一所小学里有过这样的事。下课铃响了,可是数学教师余兴未尽:"同学们,我们要大干快上,再讲十分钟好不好?"学生们回答:"好!"于是这堂课上了五十五分钟。第二节是语文课,下课时老师又提议:"发扬连续作战的精神,再上十分钟好不好?"学生当然是一片"好"声。这种积极教学,宁可自己少休息十分钟的革命热情,是好的。它是打倒了"四人帮"以后,"教"和"学"两个方面的积极性充分调动起来的明证。可是从"教育是一门科学,而科学又要求我们不违反客观规律"这个观点出发,我却不得不对这种"热情"说几句煞风景的话。

还是回到"为什么一堂课要有四十五分钟的限制"的问题上来。这不是哪一个人随心所欲定出来的规矩,而是广大教育和科学工作者根据长期实践和对青少年生理、心理活动进行了大量研究以后,定出的一条科学的规定。大家知道,紧张的教学活动要求学生注意力的高度集中,学生的大脑、神经在上课时处于高度的紧张状态中。科学研究证明,一个人的注意力能够集中的时间不可能是无限的,超过了一定时间,人的大脑、神经就会疲劳、松弛,就会引起注意力的分散。所以上了四十五分钟课以后,休息十分钟,调节一下大脑、神经的活动，是必不可少的。人们常说"文武之道，一张一弛"，就是这个道理。高明的教师从来不喜欢"拖堂"，而是在四十五分钟之内，精心设计教案，精心研究教法，讲解、练习、讨论，务必做到每一分钟都能收到每一分钟的效果。因为他们懂得，这有限的时间是学生注意力最容易集中，因而教学效果最佳的时间。四十五分钟以后，学生已经疲劳，不仅教学效果不会好，而且久而久之还会影响学生身体健康。

由四十五分钟上课和十分钟休息的问题，我又想到了课堂教学和学生课外活动的关系。青少年学生正处在长知识、长身体的时期，他们需要学习，也需要休息，需要丰富多彩的文体活动和科技活动。如果整天把他们困在教室里、书本上，不仅会影响他们的身心健康，也不利于科学文化知识的学习。学生学习科学文化知识，主要的途径当然是课堂教学，但课外活动可以对课堂教学给予必要的补充。实践证明，教师在教学活动中给学生留有充分的余地，使他们学有余力，能够有时间从事各种有益的课外活动，既可以使学生扩大知识面，又可以使课内所学习的知识获得深刻的理解和实际的运用。不少同学的学习成绩之所以出类拔萃，难道不是在很大程度上得益于各门学科的课外阅读吗？

写到这里，我又想，我们战斗在教育战线上的同志，如果都能像报上介绍的特级教师那样，革命加拼命，再加上科学精神，那么，四十五分钟及其它纷繁复杂的教学课题，岂不可以得到很好的解决吗？教育质量岂不可以得到更快的提高吗？

（原载于《文汇报》1978年10月5日）

无可非议的六千元收入

听说川沙县某公社有一户社员利用他家近海靠河、劳动力又多的有利条件,在参加集体劳动之余,搞了捕鱼、养猪、养羊、养鸭等家庭副业,经济收入很快增加。去年单家庭副业一项收入就将近六千元,成为一户"冒尖"的富裕户。对此,人们议论纷纷。有的说他这样做,符合政策,无可非议;也有人说他走个人发家的道路,方向不对头。

这户社员一年收入六千元,在当地被称作"小银行",确实是很富了。而争论就争在这个"富"字上。因为在有些同志看来,富,无疑就是资本主义,而资本主义,当然"方向不对头"。其实,世界上有各种各样的富。有资本主义的富,也有社会主义的富。前者表现为地主资本家的剥削、压榨和掠夺;后者则是工人、农民通过辛勤劳动,创造了大量物质财富的结果。两者虽则都是富,但其内涵、实质却截然不同。如果不看事情的实质,只要是富,便一概斥之为资本主义,那就违反辩证法了。就拿川沙县这户社员来说,他家之所以致富,一不靠剥削,二不靠偷抢,三也没有影响集体生产,而是依靠自己的双手,进行艰苦的劳动。他们一家九口,安排得很好,老夫妇俩起早摸黑,利用早中晚搞副业,每天劳动都达十五六个小时。可见得这家"小银行"不是剥削或违法的产物,而是辛勤劳动的结果。这样的富有什么不好呢?是不是资本主义,并不在于是不是富,而在于怎样致富。坚持社会主义道路，劳动致富，不仅是允许的，而且应受到鼓励和保护。把社会主义和穷联系在一起，那是"四人帮"的假社会主义，劳动人民不需要这种东西。

但是，有些干部对此却不敢表态，据说理由是如果同意这样的富裕户"冒尖"，就不符合共同富裕的原则。事物的发展总是不平衡的，共同富裕绝不是不允许某些地区某些社员可以先富起来。在现实生活中，差别也是客观存在的。有些地区各方面条件好一些，生产发展就快一些，人民的生活就富一些；相反，有些地区相对地说就要差一些。至于社员与社员之间，由于条件不同，他们的收入和实际生活水平更是千差万别。不顾客观条件，硬要一拉平，这叫绝对平均主义。绝对平均主义绝不是马克思主义，因而也绝不可能实现共同富裕。川沙县这个尖子之所以会冒出来，有他的具体条件：第一，他家有良好的自然环境；第二，有丰富的农副业生产经验；第三，有充裕的劳动力。一句话，这户社员具备了先富裕起来的条件。既然他有先富裕起来的条件，那么，让他先走一步，又有什么不好呢？在运动会上，人们往往喜欢为第一名叫好，希望他冒尖，因为尖子运动员可以促进体育运动水平的提高。这样一个简单的道理，一到了经济领域，有人就觉得不可理解。这也算是一种流毒吧？

（原载于《文汇报》1979年8月6日）

风度与修养

据说,傅聪前几年来上海演出,很有些人为他的台风所倾倒。傅聪具有艺术家的风度,这恐怕不会引起非议。这当然与傅雷的教子有方有关。作为一个艺术家的父亲,傅雷确实很注意儿子的仪态、仪表。对孩提时的傅聪,应该怎样说话,怎样行动,甚至吃饭时手肘靠在桌边的姿势,咀嚼是否发出声音,他都有严格的规定,绝不许越雷池一步。对成名后的傅聪,他还不忘在家书中告诫:到外国人家中做客,要注意什么问题,连说话、吃饭时双手怎样放,都一一交代清楚。

可是,读一读《傅雷家书》,你会发现,艺术家的父亲关心得更多的却是儿子的修养。他说:"修养需要多方面地进行。"所以,他在给傅聪的信中谈音乐、谈绘画;谈古希腊的雕塑、谈中国汉代的石刻;谈李白杜甫、谈巴尔扎克;谈丹纳的艺术哲学、谈毛泽东的唯物辩证法……他是在向儿子炫耀自己的博学吗?当然不是!这是因为他懂得,一个艺术家需要有一定的艺术修养。

修养这东西是一种潜移默化的力量,看不见,摸不着,却影响着人的灵魂,时时在主宰、支配人的言行。一个人有何种程度的修养,他即会表现出某种程度的"风度"。这绝不是表面的模仿或形体的训练所能奏效的。一个钢琴演奏家,上台时表情紧张,当然有失大家的风度。傅雷是怎样帮助自己的爱子改正这个毛病的呢？他对傅聪讲了一通心理学。懂得了造成紧张的心理因素是什么，艺术家娴雅稳重、从容不迫的风度便"从天而降"了。修养之于风度，犹如温度之于炼钢，不到一定的火候，再好的原料也炼不出好钢。

现在的青年喜欢追求高雅的风度，这实在是可喜的。说明我们的时代已经从十年动乱时崇尚粗野、蛮横的魔障中挣脱了出来。可是怎样才能获得一种可爱的风度呢？简单的仿效外表是无济于事的。如果不信，你可以穿上最入时的盛装去参加一次古典音乐会，用不了多久，你便会露出马脚——当你昏昏欲睡时，岂不"风度"殆尽了吗？

（原载于《文汇报》1983年3月22日）

学会"严格的节制"

被恩格斯称作"伟大思想家"、"伟大的诗人"的歌德,曾用这样的语言评价中国人:"在他们那里一切都比我们这里更明朗,更纯洁,也更合乎道德。"并举例和评论道:"有一对钟情的男女在长期相识中很贞洁自持,有一次他俩不得不同在一间房里过夜,就谈了一夜的话,谁也不惹谁。""正是这种在一切方面保持严格的节制,使得中国维持到几千年之久,而且还会长存下去。"这是《歌德谈话录》中的一段。

一百五十多年前,一个在异国生活的人,能从一部中国传奇小说中一眼看到这个民族的传统美德,并予以热情的赞扬,这正是诗人的敏锐之处。在他眼中,"这种在一切方面保持严格的节制",无疑应该是属于人类的宝贵精神财富。

"严格的节制",严格的自我约束,是一种美德,是文明战胜野蛮、理智战胜愚昧的表现。一个人如果无节制地扩张个人的欲望和要求,把一己的利益凌驾于他人、集体、社会之上,那就会走向反面。所以对于个人来说,学会"节制",是一种重要的思想和道德修养。

"节制"是一种调节人与人之间、个人与社会之间关系的法宝。在现实生活中有人在恋爱婚姻上犯错误,有人在经济上犯罪,有人在工作中失误,几乎都与不善于严格的自我节制和自我约束有关。小而言之,在公共汽车上经常发生口角、殴斗的事,如果当事双方都能约束自己,把自尊建立在谅解别人的过失、尊重他人的人格的基础上，当然就不会演出唾沫四溅、鼻青脸肿的闹剧了。

"严格的节制"这种美德绝不是天生的，它必须"学"才能"会"。一个民族具有"节制"的传统美德，这是因为她有着丰富的精神文明的财富；一个人具备这种美德，则归因于他有较高的文化素养。用知识的养料来培育节制的美德，不正是我们加强自我修养的任务吗？

（原载于《文汇报》1983年5月17日）

羞辱后的发愤

1912年,法国人维克多·格林尼亚获得了诺贝尔化学奖。而促使他成功的竟是"耻辱"二字。

格林尼亚出身于有钱人家,从小生活奢侈,不务正业,人们都说他是个没有出息的"二流子"。在一次盛大的宴会上,格林尼亚受到了一位年轻美貌的姑娘的羞辱。她对格林尼亚说:"请站远一点,我最讨厌你这样的花花公子挡住视线!"骄横的格林尼亚有生以来第一次遇到别人对他的蔑视和冷漠,他怒不可遏……可是这令人无地自容的耻辱,并没有使格林尼亚失去理智,却使他像一个昏睡不醒的人被猛击一掌后突然清醒过来一样,开始对自己的过去产生了悔恨和羞愧。他留下了一封家信,悄悄地离开了家乡。信中写道:"请不要探询我的下落,容我刻苦努力地学习,我相信自己将来会创造出一些成绩来的。"果然,八年以后他成了著名的化学家,不久又获得了诺贝尔化学奖。

当众受辱,这当然是难以忍受的,但格林尼亚不是到此为止,而是从中看到了自己身上的恶习,并从麻木不仁转而感到羞愧。如果换一个人,不以自己的放荡生活和不学无术为耻,或者不愿从自己的身上去追寻受辱的原因,那么他只能永远蒙受耻辱,绝不会和创造发明结缘。

蒙受耻辱,软弱者因之颓废消极,自暴自弃,甚至自我毁灭,而意志坚强的人则能够用自己的行动去战胜和洗刷耻辱。格林尼亚正是这样的人。他用了整整八年时间，刻苦攻读，百折不回，终于走完了由纨绔子弟到伟大科学家的漫长路程。据说格林尼亚获得了诺贝尔奖后，收到了一封信，信中只有一句话："我永远敬爱你！"写信者正是那位美丽的姑娘。格林尼亚是生活的强者，他获得了成功，用耻辱换取了应得的荣誉。

不能正确对待荣誉常常会毁掉一个人才，而正确对待耻辱和挫折往往能造就一代科学巨匠。这就是生活中的辩证法。

（原载于《文汇报》1983年8月11日）

学者的责任感

被毛泽东同志誉为"国宝"的陈垣是一位著作等身、名闻遐迩的大学者。作为一个历史学家,他最引人注意的一面当然是他的学术成就。可是读了《励耘书屋问学记》一书以后,我更了解了他一生中灼灼夺目的另一面——他的责任感。

什么是陈垣的责任感呢?他说:"每当我接到日本寄来的研究中国历史的论文时,我就感到像一颗炸弹扔到我的书桌上,激励着我一定要在历史研究上赶过他们。""现在中外学者谈汉学,不是说巴黎如何,就是说东京如何,没有提中国的。我们应当把汉学中心夺到中国,夺回北京。"

也许有人会说,这仅仅是一个学者所特有的责任感。是的,这是"特有"的,但却不是"孤立"的。请看:早在二十年代,他就教导学生,要使我们的祖国能自立于世界民族之林,我们每个人都应"在自己的岗位,把工作做好,要超过别人,超过外国","我们是干历史的,就当处心积虑,在史学上压倒人家。"

抗日战争爆发以后,在日本侵略者统治下的北平,他借助自己的声望与日寇周旋。有一次日本侵略者要他去讲话,他说:"你们把我抓走,送进宪兵队吧。我不去!"更令人感动的是,他在那有生命危险的日子里,坚持用自己的学术磨砺一把把投向敌人的尖刀。他在日本侵略者的鼻子底下完成的历史名著《通鉴胡注表微》,把一个已经为人淡忘了的爱国史学家,生于宋而亡于元的胡三省介绍给国人,借胡三省之口表达"宁为亡国遗民,亦不愿为异国新民"的爱国之情。在抗战期间,他还完成了多部佛学研究著作,初看似出家人在企图遁世,仔细一看,"其实所欲表彰者乃明末遗民之爱国精神、民族气节,不徒佛教史迹而已。"

人们不难发现,这位学者所具有的责任心,乃是一个炎黄子孙的爱国之心。支撑着他学术责任感的是爱国的擎天之柱,燃烧着他科学探索热情的是爱国的熊熊之火。

陈垣先生的责任感,一个历史学家的责任感,是学者的爱国情。这种建立在"特有"的职业责任感基石上的爱国之心,是一种惊天地、泣鬼神的浩然正气。这就是为什么陈垣先生的责任感特别具有光彩的原因所在。

(原载于《文汇报》1983年12月6日)

漫画与古籍的联姻

第三届全国书市揭幕以来，很出了些颇具轰动效应的新闻。先是台湾漫画家的古典系列漫画《庄子说》、《列子说》、《老子说》、《禅说》等，争购者如潮；后是大陆漫画家改编的明代著作《菜根谭》成为抢手货。而形成鲜明对照的是，古籍书展馆却冷冷清清，光顾者寥寥。这一冷一热给人的感受是什么？仁者见仁，智者见智。我这个愚者的心情是一喜一忧。

受到读者，尤其是青少年读者欢迎的那些漫画古籍，并不是什么特别的玩意儿。那些古籍书放在书店里积满了灰也无人问津，可一旦改编成漫画，却立即"鸡犬升天"了。这自然有漫画家们的一大功劳。他们的妙笔生花，他们的幽默感，他们对原作的深刻理解，确实有出人意料、令人击节赏叹之处。但是，如果离开了原作呢？他们的妙笔恐怕就无处生花了，他们的幽默恐怕也无从生发了。所以我的结论是：虽然我们悠久的传统文化已经很古老很古老了，但他们依然有着强大的生命力，一旦我们认识了它，理解了它，它仍然会释放出无穷无尽的能量。

此乃愚之所喜。但，想得更远一些的却是忧——一种深深的忧伤。

文化出版业落入低谷，已经有很长一段时间了。而古籍又是低谷中的低谷。可是把古籍改编成漫画，却可以创造奇迹。其中一个很重要的原因是漫画家们为古籍作了一件通俗化的工作。佶屈聱牙的古文经漫画家们的"翻译",变得浅俗流畅了,变得生动形象了。这里,我在为漫画家们为普及传统文化作出贡献大唱赞歌的同时,不得不为我们的读者群,尤其是广大青少年读者而忧叹——他们读不了古文,无法进入先哲们为我们开辟的那一块文明之苑,只能通过漫画"翻译",窥其门户(欣赏漫画艺术者且当别论)。笔者曾问过一些热衷于漫画古籍的青年:"你买《庄子说》、《老子说》,为什么不买《庄子》、《老子》?"回答很简单:"那是古文的,看不懂!"中国人读不懂自己的文字,却要通过漫画的媒介来认识自己的祖宗。这难道还不可悲吗?

由此,又想到了我们的教育。建国以来,中小学的语文教学一再改革,而改得最多、砍得最惨的是古文教学。现行的中小学语文教科书中,古文的比例很小,而且教学质量也低。每次高考语文卷失分最多的总是古文。为什么如此鄙薄古文呢?有一种观点认为,今天的学生大量接触的是现代文,将来真正搞古文化的毕竟是少数,犯不着花大力气学古文。这种观点貌似有理,其实不然。要知道,语言是历史的产物,现代文是由古代文发展而来的,即便是现代汉语中,仍然保留着大量的古汉语现象。实践证明,古文学好了,现代文自然能学好,反过来却不行。我们的很多老学者、老科学家从小学的是"之乎者也",并没有系统地学过"的、地、得",可是他们不仅能写十分纯正的古文、古诗词,还可以写出十分漂亮的现代文。"取法乎中,仅得其下",在语言学习中,这条格言同样适用。

当然,我并不主张中小学的语文教学应以古文为主。我的意思是，中小学应适当增加古文教学的内容，大力提高古文教学的质量，培养中学生基本的古文阅读能力，这该不是一种苛求吧？作为一个中国人，千万不要把古文教学当作一种点缀，一种装饰。

（原载于《文汇报》1990年10月11日）

呼唤更多的学术基金会

今年暑假，笔者的一个研究中国古典小说的美国朋友来华访学。我们在学术交流之余偶尔谈及学术研究遇到的经济困境。出乎意料的是，美国学者也有同样的难题。本来，他早就想来中国，但未能及时筹措到足够的资金。今年，一个以研究中国文化为宗旨的基金会慷慨地提供了一大笔钱，才得以成行。据他说，美国的大小企业家和各种财团都乐意为这种学术、文化基金会提供基金。学者们只要向这类基金会提出报告，经专家审核可行，即可得到相应的经济资助。类似的事例在那里还很多。

看来，无论是东方还是西方，学术研究都面临着钱的困扰。我们是社会主义国家，政府对文化、学术事业的支持是西方资本主义国家所不能比拟的。国家每年拨出巨款支持各种学术研究，基本上是采取"包下来"的政策。但，国家的财力毕竟有限，不可能满足更多学术活动的开展。事实上，要求国家把所有的学术研究都包下来也是不现实的。出路何在？这些年时兴"创收"，即要求研究者自己设法挣钱，以支持研究。这个办法收到了很好的效果，尤其是那些应用性较强的学科，简直如鱼得水。可是有些纯理论研究，特别是社会科学研究中那些与现实距离较远的研究，就一筹莫展了。

办法自然有的，那就是求助于基金会。"基金会"这个名词这些年听得很多了，有社会福利基金会、残疾人基金会、儿童基金会，也有以历史名人命名的基金会，等等，等等。可是，专以支持学术研究为宗旨的基金会却不多见。这不能不使人感到遗憾。是学术界没有这种需要吗？当然不是。近年来文化、出版业滑坡，很多领域的学术研究受到资金匮乏的制约，书稿无处出版，一些研究工作被迫中止，学术会议无法参加，甚至已经排好版的学术著作也被出版社"割爱"退回。这时如果有一个基金会援之以手，无异于从水中救起一个溺婴。是不是目前的中国还不具备建立这类基金会的条件呢？当然也不是。如今各种名目的基金会不时亮相，就是一个证明。而亚运会集资的巨大成功更证明我们的人民，已具备了为民族荣誉和国家长远利益而出资的自觉意识。现在的问题是，为学术研究而集资的意义还没有为广大人民，尤其是某些领导机构所重视，我们的宣传媒介在这方面做的工作也不够充分。这个问题一旦受到广泛的重视，学术研究基金会的出现，就是指日可待的事了。

　　当然，事情还是要回到"钱"字上来。基金会的资金从何而来？我想到了我们的企业和企业家们。这些年，企业资助各种文体活动的事很多，上海的足球队不就是披着广东一家企业的战袍上阵的吗？可这类资助大都以扩大本企业的影响和知名度为目的，实质上无异于出钱做广告。有利可图者，慷慨解囊；与我无关者，一毛不拔。这虽也是"生意经"的需要，但不免过于狭隘。有作为的企业家，真正对民族和国家的复兴有责任感的企业家，应从这种近视观念中解放出来，为发展繁荣我国的文化、学术事业作出应有贡献。

（原载于《文汇报》1990年10月22日）

文化的投入

有投入才能有产出,这是一条最原始的经济规律。这条规律不仅适用于物质生产,对精神文明建设同样适用。刚刚结束的第三届上海国际电视节取得了成功,成功的标志之一是参展影片的品位较高,受到观众的欢迎。它说明上海观众对电视艺术的欣赏品位也在提高,显然,这是一种文化投入的结果。没有几届电视节,没有一些海内外优秀影片的参赛,没有具有权威的评委对优秀作品的评论,上海观众对电视艺术的欣赏水平的提高就绝不会这么快。

可惜,文化的投入与产出的道理并没有为所有的人所充分认识。比较一下物质生产的投入,文化的投入简直微不足道。上海要想在世界竞争的舞台上挣得一块立足之地,除必须具有强大的经济实力外,提高群众的文化素养,同样是不可缺少的条件。而这就需要有文化的投入。

说起文化的投入,人们想到的往往是教育、文化事业的资金及有关设施的建设。其实,文化的投入,含义是非常广泛的。造几幢校舍,建几个图书馆,固然是一种投入,城市雕塑、公共阅报栏何尝不是文化的投入?!花展、影展、书展又何尝不是文化的投入?!而像北京亚运会、上海电视节,乃至前不久轰动一时的自贡灯会,更是弘扬民族文化、振奋民族精神的文化投入。从宏观上看,这类投入不仅对提高群众的文化素养有利,而且将对民族的文化心理产生深远的影响。

从微观上看,一些有明确主题、专业性较强的文化盛事,对某一专题文化也是一种促进,是推动某一专题文化向更高层次跃进的催化剂。

文化的投入与产出的关系,不像经济那样,呈现为物质财富的增长,而是表现在精神上、素养上,所以它是无形的,即使像亚运会、电视节,体现在文化上的效益,也绝不是短期内可以一目了然的。这往往使那些急功近利的人感到不耐烦,因为他们希望看到立竿见影的效果。而这正是文化投入的大忌。文化的普及与提高,是一个渐进的过程,它需要渗透和积累,不可能像造房子那样,砌多少砖,就能建几层房。所以,搞文化事业要有长远的战略眼光,要着眼于未来,着眼于整个国民文化素质的提高。有了这样的眼光,才舍得在文化上投入,才不会被一时的物质利益所蒙蔽。

(原载于《文汇报》1990年12月6日)

民族的才是世界的

这些天,首都舞台的热点是徽班进京200周年的纪念活动,名角荟萃,好戏连台,不啻开了个盛大的京剧博览会。京剧被称为"国剧",这是因为它具有鲜明的民族特色和浓郁的艺术魅力,体现着有中国传统特点的美学观点。李瑞环同志说,"京剧不但是中华民族文化的瑰宝,而且是人类文化宝库中的精品",京剧完全可以"跻身于世界艺术之林"。

中华文化博大精深,瑰丽多姿。但令人遗憾的是,长期来一讲到文化——除了四大发明外,似乎总有点自惭形秽的感觉,好像在世界文明的大舞台上,我们总要低人一头似的。为什么如此缺乏民族自信心呢?一个重要的原因是对自己的优秀文化传统缺乏认识和了解。有一个故事说:魏国某农夫在耕田时得到一块宝玉,放在屋里明照一室,农夫见了心中大怖,赶紧把它扔得远远的。这个农夫的可悲在于他的无知,他不知道自己所拥有的竟是一件无价之宝。今天,那些鄙薄自己的文化传统,论起"洋文化"来五体投地,说起"土文化"来不屑一顾的人们不正是现代的"魏国农夫"吗?无知和愚昧是一对孪生兄弟,对自己民族文化的无知,必然导致愚昧的民族虚无主义。所以,应当对"魏国农夫"们进行启蒙教育,让他们认识宝玉的光彩,进而宝之爱之。这就是我们要大力弘扬民族文化的原因。

我们弘扬民族文化,不仅是为了让国人认识自己文化传统的伟大，而且是为了充实和丰富世界文化的宝库，为整个人类的文明增艳添彩。世界的文明史，人类的文化史早已证明，越是富于民族特点的文化，越具有世界性。世界是一个大家庭，它本身就是多元的。不同的民族，各异的文化，组成了这个五光十色的世界。所以，它的文化也是多元的，是由生活在这个星球上的不同的国家、不同的民族所创造的不同的文化共同组合而成的。把自己民族文化的精华奉献给世界，这是缔造人类文明的需要，也是一个民族对这个世界具有责任心的体现。

任何民族文化都带有一定地域的特点和某种历史的传统。这造成了它区别于其它民族文化的特点，同时也不可避免地带来一定的局限性。各种文化需要互相学习、互相借鉴、互相补充。人类的文明正是在这种互补中发展和完善的。就拿京剧来说，它的突破时空界限的虚拟化表现方式和从化妆到表演的艺术夸张和写意手法，既不是斯坦尼斯拉夫斯基体系，也不是布莱希特体系所能包涵的。世界戏剧艺术缺少了京剧（或"梅兰芳体系"）也就不成其为"世界"了。

我们不必自惭形秽。我们的民族文化完全可以拿到世界文化的舞台上去打擂台。换一个说法，我们能在世界文化大舞台上争艳斗奇的"招数"，最有实力的就是那些具有鲜明民族特点的"绝活"。新中国刚成立，周恩来就把越剧《梁祝》推向世界，结果让世界吃了一惊；北京亚运会，一通太平鼓，又让世界震动。这样的例子太多了。老是自叹自己不如人是没有根据的，我们应自愧为什么不能像别人那样重视自己的文化传统，并花大力气把它介绍给世界。

（原载于《文汇报》1991年1月15日）

上海的色彩

朱镕基市长在察看中原住宅区建设情况时,特别对那里建筑物的色彩大加赞赏。在后来就上海房改问题发表的讲话中,也专门提到了房屋的外墙涂料问题,要求科研工作者努力攻关,早点拿出高质量的涂料,不要使我们的城市变成"大花脸"。

市长用"脸"来比喻一个城市的色彩,恰到好处地说明了"色彩"与城市的关系。它是城市之表,是城市之相,是一个城市内在素质的体现。这就像姑娘们的打扮一样,它给人以第一眼的印象,而这第一眼却能看出这位姑娘的风度和素养。上海是我国对外开放的最主要的口岸之一,要惹人喜爱,使更多的外国人乐于进入这个城市,但却让她涂个大花脸,穿一身灰不溜秋的衣裳,行吗?发达国家一些名城,都注重自己的色彩。上海应该有魄力与它们比美,以富于民族特点的色彩让世人刮目相看。

城市的色彩应该是一个外延很广泛的概念。建筑物的颜色,只是其中之一;建筑的式样,建筑群的组合,城市绿化,街头雕塑,夜市灯饰,广告宣传物,乃至市民的服饰,姑娘们的化妆等等,都体现着一个城市的色彩感。一方面,它由这一城市的宏观管理和总体设计而体现出这个城市的整体风貌;另一方面,它又因为无法划一的个体特征而表现出这个城市内在的精神面貌。是美是丑,是雅是俗,一览无余。朱市长在讲到住宅建筑时，对"鸽子笼"、"火柴盒"式的设计提出了尖锐的批评，指出要"适用"、"经济"，但又要"美观"，并强调"这是一个原则"。这个原则体现了一市之长对整个城市色彩的总体把握。有了这个原则，相信上海的"色彩"将会越来越美丽，越来越动人。

其实，上海也曾以它的多姿多彩而令世人瞩目。且不说被人们誉为"万国建筑博物馆"的外滩，古色古香的城隍庙，热闹的南京路和淮海路，就是上海姑娘的时装，也足以令人击节赞赏。遗憾的是，在那个令人痛心的年代，上海变老了，变得"清一色"了。是改革开放的东风重新吹开了这朵被摧残的鲜花，并注入了新的活力。经过十来年的努力，上海不仅恢复了昔日的容颜，还展现出更妩媚的身姿。当然，这还仅仅是起步。

要使上海的色彩令人满意，绝不是一个能够轻易达到的目标。一定的经济实力是达到这一目标的物质基础。穷人家的孩子固然可以打扮得朴素而得体，但要锦上添花就力不从心了。所以，我们要努力工作，为打扮自己的城市积累更多的财富。同时还有赖于全市人民文化素养的提高和社会责任感的加强。那些被违章建筑弄得浑身补丁的新公房，那些被痰迹和烟蒂所玷污的街头绿地，都从反面证明了这个道理。因此，精神文明建设又是一件时不我待的大事。

（原载于《文汇报》1991年1月22日）

强化国际意识

新年伊始,上海的经济、文化、政治舞台上有一个显著的特点:国际间的商务、金融活动频繁,对外文化及学术交流活跃,各级党政部门负责人与海外各界知名人士的交往也明显多于往年。这一切说明,上海人的国际意识在增强。

当今的世界是一个开放的世界。越来越国际化的经济活动,越来越迅速的信息传播,越来越便捷的交通网络,把这个星球上的居民紧紧地联系在一起,组成了一个互相联系、互相影响,又互相牵制、互相制约的国际社会。由于科技发展的速度与规模已经无法离开国际间的合作与交流,而国际贸易、国际投资又成了发展国民经济的重要手段,一个国家或地区与世界已无法完全隔绝起来。改革开放,顺乎时代潮流。开放,就是敞开国门,请进来,走出去。但是,国门打开了,人家未必肯进来,自己也未必走得出去。这里,国际意识的强弱是一个至关重要的因素。当我们在抱怨投资环境得不到改善,感叹引进外资的"软件"不如人意,因为挤不进国际市场而忧心忡忡的时候,你有没有想过,这都与人们的国际意识淡薄有关呢?

由于历史的原因,中国在一个很长的时期里与外界隔绝。虽然我们有足以引为自豪的"丝绸之路"、"郑和下西洋",但从清王朝采取了闭关锁国政策以来,中华民族包容兼蓄、开拓进取的优秀传统受到了践踏。建国以后,西方列强对我国的封锁更加剧了人们的封闭心理。所以，我们应该下大力气唤醒国民的国际意识，使人们认识到走向国际舞台的迫切性与重要性。

　　国际意识的确立以对世界的了解为基础。改革开放以来，国门洞开，八面来风，短短的十年间，人们的国际知识增长之快，是以往任何时代所不能比拟的。但是，我们毕竟关门太久了。《庄子》里的河神走到海边才发现自己的见识有限而"望洋兴叹"。世界之大，变化之快，令人目不暇接。我们充其量也不过是个刚走到海边的"河伯"，离大海的深处还很远很远。所以我们要下大功夫进行学习，花大本钱投入研究。

　　奥林匹克运动有一个著名的口号："重要的是参与"。如果把"参与"看成是奥运意识的话，那么国际意识的确立也恰以积极的参与为其特征。我们的企业家应该更多地投入国际竞争，我们的金融家应该勇于向海外投资，我们的产品应该大批大批地打入国际市场……这，就是参与。当然，"参与"除了竞争的一面外，还有合作的一面，而这又应该是我们的艺术家、科学家、文学家、教育家们一显身手的好舞台。上海是我国最早参加国际竞争与合作的大都市，上海人有着十分丰富的国际"参与"的经验和值得引为光荣的历史。得风气之先者先着鞭。上海应该借改革开放的东风继续走在"参与"的前列。这才是上海和上海人的国际意识。

（原载于《文汇报》1991年2月26日）

消费也是一种文化现象

据说时下大兴居室装饰热,地要软的(地毯),墙要硬的(护墙板),灯要彩的(变幻的灯饰),总之,富丽堂皇,向五星级宾馆靠拢。我的一位搞文字工作的朋友新分住房,做了一排顶天立地的大书橱,竟被讥为跟不上潮流。这不禁使人想起了前些年的西装热、牛仔裤热,以及去冬出现的皮夹克热。

为什么一旦出现了某个新的消费热点,便立即会引起趋之若鹜的消费狂热?赶时髦?掼派头?盲目攀比?当然都是。但一个很重要的原因却被忽视了——消费文化的缺损,导致了消费心理的变异。赶时髦,是古已有之的。东汉时,长安城中时兴高发髻,于是人们竞相"拔高",有把发髻做成一尺多高的。有趣的是我们的古人似乎早已注意到这种不正常的现象,于是又有了一个"东施效颦"的故事,西施之"颦"是一种美,但东施一皱眉就丑了。所以古哲教诲后人曰:"彼知颦美,而不知颦之所以美。"这就讲到了文化缺损的点子上了。

从流行学的角度讲,一定时期的消费出现某种热点,这是正常的现象。但流行绝不是一窝蜂,更不意味着可以不问或取消个性。只有当"流行"(共性)与个性结合成有机体时,才能体现真正的美。而一旦流行成了潮流,成了千人一面,那么个性便成了独特的美。当街头被西装的大潮淹没时,有些青年人穿起了中山装，他们便成为独领风骚的宠儿；去冬今春当男男女女、老老少少都被紧紧包在皮夹克里的时候，聪明的姑娘们穿起了鲜艳的手编毛衣外套，她们成了分外妖娆的花朵。这就是不盲目赶时髦而懂得体现个性美的明智。

消费，是需要引导的，这种引导应该是广义的。我们不能把消费仅仅看成是一种经济现象，也应该把它看成是一种文化现象。从某种角度讲，文化，才是决定消费的深层因素。我的那位朋友在布置新居时，最头疼的是买不到合适的书橱，只好花大价钱请人设计、现做。显然，当人们的文化需求还不高的时候，书橱只能是奢侈品，只得滞销，进而消失。于是千户一律的金碧辉煌，千室一律的富丽豪华，居室成了宾馆，除去富有和"上潮流"之外，是看不见主人的个性、情趣的。所以消费需要引导，除了经济上的引导，更要文化上的引导。只有这样才能从根本上消除消费的盲目性，才能有效地避免雪豹皮草行被挤碎玻璃柜台的闹剧重演。

当然也得讲讲经济。这些年来，消费"热"为什么老是弄得不可开交？还有一个原因，是"热"点太少。我们的工厂如果能多拿出一些足以使消费者们倾倒的货色来，把一"点"变为多"点"，让人们有更多选择的余地，使人们能方便地找到体现个性与情趣的消费品，那么，偌大个上海消费市场，就绝不会再被某一股突如其来的浪头冲得晕头转向。

（原载于《文汇报》1991年4月8日）

"人大效率"

每次开人大,总有些振奋人心的事情。大事不用多说了,有些小事,虽不起眼,却颇令人为之一振。今年的人大会议结束前几天,各委、办、局的负责人亲自在会场"设摊",接受咨询,为代表们解难。有消息说,有些被推诿了几年甚至十几年的"老大难"问题,经局长的一个电话,当即得到了解决。办事效率之高,着实令人惊诧。人们不无惊喜地戏称为"人大效率"。

办事效率低,已是喊了多年的顽疾,它不仅成了改革开放的绊脚石,而且严重损害着人民群众与我们党、我们政府之间的亲密关系。党的威信受到影响,政府的形象也受损。是不是我们的效率命中注定是低水平的呢?"人大效率"做了很好的回答。它至少说明,许多事只要认真对待,其速度还是相当快的,有时甚至可以快得惊人。

问题出在哪里呢?

"人大效率"实际上也做了回答。请看,有关部门的负责人亲自出马,直接听取意见,直接处理问题,两点一线,省去了许许多多的中间环节,效率当然就出来了。所以,机构臃肿和官僚作风是影响效率的主要障碍。办一件事,要跑几十个机关,盖几十个图章,这已不是什么天方夜谭了。这样一个圈子兜下来,还有什么效率可谈呢?当然,"人大"是一个特例,我们也不可能要求什么事都要由局长直接出面解决。但这种办事的作风却是可以也应该倡导的。这种"两点一线"解决问题的方式,也是值得借鉴的。

不过,话又得说回来。"人大效率"毕竟是在人代会上,要求解决问题的人又是人大代表。如果是普通老百姓需要解决问题呢?

这,又涉及一个更深刻的问题。

为什么人大代表的意见容易受到重视?因为他们是人民行使国家权力的代表,他们不仅代表了民意,而且代表了权力,他们手中掌握着任免政府机构负责人的选票,"人贵言重",他们的话自然就有了分量。但是,人们却忘记了一个最基本、最重要的事实:人民代表的权力是从哪儿来的?还不是广大人民群众赋予的吗?他们是人民的代表,而人民才是真正的主人。不是说我们的各级干部都是人民的公仆吗?可有些仆人却认错了人,他们只认主人的代表为主人,而把真正的主人当成了仆人。于是就出现了主人来找仆人办事,仆人却敷衍、拖拉,甚至打官腔、敲竹杠的怪现象。这样,办事效率当然高不起来。看来,要从根本上解决"效率"问题,还得在干部们的"公仆"意识上下点功夫。

(原载于《文汇报》1991年5月9日)

提倡大学教授到中学兼课

本市某重点中学请了一位大学教授来学校举行专题讲座，因为讲授信息量大，深入浅出，大受学生欢迎，相关学科的教师也很感兴趣。这所中学的校长受到启发，已聘请各门学科的大学教授、讲师定期来校讲课，活跃了学校的学习气氛，促进了教学质量的提高。

我很钦佩这位校长的远见，他使中学与大学沟通了，这不仅是人员的交流，而且是知识结构与知识层次的沟通。学生能获得更多更新的知识，教师的专业知识也能不断充实提高。同时，我也钦佩这位校长的魄力，在被升学率压得喘不过气来的情况下，竟敢于带学生在课本与考题以外的天地里遨游。没有一点教育家的气魄，就不敢冒这样的风险。

从教育学的原理讲，中学与大学之间并不存在不可逾越的鸿沟，相反，中学教育与大学教育本是相通的。前者是后者的准备，而后者则是在前者基础上的提高与深化。可是，不知从什么时候起，我们的中学教育与大学教育被严格地分割了，除了招生，在教学领域里两者已"老死不相往来"了。这种现象显然不利于我们的中等教育。中学教师由于工作性质与客观条件的限制，知识的更新比较困难。而大学教师在这方面却有很多有利条件。如果能让大学教授到中学去兼课，就可能起到一个知识回流，提高中学教师知识水准的作用。现在，对中学教师更新知识的教育主要通过各区县教师进修学院（校）的定期培训，这当然是一个好办法。但如果让大学与中学沟通起来，让大学教授、讲师经常到中学去兼课，无疑是多了一条提高中学教师教学水平的途径。少花钱，办好事，何乐而不为?!

沟通总是双向的。大学教师到中学兼课对自身也是一个再学习、再提高的过程。中学是基础教育，对大学教师来说，在基础教学的 ABC 中摸爬滚打，可以起到温故知新的作用。再者，大学教育的对象，正是现在的中学毕业生，对中学生的情感心理、知识结构、思维方式等的了解，也有利于大学教育的提高。

大学教授到中学兼课并不是什么新鲜事。据笔者所知，现在七八十岁的老教授、名教授，几乎都有一边当大学教授，一边当中学教员的历史。现在的问题是我们的教育政策如何做一些调整，以鼓励大学教师到中学去兼课。同时，教授也应克服偏见，放下架子，去和中学生交朋友。

（原载于《文汇报》1991 年 7 月 22 日）

何必溢美

这几年,为那些尚健在的文化名人举行学术研讨会,颇有升温之势。有资格让别人来研究,总有其值得研究的道理,圈外人似不宜说外行话。

但大实话还是可以说的,曰:不要溢美。

为了表彰那些德高望重、对国家民族的文化事业作出杰出贡献的文化名人,开祝寿会,办展览会,搞恳谈会,或是其它什么形式的活动,以表达人们的崇敬之情,既体现了我们这个社会尊重人才的好风尚,又表现出我们这个民族浓浓的人情味。在这种场合说几句歌功颂德的话似也无可厚非。

但,一旦进入学术领域,把某人作为学术研究的对象来讨论,那就应该遵循实事求是的原则。金无足赤,人无完人,诗之圣者如老杜,都不免败笔,何况"凡人"?!学术研究正是要总结成功的经验,寻觅失误的教训。把学术研讨会搞成"庆功会",岂不失去了意义?

孔老夫子说:"听了恭维顺心的话,能够不高兴吗?分析一下才可贵。"他是主张实事求是的。伏尔泰说:"颂词需要加上点讽刺才会显得活泼。"他也是反对一味赞美的。

颂扬可以使人陶醉,而批评却能使人清醒。

我们那些可尊敬的尚健在的文化名人们,不都醒着吗,何必溢美?!

(原载于《文汇报》1991年10月23日)

由孟丽昭入党想到的

孟丽昭在病榻上实现了她渴望已久的入党愿望。消息传来，在为之欢欣的同时，却生出几多深思：现在的孟丽昭已是家喻户晓的英雄了，英雄而入党，顺理成章。可是，如果没有这样一场大火，她仍像往日一样，上班，出车，下班，回家，过着一种普普通通、朴实无华的生活，什么时候才能入党呢？

这个假设其实是不能成立的。我只是想借此说明这样一个道理：英雄毕竟是少数，我们的社会是由千千万万像孟丽昭这样的普通人组成的，而正是这些普普通通的人支撑着我们的国家，营造着我们的事业。他们就是鲁迅所说的"中国的脊梁"。

其实，英雄在成为英雄之前，也只是普通人。就拿眼前的孟丽昭来说吧，一个普通得不能再普通的女工，有谁能预言她能成为舍身忘死的英雄？所以，英雄与凡夫俗子之间并没有一条不可逾越的鸿沟。人人都可以成为英雄，而英雄就蕴藏在普通人中间。

但是，英雄也不可能在一夜之间造就。当孟丽昭的事迹震动了申城之后，她的同事们几乎众口一词地说：小孟是一个在平凡岗位上勤勤恳恳、任劳任怨、无私奉献的人，她为人正直，对工作一丝不苟。这就是一个英雄在日常生活中的闪光点。因为她具有这样的品格，所以才能在关键时刻作出惊天地、泣鬼神的壮举。在我们的生活中,像小孟这样闪烁着英雄光点的普通人何止千万!他们踏踏实实地工作,默默无闻地奉献,从来没有想过要当英雄。但可以断言,只要给他们机会,他们会当之无愧地踏上英雄的台阶。遗憾的是,我们的眼睛不够明亮,对千千万万普通人的闪光点视而不见;我们的眼睛又太明亮,往往紧盯着那些消极的菌斑。于是惊呼"世风日下",感叹"人心不古"。诚然,在商品经济的大潮中,泥沙俱下,鱼龙混杂,社会上确实出现了一些不健康的东西。但,好人毕竟是大多数、绝大多数,社会的主流是积极向上的。只要我们稍稍改变一下观察问题的方法,我们就可以发现自己身边的"孟丽昭"大有人在,他们身上的闪光点,一样光彩照人。

历史是人民群众创造的,群众是真正的英雄。"一将功成万骨枯",自古至今,有哪一个将军的成功可以离开冲锋陷阵的士兵?士兵造就了胜利的将军,英雄只是群众的代表。就像长江的洪流一样,万顷波涛滚滚而下,而跳出水面的只有几滴浪花。然而正是像这水流一样默默无闻、奔流不息的性格,写就了群众的伟大。孟丽昭之所以值得我们学习、尊敬,舍身救人固然是重要原因,但像她那样踏踏实实地工作,默默无闻地奉献不同样是值得大书特书的理由吗?

(原载于《文汇报》1992年1月2日)

十五万册！

友人为上海古籍出版社编注了一本传统蒙学读物，内有《治家格言》、《增广贤文》、《女儿经》、《弟子规》等十种。原以为这一类书不会走俏，谁知，第一版印数就高达十五万册，而且书出不久即告售罄。

十五万册，这对只有一两千册发行量的学术著作来说，简直是个天文数字。据说，这类读物已畅销了好几年，而且行情继续看涨。

为什么已经沉寂了那么多年的这类"封建主义的玩意儿"，仍然对广大中国民众有如此强大的吸引力呢？这是传统的力量，这是几千年文化积淀的结果。中华民族有着悠久的历史，文化传统源远流长。经过一代又一代人的传习，这种传统已根植于人们的灵魂深处。虽然，近些年来，有人藐视传统，有人主张全盘西化，但对绝大多数中国人来说，他们相信的还是"黎明即起，洒扫庭除"，还是"善有善报，恶有恶报"。这就是传统的力量。只要这个民族还在，这个传统就不能不被承认。

对文化传统是要作具体分析的。即便是从封建时代传承过来的东西，也有糟粕与精华之分。以蒙学教材为例，这类读物虽则有"出嫁倘若遭不幸，不配二夫烈女名"之类的秽语，也有"一毫之恶，劝人莫作；一毫之善，与人方便"之类的良言，决非一无可取之处。那些经历了千百年筛选的优秀蒙学著作，有的用浅近、简洁的语言传授知识，讲述历史；有的集中了生活实践的经验之谈，向后代传播修身治家、为人处世的基本道理。它们之所以能世世相传，广为流布，就在于其中有值得人们认识和汲取的好东西在。不加分析地一棍子打死，不是科学的态度。这，"文化大革命"已给了我们很好的教训。

传统蒙学读物的走俏给了我们一个很好的提示：在对广大青少年进行社会主义、共产主义的思想教育时，应该注意结合民族的文化传统、伦理道德，汲取其精华，批判其糟粕。这样的思想教育，这样的政治工作才是具有中国特色的。中华民族在她漫长的历史进程中创造了灿烂的古代文明，不仅有四大发明，有无数志士仁人，也有二十四史、《红楼梦》这样的鸿篇巨制，也有像孝敬父母、友爱兄弟、热爱人民、守信惜阴等传统美德。这一切都应成为我们思想与文化建设的好材料。把马克思主义同民族的文化传统、伦理道德对立起来，是毫无根据的。

(原载于《文汇报》1992年1月18日)

古文今译得失谈

古文的今译始于何时，恐怕是很难考定的。司马迁在作《史记》时已注意用今（西汉）语译古（周代）语的《尚书》。可见这一文化现象出现得很早。但真正使古文今译受到重视并堂而皇之地走入文化、学术的殿堂，是在废除文言文之后。建国以后，党和政府十分注意对古代典籍的整理，除了出版大量的校点古籍外，也出版了一些很有质量的今译古籍，但数量不多，而且绝大多数是选译，几乎看不到全译本。古文今译的大潮出现在近十来年，其特点有三：一、被译古籍已从单纯的文史类拓展到文、史、哲、经、医、农、宗教等各领域。二、译者的眼光已不局限于名著，有些较冷僻的古书，只要有销路，也被大量今译，甚至不惜重复出版。三、求大求全，选译正在被全译取代，而且其势方兴未艾，一部《资治通鉴》已嫌胃口太小，据说全译二十五史也已提上日程。

古文今译确实有其历史的必要性，大量的古籍被译成现代汉语，对弘扬民族优秀的文化传统，传播和普及历史、哲学、科学等知识有积极意义。所以，我们说古文今译功不可没。

但笔者在为古文今译唱赞歌的同时，却又不无忧虑：古籍大量被白话译文所代替的背后，隐藏着诸多弊端。

著名学者陈子展先生在翻译《诗经》时曾感叹"古诗不

易译为现代新体诗",有时不得不"强作解人"。这是大实话。《诗经》还是中国诗歌原始形态的作品,后代的诗歌,在格律严整的形式下,要把它们不走样地译成现代汉语,简直比登天还难。试问,原诗的节奏感如何体现?平仄何在?对仗又何在?一句话,这些都是译不出来的。这不等于说古诗不能翻译,但那是再创作,原诗的韵味必定是走了样的。古诗难译尽人皆知,那么散文呢?散文也不见得好译。有时原文的意义是被译出了,但文采、神韵却丧失殆尽了。所以,今译古文只能做到近似、形似,尽可能准确地复制原文,却不可避免地与原文有着某种距离。总之,文言文的白话翻译绝对不能代替古文。

但现在却大有用今译取代古文之势。中国的古籍汗牛充栋,有的可译、应译,有的不可译,有的不必译。今译只应该作为人们学习或阅读古文的一种补充,它的作用就像是一个媒婆,旨在吸引读者去读原文,而不是为了代替原文。所以,一则应该慎重,二则应有选择。现在动辄全译,部头越来越大,门类越求越全,如此泛滥下去,其结果将是在不知不觉之中今译本取代了古文本。

中华民族有着五千年的文明史,我们要认识自己的文化传统,要了解自己的历史,主要得依靠古文。再者,我们祖先留下了大量的文化遗产,古代典籍之多是世界上任何一个民族所不能比拟的,而这些典籍使用的也都是文言文。请设想,一旦割断了古文,意味着什么?有一种观点认为,古文就像甲骨文一样,总有一天是要被埋葬的。事实上,文言文与甲骨文根本不一样。后者是已死去的语言符号,而前者还活着,活在现代汉语中。现代汉语是在古代汉语的基础上产生发展而来的，它的基本词汇、基本语法并没有完全，也不可能完全与古代汉语脱节。现在人们普遍忧虑的错别字泛滥、青少年语言能力低，无一不和古书读得太少有关。所以，逼人们（尤其是青少年）下功夫去读一点古文，并没有什么害处。

　　古籍整理是一项十分复杂的工作。从整理的手段来看主要有点校（标点、校勘）、注释与今译。点校是最基础的工作，只有有了可靠的本子，才谈得上阅读与研究。注释则兼备了普及与提高两种功能。对文化层次较低的读者，注释可以浅俗而详尽；对专门研究的读者，注释可带有研究性、学术性。笔者认为，整理古籍应以点校、注释为主。今译可以搞，也应该搞，但由于它有许多先天的不足，不宜太多、太滥。它只应起到一种补充与辅助的作用，帮助那些没有阅读古文能力的人涉猎一下古书，获取一些粗略的印象。很显然，真正要读古书或作某方面研究的人，不会满足于译本，而只能读今译的人不会对那些很专门、很冷僻的内容感兴趣。试问，二十五史全译后，有几个人会去读"律历书"、"礼乐志"？其实，为了满足一般读者对历史知识的需求，一部二十五史演义是足够了的，何苦再把二十五史全译一遍呢？在整理、研究、出版古籍的经费十分紧张的情况下，与其把一大笔钱花在今译上，不如认认真真地校几部书，注几部书，研究几部书。

　　当然，笔者绝不是反对今译，而只是希望在权衡今译的利弊得失以后，把它放在一个适当的位置，如此而已。

（原载于《文汇报》1992年1月21日）

"马上办科"

某地方政府为了克服官僚主义，提高办事效率，专设了一个"马上办科"，凡来此科办事，一律马上就办，即使要讨论研究的，也不超过一星期。

好一个高效率的"马上办科"！可是，我不禁要问：该政府的其它科干什么去了？为什么该负责的各科不能"马上办"，却又设立一个新机构去干本来各科应该马上办的事呢？不管设立"马上办科"的动机如何，用这种办法来治官僚主义只能是南辕而北辙。其结果是官僚主义依然故我，而机构却膨胀了起来。

"马上办科"可以出高效率，其它的科为什么不能？关键是破除干部头脑中的旧观念、旧传统，打破他们赖以"不马上办"的铁交椅。所以，问题其实不在于新建"马上办科"之类的形式。

凡是有官僚主义的地方，形式主义一定很严重，形式主义不仅是官僚主义的温床，而且为官僚主义提供了最好的庇护所。因此，要扫除官僚主义陋习，不能光在形式上变花样，而要从体制上动真格，方能动摇官僚主义的根基。

(原载于《文汇报》1992年4月9日)

儒家文化是建设的文化

把传统文化与改革开放对立起来是毫无根据的。任何民族的生存与发展都不能离开其固有的文化传统，它是比血缘关系更重要的生存与发展基础。一个民族、一个国家，其凝聚力主要不是靠血缘而是靠文化。以汉字为例，它的特殊形态是维系中国社会长达数千年之久的统一与团结的重要因素之一。如果仓颉造的是拼音文字，那么，上海人就听不懂吴方言以外的话，看不懂吴方言以外的人写的文章。以中国地域之大、方言之多推而论之，最终必导致分裂。

中国传统文化的主流虽是儒家文化。从本质上看，它是一种建设的文化而非破坏的文化。孔子一生到处推销自己，但处处碰壁。因为他那一套不合当时之宜。汉代大儒叔孙通投靠刘邦后，推荐给刘邦的都是些"打砸抢"分子。他的弟子很不满，叔孙通告诉他们：不要急，有用得上你们的时候。果然，汉一统天下后，叔孙通及其弟子大行其道，受到刘邦的宠信。这段历史很能说明儒学作为一种建设性文化的特点。儒学所追求的是社会的有序，而社会越是走向稳定、成熟，就越能显示出它的生命力。反观中国历史：魏晋便出现过一段对儒学传统大破坏、大冲击的时期。那时，中国社会恰恰显现出极大的无序——统治者骄奢淫泆，滥杀无辜，士大夫沉湎酒色，社会动乱不已，经济受到极大破坏，最终导致了长达两个多世纪的大分裂。

当然,传统文化绝非万应灵药,更不是什么"国粹"。它确实有消极、反动的东西。中国的落后,正是历代统治者利用传统文化中的消极面并将其发挥到极致的结果。但这绝不能代表整个传统文化,更不能因此而把传统文化一棍子打死。资本主义有可以为我们所用的东西,封建主义也有。问题在于分清糟粕与精华。

把马克思主义与中国的实际相结合是中国革命取得成功的主要经验。在思想、文化建设上也必须借鉴这一经验。马列主义是一种外来文化,这种文化只有与中国的传统文化相结合,才能在中国这方土地上生根。所以,对传统文化的研究与改造、利用,绝不仅仅是传统文化本身的需要,它还应有更深刻的社会与历史意蕴。

(原载于《文汇报》1992年6月3日)

破"门户之见"

做学问,讲师承,重派别,这是我国学者学术研究中的好传统。汉代学界有所谓"家法"、"师法"之说。史载,汉武帝建元五年置五经博士,传授《诗》、《易》、《书》等儒家经典。这些博士,专主一家,各以家法教授。汉代又重师法,师之所传,弟子所受,一字不敢出入。儒生孟喜从田氏学《易》,暗中掺了一些私货,皇帝因此说他"改师法",连博士也不让他当。

古人如此重视"家法"、"师法",不是没有原因的。能够自成一家的学术总有其独特的个性,是别家别派所不能代替的,这就是家法。丢了"家法",便丢了个性,便也丢了这一"家"。再则,某一学派在其发生、发展的过程中必定会形成自己的理论、方法,这是个完整的、独立的系统。保持这个系统的完整性与独立性,要求它保持相对的稳定,于是排它便成为必要。所以,荀子说:"不是师法而好自用,譬之是犹以盲辨色,以聋辨声也。"

但凡事都怕走向极端。"家法"如果"重"到一概轻视异己,"师法"如果"守"到一概排斥异己,那就变成了门户之见,就会大大有害于学术的发展,最终将危及自家学派的命运。

门户之见是一种十分狭隘的学术观。它表现为故步自封,敝帚自珍,其本质则是学术上的保守主义。运动与发展是学术的生命,不断地吸收新鲜血液,才能保持学术之树常青。保守主义恰恰背此道而行。他们把自己局限在一个封闭的小天地中,结果弄成一潭死水。毫无疑问,在一个闭塞空间里,再有生命力的学术之花也要枯萎。

从方法论来看,门户之见的表现主要是排斥异己,其本质则是学术上的"本位主义"与"宗派主义"。学术研究中,不同派别的纷争是一种正常的现象,健康的学术争鸣不仅不是坏事,而且有利于学术的发展。任何学派,它的生命力只有在开放式的碰撞与冲突、扬弃与融合中才能得到强化,保持旺盛。这里,碰撞与冲突是一种外在的形式,而扬弃与融合则是根本的目的。可是学术上的本位主义与宗派主义则舍本逐末——斗争就是一切,目的是没有的。试问,一个迷失了目的的学派,其归宿除了消亡,还会有什么呢?

以汉代为例,今文经学与古文经学分门角力,相互攻讦,不能两立。结果两家都陷入僵化与迂腐的死胡同,他们的著作很快亡佚、失传。而郑玄独能超然于门户之见,融今古文于一炉,成一家之言,最终取代汉学而一尊。其实古人也早已看破门户之见的危害。汉代大儒刘歆就说:"专己守残,党同门,妬道真",不是君子所应取的治学之道。

门户之见是学术研究中的一股逆流。遗憾的是这种有百弊而无一利的东西,在我们今天的学术界仍然很有市场,老师不允许学生反对或修正自己的观点;学生对与自己老师观点相左的学者、著作,不论是非一概群起而攻之;凡赞同自己观点的,便捧上天;凡反对自己观点的,则说得一无是处;答辩会、论证会、讨论会一律不邀持反对意见者参加;有的甚至利用自己的"权威"压制不同观点的著作发表、出版,阻挠职称评定……花样百出，不一而足，较之古人，有过之而无不及也。

"以史为鉴，可以知兴替。"我们是不是应该破一破这个陋习呢？

（原载于《文汇报》1992年7月18日）

"下海"以后

鄙人一介书生,社交圈里都是些"文人",一支笔、一张纸,日子虽然清苦,却也悠然自得。可是,不知从什么时候起,这宁静而淡泊的社交圈竟大起波澜,朋友、师长、学生们或迫于贫困,或被潮流所裹挟,或有志于干一番事业,纷纷跳进了市场经济的大海。一时间,热热闹闹,大有慷慨激烈、舍我其谁的豪迈。不想"下海"以后,这些弄潮儿们共同的感受却是一个"难"字。

如果说"文人""下海"对这个难字一点也没有思想准备,那不是事实。社会主义市场经济是一片尚待开发的海洋,谁下海谁就是开拓者,前面会遇到哪些风浪、暗礁,一切都要"走着瞧"。但正因为难,才需要有人去闯,也才显示出闯海者的勇气和胆略。

现在的问题是,"下海"以后的有些难处,其实完全是人为的无谓消耗。以申请执照来说,没完没了的敲章,无穷无尽的扯皮,还加煞费苦心的请客送礼。只要在某一个环节上稍有闪失,就会前功尽弃。再以财务结算及资金运作来说,更是繁琐得令人咋舌。凡此种种,站在岸上的观潮者是无论如何体会不到的。所以,凡下了"海"的人,没有一个不赞成要加快改革的步伐。一个难字正向我们揭示了改革的必要和迫切。长期以来,我们在旧的经济模式中运行。这种旧模式正严重地阻碍着社会主义市场经济的发育与成长。现存的体制、规章、制度，大都是为旧的经济活动设置的，它们也许很适应旧模式的运行需要，却与新的社会主义的市场经济格格不入。只要它们不退出历史舞台，就必然与新的机制发生冲突，也就会制造出千种难万种难。不改革，又怎么了得?!

平心而论，把"文人""下海"的难处完全归咎于客观原因，也不是一种全面的观点。应该更深地看到，"文人"自身知识结构的缺陷也是造成他们"下海"以后处处犯难的重要因素。我们的教育，从小学到大学，除了学经济的以外，几乎都与经济、市场绝缘。搞科技的只知设计、制造，至于如何推销，如何求得经济效益，他们是不懂的，甚至不屑于懂。搞理论的、搞社会科学的，更是言不及利，远离经济生活。即便是学经济的，也大多只有书本知识而缺乏具体操作的实践与训练。于是，一走向市场，面对具体的钱、账号、报表、凭据、合同、协议以及各种经济往来的成文或不成文的规矩、惯例、术语、程序，他们就傻了眼。这里还有个能力问题。在旧体制下，"文人"们在市场之外生活，并不需要培养和发展市场活动的能力，例如社交公关的能力、谈判争辩的能力、捕捉信息的能力、经营管理的能力、判断裁决的能力等等。可是一旦他们进入市场，这些能力的缺乏就会成为他们走向成功的绊脚石。所以，我们应该正视"文人"在知识结构、能力等自身素养上的缺陷。"文人"只有克服了自身的缺陷，才能在市场经济的大海中大展宏图。

末了还想说几句的是，时下对"文人""下海"褒贬不一。有大声喝彩者，亦有当头棒喝者。党的十四大告诉我们，社会主义市场经济是发展社会主义经济和建设不可抗拒的历史规律。那些勇敢的弄潮儿们顺应了这一潮流,推波而助澜,我们似乎没有什么理由对他们横加指责,应该允许有人试一试。

(原载于《文汇报》1992年11月29日)

"炒一炒"学术如何

潘益大(本栏责任编辑)
朱杰人(华东师范大学文学院副院长、古籍研究所所长)

潘益大:近来,舆论界对某些人动用公款恶炒明星屡屡曝光,在读者中引起强烈反响。同时,学术界寂寞依然,不少人黄灯青卷,不改初衷。两相对照,既令人感慨,又令人敬佩。

朱杰人:是这样。前不久在我们古籍所与贵报联合举行的"古籍整理与文化建设"研讨会上,很多学者不约而同地谈到一个话题:干我们这一行的,要耐得寂寞,甘于清贫,要有献身精神。

潘益大:干任何事业都得有献身精神,搞学术研究、文化建设同样如此。

朱杰人:文化,特别是高雅的文化,不可能直接转化为经济效益,这就决定了它的贫困。而文化精品(例如古籍的整理和研究)的产生,又不是一朝一夕可以完成的,它需要长期的知识积累,需要收集详尽的原始资料,需要在浩如烟海的原始资料中披沙沥金,需要潜心的研究和考辨,这又决定了从事这一研究的再贫困。所以,有人打趣说:选择了学术研究之路也就是选择了贫困之路。

潘益大:仔细想想,这话也有一定道理。纵观中国文化史，在学术上成绩卓著却潦倒一生的例子比比皆是，司马迁因搞学术研究而陷于贫困就是一个典型。

朱杰人：记得我在读研究生的时候，导师讲的第一课就是，要有"板凳一坐十年冷"的思想准备。现在想来，这真是一句至理名言。搞学术研究最忌的就是浮躁和急功近利。学术界有一句很流行的话："十年磨一剑"。高质量的学术成果，是靠沉静潜心磨出来的，追逐名利，看到外面的世界很精彩就心猿意马，是决计做不好学问的。

潘益大：书斋之外的世界确实精彩，而且会越来越精彩，由此更反衬出学界的无奈和尴尬。巨大的诱惑不能不对学者产生强烈的冲击，以致出现分流和分化，有人下海，有人出洋，有人身在曹营心在汉，在社会转型期这也在所难免，而留下来固守阵地的人责任就更重大了。

朱杰人：面对贫困和寂寞，仍有大批志士仁人一如既往地为学术、文化建设而默默耕耘，这大概就是中国文化传统绵延不绝的缘由吧。我们的古籍研究所穷得叮当响，但在我就任新一任所长时，全所同仁对我的最大希望不是创收赚钱，而是希望我为大家多争取一点科研项目。窥一斑而知全豹，偌大个中国，甘愿为学术、文化而献身的大有人在，似乎不必为亡文亡种而杞人忧天。

潘益大：不久前，我的《恶炒明星出场费》一文发表后，就收到你们学校一群研究生、博士生的来信。他们在每月仅一百多元收入的情况下，依然埋首学术研究，很令人感动。学术界的清贫恐怕暂时还难改变，所幸的是，目前从上到下都高度重视精神文明建设，其中当然也包括推动学术的繁荣，相信有关部门会采取具体措施改变学界的现状。

朱杰人：我想，学者们甘于贫困，与社会对他们的关心、扶持是两码事，而后者正体现了我们的优越性。就以文化来说，"星"们的一曲十万金，与学术著作的千字十文；"大款"们的挥金如土，与学者们的穷困潦倒，怎么说也不成比例吧？这就需要调控，需要干预。俗文化撑死，雅文化饿死，能不能请撑死的吐一口出来，救济一下快饿死的呢？总之，诸如此类，我认为可以为高雅文化，为坐了几年几十年冷板凳的学者们做一点雪中送炭的实事，这方面应该而且可以有所作为。

潘益大：我说句笑话，有眼光的人来"炒一炒"学术如何？虽然在建立社会主义市场经济新体制的过程中，学术研究价值的合理回归只是迟早的问题。

（原载于《文汇报》1993年12月9日）

从《三国》歌曲想到《涛声依旧》

电视连续剧《三国演义》的歌曲音乐、音像制品在国内找不到发行代理,被泰国人买走。想不到的是,电视一播,剧中歌曲受到广大观众,特别是青少年观众的欢迎,于是中国人再把它买回来,出口转内销。

这是一则颇耐人寻味的"故事"。为什么国内的文化商人们对《三国》不感兴趣?据说除了担心盗版猖獗外,主要是"对《三国演义》的放映持低调态度"。说穿了,是对经典意义上的文化传统缺乏自信。你看,半文半白的对话,唐诗宋词式的主题歌,现代人,尤其是现代年轻人能喜欢吗?但现实却让人开了眼界:老祖宗的东西不但有人看,而且很受欢迎!这使我想到了风靡一时的《涛声依旧》。这首歌的词是模仿旧诗词的韵味与意境写就的,它照样流行。而且据行家分析,此歌之走红竟主要得力于它的"仿古"。这又说明,被尘封了的古代优秀文化并没有失去生命力,只不过它还在等待人们去挖掘、去开发而已。当然,话又得说回来,《涛声依旧》如果没有配上动听的现代音乐,它恐怕也飞不起来。于是我突发奇想:如果用现代流行歌曲的旋律为唐诗宋词谱曲,说不定哪一天这些"古董"也能"潇洒走一回"。内容和形式有时是矛盾的,好的内容需要有合适的形式。古人早就说过,"言之无文,行之不远"。我们的艺术家们是否有一种思维定势?似乎一提起唐诗宋词就一定要配以唐音宋调。所以从前虽然也有为唐诗宋词谱的曲，但流行不起来。如果换一下脑子，用现代音乐的旋律去为古诗词配曲，怎么样呢？《涛声依旧》也许能够回答，《三国》歌曲实际上已经作了回答。

民族的优秀文化遗存，尤其是那些经典之作，是长期积累和发展起来的精神产品，自有其超乎时代的特殊魅力。它们往往凝聚着一个民族的精神、传统和群体意识，所以它们具有教育人、陶冶人、愉悦人的作用。反过来，又由于它们凝聚着民族精神，所以又容易引起民众的共鸣。江泽民同志最近在纪念梅兰芳、周信芳诞辰一百周年座谈会上的讲话提出，弘扬民族艺术，振奋民族精神，是向广大群众特别是青年进行爱国主义教育的重要内容，是建设社会主义精神文明的重要内容，是发展社会主义文化事业的迫切要求。这显示出他对民族优秀文化的战略眼光。

当前，在大力开展爱国主义、集体主义、社会主义的教育中，如何使我们的思想教育让人们喜闻乐见，是一个非常值得重视、值得研究的问题。因此，研究一下从《涛声依旧》到《三国》歌曲的成功经验不是没有必要的。

（原载于《文汇报》1995年1月12日）

"吃公"的"二房东"

"二房东"这个名词,上了一点年纪的上海人都知道。在旧上海,这是些令人生厌的人物。他们周旋于房主与房客之间,既赚房东的钱又赚房客的钱。所以,房主与房客都讨厌他们。但,无论主、客,又都离不开这等人。

现在又出现了"二房东"。据调查,这种人有的靠多占公有住房偷租给生意人;有的私下将租用的公房以"合作"、"联营"为幌子移作他用,牟取高额房租。总之,房主变了,由私变成了公,"二房东"们开始大赚国家的钱。

这是一种靠"吃公"而生存的"二房东"。这类人物,并不仅仅存在于房产租赁一个领域。事实上,很多行业都有"二房东"。把平价的副食品套购来,再以高价卖出,这是食品行业的"二房东";用国家的设备来为自己或小集体搞创收,这是企事业中的"二房东";以职务之便将国有资产低价转让或出卖以从中牟利,这是领导机关中的"二房东"。诸如此类,举不胜举。国有资产就是这样经他们之手,源源不断地流入私人的腰包。他们实在是国家的蛀虫、改革的盗贼!

"二房东"的得逞于一时,主要原因恐怕是钻了政策和法律的空子。政策的不配套,法律的不完善,为这些"吃公"者开了方便之门。但是,如果我们把门管住呢?所以,当改革开放在不断深化,而政策和法规还不可能在一天之内完善起来的情况下,只有加强管理,才能治住"二房东"们的"吃公"恶行。

(原载于《文汇报》1995年1月17日)

愿"热线"变冷

《文汇报》"冬令公用热线"开通以来铃声不绝,成了名副其实的热线。报纸还发表了短评:《愿"热线"永不冷》。对此,笔者还要补充讲点意见。

热线之热,是由于人们"生活中确实存在着许多困难",而这些困难是属于"水、电、煤气、交通等,日常生活须臾不能离开"的。

人们有了困难,不去找对困难负有责任的"有关部门",而要向报社呼吁,这至少说明了两点:一、群众反映困难的渠道不通(或有问题);二、"有关部门"对困难的态度群众不满意。人们走投无路了,只好找大众传媒,希望借重舆论监督的威力解决问题。人们对新闻媒体寄予厚望,这反映了新闻工作者强烈的社会责任感和对群众疾苦的同情之心,值得敬佩!但是,那些与困难有关的责任者们又如何加强责任感和同情心呢?

子曰:"不在其位,不谋其政。"也就是说,在其位要谋其政。管水的要把水管好,管电的要把电管好,煤气、交通等,该负责的都负起了责任,群众投诉有门,解困有方,报社的热线自然热不起来了。

所以,作为一个普通市民,我有一愿:愿"热线"变冷!

(原载于《文汇报》1995年2月8日)

广告行为

一位朋友去年买了一台广东产的名牌空调，今夏使用出了一点小毛病。正巧，这家空调厂在报上刊登征询意见调查表，恳切地要求上海的一千万用户对他们的"宝贝"发表意见、提出建议，并表示用户有什么困难或要求可在调查表中写明，厂家将予以解决。我的这位朋友认认真真地填了表，提供了自以为很有见地的"建议"，并说明自己的空调导风板失控，希望来检修一下。

可是，调查表寄出后却是泥牛入海无消息，眼看着夏天就过去了。失望之余，我的朋友去请教另一位稍领世面的朋友。那位听完哈哈大笑："朋友，帮帮忙，谁像你这么天真，那不过是一种广告行为！"

我的朋友这才恍然大悟，原来所有的甜言蜜语都是假的，做广告才是真的！他感到受了愚弄。

"广告行为"究竟应该是一种什么行为呢？刚颁布不久的广告法已经作了规范。但是像这种以调查的方式（或其它别的什么方法）出现的对消费者的不负责任的行为，恐怕广告法管不到。于是老实人只好被愚弄。

"广告行为"是一种商业行为，它以促销产品为最终目的。这无可厚非。但是，为什么要用愚弄消费者的办法来促销呢？你做不到的事就不要承诺，这是做人的基本准则，做生意难道可以例外？！

（原载于《文汇报》1995年8月17日）

图书馆热

近年来图书馆的读者明显增多,形成一"热",即使在今年上海的酷暑之中此"热"也未降温。《文汇报》就曾描述过上海几家区级图书馆出现读者踊跃的申城市民"消夏图"。

但图书馆毕竟不是消夏之处,本文题中之"热"亦非修辞学上的热,而是真正的热。今夏,因工作需要笔者在上海图书馆钻了近两个月的故纸堆,在一间名副其实的蒸笼格子里与汗水、蚊子搏斗,唯一的降温设备是一架会发出"格格"声响的摇头扇。中午没有地方吃饭,连休息的地方都没有。

结果却也有了一大发现:南京路上的大小商店,几乎都有空调(不是百分之百,也是百分之九十以上),购物环境可谓舒适。在号称"中华第一街"的南京路上,上海图书馆的地位比较特殊,而唯独这一世界著名的大图书馆与空调无缘,"顾客"们只能在高温下读书。对比之下,心中不免产生一丝悲哀。但转念一想,读书求知毕竟不能求舒适,吃苦受煎熬是理所当然。再看看图书馆的工作人员,在汗流浃背之中为读者找书、送书、查书,比读者更辛苦。最热的几天,书库内的温度高达35℃。

可喜的是,新的上海图书馆已经竣工,老馆搬家已指日可待。也许再过几年,到上海图书馆读书才可真正谈"舒适"也!

(原载于《文汇报》1995年8月18日)

愿永葆微笑

八月的最后一天，我到愚园路上的一家中国银行办事。还未进门，便受到了一位衣冠楚楚的英俊青年的特殊服务——为我开门。进得厅堂，正想寻找合适的柜台，不想一位服务小姐竟主动招呼我："先生，您有什么事要我帮忙吗？"这使我大惑不解，有点"受宠若惊"。

我是这家银行的常客，以前可从来没有领受过如此"礼遇"。纳闷之际，看到了贴在墙上的宣传画，原来，中国银行正在开展"微笑服务月"活动。

中国的金融业近几年来发展很快，但仍然赶不上社会经济高速前进的步伐。到银行办事，往往是方便无多，烦恼不少。当然，由于体制上的问题，要求中国的银行业马上达到发达国家商业银行那样方便、高效、灵活的服务水准也是不现实的。但是服务态度好一点，总可以做到吧？而事实恰恰是，这一最起码的要求也做不到。

如今，中国银行使人开了眼界。原来，做不到的事"非不能也"，乃"不为也"。这使我想到了其他的银行，又从银行想到了其他的服务行业：中国银行可以做到的，大家都应该做得到。

走出银行大门，心中愿中国银行永葆微笑。

（原载于《文汇报》1995年9月12日）

如此修典

不知道从什么时候起，修"典"之风大兴。一时间"大典"、"全典"、"全书"、"全史"、"大全"之类"划时代"、"跨世纪"的"超级"学术制作纷纷出台，简直有令人目不暇接之势。这些"巨著"，论字数，动辄以数千万言乃至数亿言为计（把《四库全书》看作"小菜一碟"）；论投入，则将千百万元视作儿戏。据说，学术适逢盛世，而盛世修典历来是中华民族的优秀传统。

是的，盛世应该修典，现时正逢盛世。但是，修什么典？怎么修？

只要是大，只要是全，就有人想修，而不管此典是否真有学术价值，更不管此典与已经拥有大量流通与存藏的旧书、旧典是否重复。据说某地编过一种"文化大全"之典，只是将历来有关此"文化"的著作重新搜罗起来印一遍。殊不知，这类书前有《四库全书》，后有《四部备要》、《四部丛刊》，还有《丛书集成》及近年来大量出版的各类古籍，还有谁希望你来作一番自作多情的重复呢？于是编了几种即因无人问津而难以为继。

《四库全书》修了多少年？笔者没有研究。但有不少学者为之献出了毕生的精力，这却是知道的。比起我们今天的修典，四库馆臣们无疑是一批苦行僧。据说，某一以传代为宗旨的大书，点校一部几百万字的文史古籍，只消几个月。

只要是真正认真点过几部古书的人都会知道,这样的高速运动,只能是粗制滥造。

粗制滥造就不怕批评?

不必担心,自有对付批评的法宝——请学术权威,而且是请大权威做主编;然后网罗一个包括尽可能多的学术界头面人物参与的编委会;请名人,而且是大名人来题词、来讲话。你敢批评吗?

还有更妙的办法——在包装上作文章,把印制装帧弄得与"国际接轨",以形式的堂皇来掩盖内容的苍白。然后,不惜代价,往一个一个学术权威家里送。人家看到如此精美的"艺术品",已经"耳目一新"了,哪还好意思批评?

现在,一方面是因经济上的困难而出书难,出版学术著作更难;一方面却是大量的资金被用于重复出版和"低级出版"(粗制滥造属于低级出版)。这里是不是有一个钱用错了地方的问题呢?试想,如果把那些重复或不必要的修典巨款用于资助真正有价值的学术著作,用于抢救那些快要腐朽了的文史资料,可以避免多少重要文化遗产的消失呢?

有一位对此风甚为不满,而后又改变初衷的老一辈学者曾对笔者讲了这么一段话:"人家有钱,愿意浪费,你有什么办法?我们这些人是多管闲事。再说,把钱用在这些书上,总比出那些海淫海盗的东西好。"如此说来,笔者也只有三缄其口了。

(原载于《文汇报》1996年6月26日)

提倡双休日读点书

双休日究竟怎么过？面对这个议论已久的话题，上汽总公司适时推出了"40+4"的学习制度，果然取得了显著成效。职工们把业余学习和自身素质提高结合起来，双休日的读书活动不但大大丰富了职工的闲暇时间，而且成了企业培训计划的一部分。由此想开去，倒可以借题发挥议论几句。

实行双休以来，人们的生活方式发生了很大的变化。如何双休，不仅成为人们议论的热点，事实上也成为每个人生活情趣、生活质量和精神境界的实践体现。有人在麻将桌上通宵达旦，有人在席梦思上昼夜入眠，有人在电视机前"打坐练功"，有人在商业街上流连忘返……当然，休闲是各人自己的事，但是，一个人以什么样的方式休闲，还是有高下和雅俗之分的。像上面列举的种种休闲方式，能说是高雅的和值得提倡的吗？

休闲，说穿了，就是在保证人的体力和精神上的疲劳得到调节以后，如何打发闲暇时间。但是，如何安排好这段时间依然大有讲究。眼下，最为时髦的做法是外出旅游。旅游当然不失为一种好方式，可又不可能成为休闲的主旋律，因为事实上人们既没有条件也没有必要每周来一番举家远足。相比之下，读书实在是一种便利而又得益匪浅的好方式。捧上自己喜爱的读物，遨游于历史宇宙之间，五湖四海，人间方外，这是何等惬意和潇洒的人生。如果是平时没有机会与书接触的人,则可以把读书作为一种休息,同时又可以把读书与求知结合起来。看一点轻松有趣的书以休息,读一些经典的理论著作或专业图书以益智。现代的文明人,如果有一样东西是可以而且应该永远伴随人生的话,那就是书。读书是文明人的学习方式,也是文明人的休闲方式。

以读书的方式来休闲,以休闲的态度来读书,还是一种养性怡情的好方法。一本好书,不但可以增长人的知识,还可以陶冶人的性情。孔夫子说:"温柔敦厚,《诗》教也。"就是说读《诗经》可以养成一个人高雅的性情。试想,读书的这般功效,如果能在休闲中潜移默化地得到,岂不是一件求之不得的雅事,何乐而不为呢?

当然,若能像上汽总公司的职工那样在双休日开展有组织、有计划、有目的的学习活动,其收益便更大。这就需要各行各业的领导合理安排,加以切实有效的引导。既然读书本就是一种对未来的"长期投资",在这方面下一番功夫便是值得的,相信为求自我完善发展的人们也是会理解的。

(原载于《文汇报》1996年7月10日)

曹雪芹故乡何其多

《红楼梦》真是个谜一般的"梦"。听一位著名的红学家说，现在全国有八九个地方在争《红楼梦》的作者曹雪芹祖籍所在地的"冠名权"。公说公有理，婆说婆有理，而且都搬出自己的"学术研究成果"，证明本地乃"正宗"的曹氏"本贯"之地。

处于当代"显学"地位的"红学"，总是不断地产生各种各样的新闻。但是诸如曹雪芹拥有八九个"家乡"之类的消息，实在已不是什么值得一提的新鲜事了。前些年的诸葛亮籍贯之争，朱熹是何方人士之争，墨子、庄子乃至杜康酒的故乡究竟在何处的争论，早已闹得人们由好奇而变成厌烦了。

只要与名人"搭得上界"，哪怕只是一点影子，那就得想方设法与他拉上关系。这似乎已成了我们这个有着悠久历史，又有着无数名人的国度的一个奇特"文化"现象。历史悠久真是个好东西，它留给你的一大遗产就是"搞不清楚"，而这正好可以让人有机会来"搞搞清楚"。于是曹雪芹就有了八九个"家"。名人多更是个好东西，一部二十五史，列了传的成千上万，再加上野史、稗乘中的各色人等，名人多多，只要用心，总可以发现几个与本地有关的"名人"。当然，名人是越大越好，越有名越有价值。所以，曹雪芹就特别受到关照。

中国有句古语："攀龙附凤"。这无非是借龙凤以自重。用一句时髦的话，叫做提高知名度。"抢名人"恐怕也是出于这种心理。一个地方为了引起人们的注意，请出自己的乡贤、历史名人来宣传、弘扬，本也无可厚非。这对于增强人们的爱国爱乡观念、增强民族凝聚力，也是有好处的。但是，盲目攀附，"悬空八只脚"地攀附，那就弄巧成拙，庸俗不堪了。中国还有一句古语："好汉不提当年勇"。本乡本土出了几个名人，那是过去时代的光荣。他只能激励我们去学习他，超越他。想靠着先人的英名弄来个经济起飞是不现实的。自己的历史要自己去写，自己去奋斗。这样，光荣才属于自己，何苦去挖空心思、捕风捉影地攀龙附凤呢？

细心的读者会发现，我们在称"抢名人"为一种奇特"文化"现象时，"文化"是打上引号的。因为这种现象浮在表面上的是文化，但其真正的原因，说白了，是为了商业目的，所谓"文化搭台，经济唱戏"是也。诚然，文化的发展可以带来经济的发展。然而，如果把发展文化事业简单地归结为为达到经济目的，那就有问题了。为什么现在有些地方，对学术研究中一向被视为冷门的"生平考据"业产生了特别的兴趣呢？因为他们希望与那些哪怕只与自己有一丝半缕瓜葛（甚至毫无瓜葛）的名人联系起来，从而在弘扬文化的旗帜下，唱一场招商引资的大戏。学术研究应该为经济建设服务，但是一旦经济成了学术研究的出发点和唯一目的，那就会弄出曹雪芹有八九个"家乡"的笑话来。学术走了样，文化也受到了玷污。

如果今天人们已不再忌讳追名逐利的话，那么，真正想获取名利，恐怕还得踏踏实实地为文化做点工作。这才是发展的正道。不重视文化,把文化当作经济的附庸,甚至当作可以随便穿上脱下的外衣,那么,经济注定是畸形的。这叫作文化对经济的惩罚。

(原载于《文汇报》1996年12月21日)

"吃文化"

在笔者供职的大学附近,新开了一家餐馆,店招赫然醒目:"吃文化"。

这个店名,着实让我"吃"了一大惊:真有想把文化一口吃了的?

也许,店主的本意是:本店追求吃的文化。但他却忘记了(或根本不懂),"吃文化"三个字既可以理解为"吃的文化",也可以理解为"吃掉文化"。汉语就是这样,其妙无穷,没有一定的文化修养,就会出你的洋相。

如果店主的本意真不是为了吃掉文化,那么,他恰恰犯了一个缺少文化的错误。在钱变得可以通神的时候,有些人看不起文化、漠视文化、荼毒文化,那么,就请这种人远离文化。如果以为有了钱就可以附庸风雅,那么对不起,文化就会开你的玩笑,让你哭笑不得。

如果把店面比喻为一个人的脸,那么店名就是这个人的眼睛,它可以传神。所以店名是万万不可随便乱取的。而想要有一个好的店名,恐怕怎么也离不开文化。

写到这里突然悟到了什么:把店开在高等学府旁边,不正可以"吃文化"?

(原载于《文汇报》1997年1月4日)

何处看《商鞅》?

知道《商鞅》是出好戏，一直想看。首演错过了机会，以为从此失之交臂了，抱憾不已。后来，听说此剧在京城引起轰动，更有了一种望洋兴叹的懊丧。

可是，日前《文汇报》却说，《商鞅》从首都荣归，已复演了十场。笔者好歹也是个文化人，天天看报的习惯还是有的，竟然不知道《商鞅》已经在戏剧学院礼堂复演了，又错过了一次机会。《文汇报》接着又说，"出票情况不很理想"，并为好戏不好销而不平。可是，作为一个想看好戏的观众，我要说一句：再好的戏，不促销哪能行？

是商品总得促销，为什么我们的文化产品，尤其是像《商鞅》这样高品位的艺术品可以不促销，而守株待兔呢？联想到每天充塞在我们的信箱里的各类推销广告，《商鞅》出票不理想的遭遇，不是值得思之再三吗？

末了，再说一下鄙人在该戏首演时失之交臂的原因：想看戏，但不知道能否买到票。更害怕兴冲冲地赶到剧场，却因为买不到票，既扫了兴，又白白耗掉了宝贵的时间。

不过，后来方知《文汇报》主办的《每周文艺节目报》早已义务宣传了"何处看《商鞅》"，然而，人家的善举，总不能代替自家的主动。也许这会使人觉得想看戏的"文化人""难弄"。但既然戏已进入市场，要想舒舒服服地赚钱，行吗？

（原载于《文汇报》1997年1月18日）

"成功学"的背后

如何取得成功?"中伤"、"嫁祸于人"、"制造冤假错案"、"使人失败"——这是时下一些"青年导师"开出的"秘方"。如何发财?撒谎骗人、逃税避税、作伪造假——这是时下某些"经济学家"设计的"捷径"。如何做官?"因循守旧"、"明哲保身"、"投机钻营"、"不要轻言赞成或反对"、"对上司不要直言直说"——这是时下有些"政治学家"的"忠告"。

如果这仅仅是"街谈巷议",或是"村野妄人"们的"胡言乱语",那是可以一笑了之的。现在的问题是,这些"成功之道"、"敛财之道"、"攀附统御之道",是一些堂堂正正的社会主义出版社出版的堂堂正正的出版物。据说,此类读物"出版热,销售旺","越出越多",有些书"印数达十多万册"。

这就不能一笑了之了。

市场经济带来了激烈的竞争,有竞争就会有失败者。于是成功就成了人们,尤其是渴望成功的年轻人孜孜以求的目标。于是,教导人们如何成功的图书应运而生,大行其道。这是符合逻辑发展的。大力开发这样的选题,确实反映了出版家们敏锐的市场意识和精明的经营之道。这类书可以发行十多万册已经证明了他们的"成功"。但是,他们成功地赚了钱,却也成功地贩卖了历史的沉渣,这是不能不予以关注的。

成功人人需要,所以它有市场。但是,成功之路千条万条,有一条却是万万走不得的,那就是"歪门邪道"。然而,现在竟然有人堂而皇之地教人们搞歪门邪道。这类以"邪术"诲人的著作,大多打着"整理国故"的旗号。他们从积淀了几千年的中华古代文化中寻觅、爬梳,像发现了宝贝似的把那些沉积在角落里的垃圾挖出来,替他们穿上时装,为他们贴上金箔,或推销给那些涉世未深的年轻人,或迎合那些怀着阴暗心理的"失败者",于是"腐朽"变成了"神奇",这真是中华文化的悲哀!

有着五千年文明的民族,其文化一定是具有特殊魅力的。但是五千年的文明中,有辉煌和光明,也有屈辱和阴暗。有足以自傲于全人类的精华,也有羞于示人的糟粕。精华使我们的民族奋发向上,糟粕使我们的民族腐败堕落。从司马迁到曹雪芹,从《佞幸传》、《奸臣传》到《官场现形记》、《二十年目睹之怪现状》,有多少富于社会责任感和历史使命感的志士仁人,对我们民族文化中的罪恶和腐朽予以无情的鞭挞。因为他们深知,痛疽不除,我们民族的肌体就会失去生命力,就会走向死亡。可在现代文明高度发展的今天,有些人却把糟粕奉若神明,明目张胆地播散邪恶与腐朽的种子,这当然不能放任自流。

近年来,诸如"厚黑学"之类宣扬历史文化垃圾的读物成群结队地招摇过市,有其深刻的社会动因。图书市场的繁荣与激烈的竞争,使某些人失去了判断力,而利益的驱使又使有些人丢掉了廉耻和起码的责任感。于是把杂草丛生误认为繁荣,将赚钱当作了唯一的目的。当然,我们不讳言赚钱,但君子于利，取之有道。这个道，就是道义之道、道德之道、正道之道，社会主义的出版社，怎么可以唯利是图，背"道"而驰呢？

鲁迅当年曾经痛斥过那些把历史文化垃圾翻出来戕害青少年的无耻文人，说他们是把痈疽当宝贝。想不到历史的惰性竟然如此的顽强，被鲁迅无情揭露和批评过的东西如今重又沉渣泛起。这不能不使人感到悲哀，但在悲哀之余，我们似乎更应该警觉与反省！

（原载于《文汇报》1998年2月26日）

树立创新意识

江泽民同志最近多次在讲话和批示中强调知识经济、创新意识的重要性。他指出:"知识经济、创新意识对于我们二十一世纪的发展至关重要。"他同时还提出"真正搞出我们自己的创新体系"。

知识经济已经向我们走来。要赶上知识经济这趟车,就要不断创新,要树立全民族的创新意识,增强全民族的创新能力。

创新是社会进步的不竭动力。翻开世界近代史,从第一次工业革命到信息产业的诞生,有哪一次物质生产中的革命可以离开重大的创新突破呢?而生产技术上的革命性突破,又带来了社会生活的革命性发展。有人统计过,近一个世纪中人类在科技领域内的发明创造比过去时代的总和还要多,而人类社会近一个世纪(尤其是近五十年)的发展速度是以往任何一个时代所无法比拟的。社会领域同样如此。为什么我们用不到二十年的时间,走完了别国几百年的历程呢?因为我们在邓小平理论的指引下,坚定不移地走上了改革开放的创新之路。解放思想,实事求是,观念创新了,中华民族久被压抑的创造活力便释放出来了。

创新就是突破原有的框框,就意味着不断地新陈代谢、破旧立新。创新的敌人是墨守成规、因循守旧、不思进取。哥白尼的日心说彻底改变了人类的宇宙思维,这一学说是对被视为"绝对真理"的地球中心说的突破;在牛顿和莱布尼茨之前,数学家们虽然已经积累了大量与微分、积分有关的成果,但只有牛顿和莱布尼茨才明确揭示了两者之间的本质关系,创立了微积分基本定理;达尔文毕业于剑桥大学神学院,但他的《物种起源》却是对"神创论"、"物种不变论"的严重挑战……一部科技史以数不胜数的事实告诉了我们一个真理:只有创新才能发展、才能前进。纵观中外历史,凡是出现科学发明和发现的辉煌时代,都得益于这一时代积极开拓进取、不断突破创新的精神。

反之,一旦这种积极创新的意识淡薄了,消失了,科学就不可避免地走向没落、衰败。

创新就是要发人所未发,这就注定了新思想、新观点、科技新成果的推广运用不会一帆风顺。这里,除了创新者面对磨难要有坚持真理的勇气和决心,更需要我们为创新本身营造良好的环境氛围。进一步改革科研管理体制,创造民主宽松的学术环境,保护知识产权,建立有利于人才成长和脱颖而出的机制等,包括对创新过程的失误和挫折持宽容理解的态度,都是我们必须做的。江泽民同志在两院院士大会讲话中列举的大批年轻创新人才事例,他们在发明创造时几乎都受到过误解和不公正待遇。这种情况在今天不应该再发生了。

随着知识经济时代的来临,知识创新将成为未来社会文化的基础和核心,创新人才将成为决定国家和企业竞争的关键,而具有创新头脑的人才要靠教育来培养。因此,一方面,应加大对教育的投入;另一方面,教育界本身应不断革除过去的弊病,营造培养创新意识的良好环境和条件。我们的教育体系由于受两千年来封建思想的影响和计划经济带来的束缚，历来是灌输多，启发少。课堂教学强调鸦雀无声，考试答题只允许一个标准答案，等等。结果就如国内外学术界普遍反映的那样，中国学生念书能力强，创新能力弱。这种状况正在逐步得到改变，但还须努力改革，不然，不可能培养出大批有创新意识的人才。

创新，是历史交到中华民族手中的一把开启未来之门的金钥匙。创新意识的培养，创新人才的造就，创新体系的形成，创新机制的建立，这是一个庞大的工程。只有锲而不舍地完成这个工程，中华民族的创新意识才能得到制度上的保证，中国人的创新精神的巨大资源库才能被源源不断地开发利用。现在，是我们完成这一伟大使命的时候了。

（原载于《文汇报》1998年6月22日）

手剥小核桃

小核桃,杭州人叫"山核桃",是广受沪杭乃至江浙一带群众喜爱的休闲食品。在坚硬的外壳下,一块块充满异香和酥脆的核仁使多少人垂涎,也磕坏了多少副牙齿。据说,小核桃的流行与它有一副硬壳有关——在旧时代,那些"有闲阶级"的太太小姐、老爷少爷们在轻敲慢剥之中消磨了时间,又显示了几分悠闲。与此相关,还带出了一个副产品——核桃钳。

可是,当"有闲"的时代过去,匆忙的生活节奏夺走了悠闲以后,小核桃成了人们喜爱却又头痛的东西——其特别坚硬的外壳令人沮丧。于是,小核桃的销量呈逐年下降趋势。

日前,妻子从杭州归来,喜滋滋地向我出示一袋新食品,曰:手剥小核桃。妻子说:"这是专门为你这种喜欢吃小核桃又怕伤牙齿又怕没时间剥的人研制的新产品,不用咬,不用敲,手剥即可。"当即试用,果然便捷,如剥花生。尝之,味美如常,乃取包装纸细读产品介绍,方知此核桃经两年研制始得成功,既保留了原来的品味,又克服了难剥的缺陷。产品面世,大受欢迎。

手剥小核桃的产生,使千年沿袭的传统终被打破,由此证明传统是可以被改变的,好的传统当然要保持、发扬,但不好的传统应该革除、抛弃。而要革除积习,需要有更好的东西来取代它,这就需要创新,需要勇气和毅力,毕竟小核桃的改革也要两年的时间啊！自然，创新需要机制的保证。试想，如果不是市场经济激活了生产商的积极性和创造力，以小核桃之"小"，又有谁会去关心它呢？恐怕，我们这些小核桃爱好者还得按照旧例用牙齿去对付坚硬。

（原载于《文汇报》2001年10月16日）

享受足球的快乐

享受足球的快乐，这是米卢先生的名言。这一次，中国人算是真正享受到了足球之乐。出线，当然是值得我们快乐一阵的，但说句公允的话，那场"划时代"决战，踢得并不好。真正的球迷恐怕更满意10月13日晚上的"中卡之战"。必胜的信念和一往无前的气概，流畅的传递和默契的配合，锐利的进攻和滴水不漏的防守，带给人们的何止快乐，简直是赏心悦目，让人陶醉。

中国足球的进步有目共睹。

但是，如果我们遇上伊朗、沙特依然能快乐吗？如果日本、韩国不是东道主，我们依然能快乐吗？明年在世界杯的赛场上我们与法国、德国、意大利、巴西、阿根廷同场竞技，我们依然能快乐吗？我想，在米卢的词典里，足球的快乐绝不应该仅仅是赢球，球队的精神面貌、高超的球技、技战术水平的发挥、排兵布阵的艺术等等的综合才能创造出快乐，才足以使人们感受到快乐。

这就向中国足球提出了更高、更新的要求。人无远虑，必有近忧，中国足球还远没有达到可以自我陶醉的境地。毕竟我们是在"弱组"出线，出线后也并不意味着我们的足球水平真有大幅度的提高。所以，我们不能满足于快乐一阵子。联想到出线前夜的"假B"丑闻，中国足球实在任重道远。

（原载于《文汇报》2001年10月20日）

君子不器

华东师范大学五十年校庆,引来了一批国内外著名大学的校长们。他们聚集在一起,探讨高等教育的现状、危机与发展。谈论的话题很多,但是却有一个共同感兴趣的问题:高等学校应该而且必须重视人文精神的教育。

有这样一个例子:在美国一所著名大学研究所里,一位美国导师问来自中国的一位博士:中国有句成语叫"君子不器",是什么意思。这位博士没有能够回答,交了一张白卷。

"君子不器"是《论语》中的一句话,意思是:君子(有学问、有修养、情操高尚的人)不应该仅仅只是一种可供使用的器具。

是的,人绝不是工具、机器,人应该是人,他应该有思想、有修养、有情操、有理想、有追求、有品位,一句话,要有文化。知识是文化的一个方面,但绝不等同于文化。有知识的人未必有文化,有文化的人一定有知识。如果我们的教育只是传授知识、技能,最终把你训练成一台机器,这样的教育能算是成功的吗?笔者长年在大学任教,根据我的观察,许多大学生可能不知"君子不器"为何物,即使中文系的毕业生也未必都知道这句话的出典。当然,现代的大学生不必人人都要把《论语》倒背如流,但非常凑巧的是,孔子的这句话恰恰标举了一个非常重要的命题:人(君子),首先要学会做人,除非你愿意做"小人"(非君子)。

学校教育中"重知识,轻文化"的现象西方发达国家也存在,这是商业化和新技术带给人类的困惑。但是,人如果不知道自己之所以为人,那么,金钱和科技对人类又有什么意义呢?

有一位教育家这样说:知识,教会你怎样做事;文化,教会你怎样做人。

做人难道不比做事更重要吗?

(原载于《文汇报》2001年10月21日)

急不得

11月9日,诺贝尔化学奖得主沃克在接受《文汇报》记者专访时说:"科研要有积累,急不得。"11月15日,中国舞蹈家协会主席白淑湘在接受《文汇报》记者采访时说:"中国舞剧要出精品,就要拒绝速成品。"

一个是大科学家,一个是大艺术家,一个谈的是科学,一个论的是艺术,但却不约而同地表达了同一个意思:干什么都不能急功近利,不能浮躁,要积累,要耐心,急不得。

两位顶尖人物的话也许是经验之谈,但我宁可把它看作是痛斥时弊。君不见,时下急功近利之风已经刮成了什么样:中小学还没有毕业,就急着出长篇小说;作家才当了几天就忙着编"全集";搞科学研究的,心思在如何尽快凑足论文的数量;玩足球的,老是琢磨着一个接一个地炒教练。如此种种,举不胜举。什么打基础,什么基本功,什么积累,什么积淀,什么耐心,什么"静心从事系统的研究"(沃克语),统统成了过时的玩意儿。

耐心和积累过时了吗?不!请问,你为什么不喜欢吃用人工方法催熟、催肥的猪肉、鸡肉、大闸蟹?因为它们的生长期被缩短了,它们是速成品。这就是大自然的规律,不能违反。违反了它,轻则饮食无味,重则国破家亡。

急功近利造就了浮躁,浮躁造就了弄虚作假,社会风气也因之受害。

造成急功近利的社会原因是复杂的,应该特别引起我们关注的是,我们现行的政策决不能把人、把社会风气往浮躁上推。

"一万年太久,只争朝夕",是真理。

急不得,同样是真理。

(原载于《文汇报》2001年11月24日)

媚俗的代价

《波基与贝丝》是美国作曲大师乔治·格什温的歌剧名作，讲述了一个生活在社会底层的善良乞丐与一位风流女子的爱情故事。这是一部享有世界声誉的歌剧经典，有心人把它引进国门。承办者为了吸引观众，达到最佳的商业效果，想把剧名改为《乞丐与荡妇》。周小燕教授知道了这件事，竭力劝阻。她说，现在演艺界以猎奇、庸俗、古怪"抢眼球"的做法不可取，歌剧界不能沾染此风。

不愧是大艺术家，眼力和境界毕竟不同凡响。

用庸俗甚至下流来"抢眼球"，正在成为一种"时尚"。书名要红（流血）色（色情），片名要黑（凶杀、恐怖）色（当然也是色情），越贬义的词（如"霸"如"荡"）越好，越挑逗的暗示（如"裸"如"浴"）越佳。这种风气已经蔓延到了很多领域。

这种风气反映了我们这个社会中有那么一些人情趣的低下。他们自己"俗气"，还想把这种"气"传染给更多的人。可悲的是这些人中有一大批还是文化人，他们的社会责任本应该是教育民众，引导人们向善、向上。但是他们的艺术或文化良知被金钱吞噬了，不惜以媚俗来牟利。

媚俗者自然有他们的理由：高雅离老百姓太远，不刺激他们的眼球，谁来买你的书，看你的戏？是的，眼下高雅确实还与老百姓有距离，但是我们的责任正是要用高雅去引导他们，经过我们不断的、长期的、持续的、坚韧的努力使中国的民众慢慢地也高雅起来。反之，如果我们只顾眼前的利益，用低俗去迎合低俗，那么低俗将越走越低。长此以往，你的书买的人将越来越少，你的剧场的空位将越来越多，我们民族的精神将坠入深渊。

这，就是媚俗的代价。

（原载于《文汇报》2001年12月1日）

还学术一片净土

中国科学院制定科学道德自律准则清除学术腐败，要求院士带头自律，捍卫科研净土。这份"自律准则"的要点包括：反对学术上的浮躁、浮夸作风；抵制学术界的腐败和违规行为；充分尊重学术领域中的不同意见，警惕和反对"学霸"作风；反对以院士的名望侵占他人的成果；坚持公平、公正的原则，实事求是、不徇私情等。

这是一份宣言，它宣告了中国科学家们学术良心的惊醒。

学术本该是一片净土。科学从来容不得虚伪。但是，曾几何时，我们的学术被金钱所腐蚀，成了追名逐利的工具；我们的科学为腐败所强暴，成了名利场上的交易物。至于导师侵夺学生成绩，权威窃取后进果实的"学霸"、"学阀"作风，更是到了令人敢怒而不敢言的地步。中国学术的家园已经到了必须下大力气净化，不净化不能生存的时刻。

说一句公道话，在中国，学术也许是最后一个被腐败攻破的堡垒。当权力和公正被腐败污染的时候，人们庆幸学术和科学的良心还在。今天当我们看到科学家们揭竿而起向腐败宣战的时候，我们更有理由庆幸中国学术与科学的良知未泯，为他们的勇敢和决心而振奋。

当然，拒绝腐败，战而胜之，绝不是一件轻而易举的事情。跨越腐败有时候甚至比跨越一道科学难题更困难。但是中国学术必须打赢这一仗，中国科学必须过这一关，否则，我们就将在世界学术和科技的竞争中被击败。这决不是危言耸听!

现在,我们的科学家们终于迈出了清除学术腐败的第一步,我们有理由相信,学术界玉宇澄清的日子不会远了。

(原载于《文汇报》2001年12月15日)

三只眼睛看书城

书城,应该是读书人的天堂。

坐拥书城,曾经是多少中国读书人的梦想。但那只能是梦,能够圆梦的古往今来也就那么几个人。富有天下如天子,宋代有崇文院,藏书仅三千余部;明代有文渊阁,藏书达七八千种;清代集大成,有文源、文渊、文津、文溯等"内廷四阁",和文汇、文宗、文澜等"江浙三阁",分藏七部《四库全书》,收书达一万余种。但他们比起我们今天的书城来,只能是"小巫见大巫"。君不见上海书城,品种达数万之多,真是琳琅满目,令人目不暇接——真乃书之城也!古之书城以四部分类,要找书,按部就班,十分方便。所以,好的书城不仅要书多、书全,还要找书方便。可惜,就此而言,今之书城不如古之书城。

古之书城是读书之所,今之书城是卖书之地。如果能把今之书城也办成读书之所那该多好?买书的请进,不买书的也请进,只要是喜欢书的这里就是你的家,就是你的歇脚之所,有椅子坐,有茶喝,有音乐听,当然,更有书读。这是我的第一只眼睛——一个读者眼睛中的书城。

书城,应该是出版人的圣殿。出版人是做书的,他编的书是否受欢迎,是不是有价值,能不能经受住时间和读者的考验,这里是最终和最权威的考场。但是,再好的书,不让它见"公婆",它永远是"丑媳妇"。所以,出版人总是希望自己的媳妇——书能够上轿——书架，而且希望早上架，快上架。媳妇既有俊的、俏的，也必定会有相貌平平或是慧中而不秀外的，甚至会有像诸葛亮的夫人那样，外貌奇丑，却很温柔且学富五车的。那就需要有能干的媒人。媒人要知书、懂书、爱书，她要会做中介，会介绍，会把自己"媳妇"的长处说得头头是道。这个媒人，就是营业员。这是我的第二只眼睛——一个出版人眼睛中的书城。

书城，应该是卖书人的乐园。好书要让它到读者的手中，好书要让它尽快地变成销售额，这就要善于经营。这里有营销之道、有资金运作之道、有推广宣传之道、有掌握和利用读者心理之道……退书是最容易的，但那只能说明你的无能。这是我的第三只眼睛——一个卖书人眼睛中的书城。

（原载于《上海新书报》2001年12月30日）

喜闻大学生进国青队

中国青年足球队少帅沈祥福在去年底做出了一个精彩的决定：将北京理工大学的三名大学生招入国家青年队，出征世界青年锦标赛。

中国的运动员为国家的荣誉做出了很大的贡献，这是有目共睹的。但是中国运动员的总体文化素质不高，也是大家心照不宣的。有些项目长期落后，运动员的文化水准太低是一个重要原因，这也是大家的共识。中国运动员的这一状况，与国外，尤其是发达国家形成鲜明的落差。大学，是产生优秀运动员的主要基地。我们看国外那些叱咤风云的顶级高手，几乎都是大学的在读学生，或者接受过高等教育。文化素养并不一定能决定运动成绩，但是，文化素养与运动成绩一定是成正比的，这大概是个规律。

我们国家的大学长期来不出优秀运动员，尤其是顶级运动员，与我们的教育长期实施应试教育有关。一个人从小学到大学，一切的一切是为了升学，他还会关心体育吗？他还有时间去接受系统的体育训练吗？中国的大学绝不缺乏优秀的体育人才，只是这些人才都被驱赶到一条窄窄的小路上去了。现在，国家青年队竟然可以在正宗大学生中挑选到合格的队员，这说明几年来的素质教育已经有了成效。

据说，沈祥福很得米卢的赏识。别的不论，就凭他能够把眼光投向在读的大学生这一点，就值得称道。他的这一举措，具有双重的意义：一方面，他为中国体育的人才选拔开辟了一条新的更高层次的通道；另一方面，他的举动必将对素质教育的实施起到推波助澜的积极作用。可以断言，中国的大学不仅可以出书生，出学者，可以出工程师、科学家，还可以出运动员等各种各样优秀人才的时代为期不远了。

（原载于《文汇报》2002年1月13日）

加强诚信教育

几年前,为了帮助那些家境贫困的学生顺利完成大学学业,国家出台了助学贷款的政策,一些商业银行也积极响应,加入了这个被他们一致看好的既利国,又利民,也利己的投资大市场。国家和银行的义举受到社会的广泛好评,学生和家长们更是欢呼雀跃。事实上,确实有一大批贫困学子因此圆了自己的大学梦。

几年过去了,现在的情况如何呢?回答是令人尴尬的:助学贷款的"大东家"们——银行——正在纷纷收缩甚至取消这一业务。他们的理由说来让人感到不可思议:贷款无法收回,大学生们(当然不是全部,但却也不少)不讲信用。

一件好事为什么办不下去?只为了两个字:信用!不讲信用,任何好事都不可能做好,何况现在的当事人是天之骄子——大学生,这就格外令人关注。

诚信是一种生活习惯,也是一种品德修养,它需要培养,更需要教育。大学生们不讲信用,说明了我们对公民诚信教育的欠缺。诚信教育应该从小做起,我们的父母们应该从小培养自己孩子诚信的习惯;我们的学校和老师们应该让学生懂得诚信是立人之本;我们的教材应该增加有关诚信的内容,使我们的孩子们从小就从理性上接受诚信的熏陶。

当然,诚信也需要接受监督和约束。针对有些大学生不按期归还贷款的行为,有些银行准备通过媒体公布违约者的姓名。这样做是否妥当可以商量,但是诚信需要有一套完整、可行的监督和约束机制,却是无可非议和迫在眉睫的。

(原载于《文汇报》2002年1月19日)

中国结

今年春节,有一个特别得宠的饰物——中国结。

你看,在欢乐的舞台上,在新婚的洞房内,在商场的橱窗里,在老百姓的客厅中,在机关单位的大门口,甚至在孩子们的胸前,在姑娘们的脖子上,那鲜红、美丽、典雅的图案和富于丝绸质感的造型,中国结以它特有的风韵活跃在人们的视野里,装点着春天的喜悦。

中国结,是中国民间艺人的杰作。一段丝绳,经他们的巧妙编结,变幻成千百种造型,成了巧夺天工的艺术品。如果再配以各种饰品,如鱼,如古钱,如十二生肖,那更是变化无穷,令人叹为观止。它们或象征着幸福,或隐寓着爱情,或呼唤着友谊,或赞美着生命;有的是富贵的标志,有的是智慧的图腾,有的烘托着欢乐,有的燃烧着热情……总之,它代表着美好,代表着祥和,代表着幸福,代表着中国人对未来的憧憬。

中国结是中国人善良的信物和智慧的结晶。

中国结由一根丝绳缠结而成,不管这根绳经过如何曲折的缠绕,它始终围绕着它的起点,不即却不离。怪不得海外的华人特别喜欢中国结,因为他们知道自己是编织中国结的那根绳子的一部分,中华儿女同根生,这根绳子扯得再远,也离不开它的"头"。这个头就是自己的祖国,自己的乡土。

中国结千缠万绕,一个圈结着一个圈;中国结盘根错节,一个结扣着一个结；中国结牵扯拉拢，一段绳依偎着一段绳，你离不开我，我离不开你。这正是团结的象征。中国结不容许有哪一个结、哪一个扣松散；中国结容不得哪一个圈、哪一段绳断裂。否则，它就"香销玉殒"。这正印证了团结的重要。

中国结，其实是一种中国的情结。

(原载于《文汇报》2002年2月12日)

衣食足而思文化

对上海人来说,2002年的新春是好事不断。先是"东方绿舟"扬帆起航,接着是上海海洋水族馆迎客,加上前些时候正式对外开放的科技馆,上海人又多了三个可供选择的观光、游览场所。

细心的市民已经发现,这些新设施,无一不和文化相关。这说明,上海的城市建设,已经非常注意文化的含量。由于这些设施都具有国际一流的水准,又具有相当规模,代表了当代最先进的文化、科技水平,一朝问世,立即给广大市民带来了一个个惊喜。

我们的民族有"仓廪足而知礼节,衣食足而知荣辱"的古训,也有"衣食足而思淫泆"的箴诫,说的都是人在满足了基本的生活必需,开始富裕了以后,应该如何寻求更高的生活目标。所谓"礼节"、"荣辱"、"淫泆"都是指的一种精神追求。"淫泆"之类当然不足为训,但如果不懂"礼节",不知"荣辱",那么富裕起来后就很容易滑向堕落。所以,人们对生活的更高的需求——文化的需求是必不可少的。这种需求甚至比基本的物质需求更重要,更难以满足。从基本的生活必需到对文化的普遍需求,这是一个飞跃,是社会进步的标志。上海城市建设悄悄发生的变化正顺应了人民的这一需求,人们因此而感到欣喜,当在情理之中。

上海要成为国际大都市,只有地铁、高架路、磁悬浮、五星级宾馆是不够的,文化设施不但不能或缺,甚至更重要。试想,巴黎如果没有了卢浮宫,没有了艾菲尔铁塔,没有了凡尔赛宫,那还是巴黎吗?

最后,还想说一句的是,就文化而言,大兴土木还是容易的,难的是把全体市民的整体文化素养提高。十年树木,百年树人。信然!

(原载于《文汇报》2002年2月15日)

骡马上岗的启示

一种原始的运输工具——骡子和马，最近出现在现代化都市深圳的建设工地上。

深圳市的一项供电工程，需要在海拔三百多米的山上作业。如果按常规施工，就必须先用机械劈山修路，再运输材料上山。这样不仅会拉长工期，而且势必破坏山体和植被，造成水土流失。于是深圳人请来了广西的骡子和矮马，将一筐筐石料驮上山顶，既省却了筑路的工期，又保护了生态。

据说，正在那里规划作业的一家美国公司对此事给予高度评价，认为这是一个"金点子"。

这确实是一个"金点子"。我们不能不对深圳人的环境意识和经济头脑表示敬佩。不过，这件事给我们的启示恐怕绝不仅仅在环境和金钱上。

应该承认，深圳人的做法也是一种创新。现代化的建设工程采用原始的运输方式，看起来不可思议，甚至是一种倒退，但是它行之有效，而且避免了现代化施工的诸多弊端。在现代和原始之间，深圳人用创新找到了一个最佳的融合点。

用骡子和马搞运输当然是原始的方法，但是在保护环境和避免无谓的工程（比如没有必要在一个不必修路的地方修路）时，它却可能是一个先进的方法。所谓创新，最重要的是思想方法的创新，而思想方法的创新离不开辩证法。辩证法是马克思主义活的灵魂，不懂得辩证法，把辩证法从思维中抽去，我们将远离真理，更罔论创新。

这就是骡马上岗给我们的启示。

（原载于《文汇报》2002年3月18日）

吴文俊的实话

83岁高龄的数学家吴文俊是第一届国家科技奖得主。因为得奖，他宁静的生活被打乱了，在不堪各种社会活动之苦的时候，他说出了自己的心里话："我不想当社会活动家，我是数学家、科学家，我只能尽可能地避免参加各种社会活动。"

科学家或学者、教授们不是歌星、影星，不是节目主持人，不是政治家、职业演说人；他们的工作是科学研究，是思想，是实验，他们的工作场所在书斋、在实验室、在课堂、在计算机房。如果他们老是在镜头前"表演"，老是喜欢在各种各样、大大小小的"会"上抛头露面，发表宏论，那么，他们肯定是坐错了位子，站错了地方。

这样说，并不排斥科学家、学者、教授们参加社会活动。事实上，科学家们参加一些社会活动也是一种社会责任。但是，凡事总有一个度。过犹不及，过了度，事情就会走向反面。科学家们拒绝过度的社会活动，是因为他们的时间有限。而过度的社会活动对他们时空和思维的割断与挤占，必定会影响他们的研究。更需要指出的是，频繁的社会活动会助长人们的浮躁之心，而浮躁恰恰是科学研究的大敌。

给科学家们、学者们、教授们一个安静的环境吧，他们需要的不是"发烧"，而是"冷板凳"。

（原载于《文汇报》2002年3月20日）

足球出城与京剧下乡

上海的申花足球队以二队的阵容为班底来到浙江小城义乌，与一支奥地利的业余队打一场义赛。没想到，竟在当地引起"火爆"。

无独有偶，上海京剧院下乡演出，竟使当地出现万人空巷的壮观场面。一场演出有两万多观众，很多人是站着看完三个多小时演出的。

一个是体育，一个是艺术，一旦走出了"围城"，迎来的是如此盛况和农民兄弟们的如此盛情，这是我们的运动健将们和艺术明星们所始料不及的。在城里，他们不无受冷落的经历，更不乏不卖座的尴尬。但是，当他们出了城，下了乡，他们的境遇就变了，他们又成了英雄，他们又成了明星。

乡下和城里就是不一样：城里人"见多了"，"身在福中不知福"；"乡下人""见不到"，珍惜每一次机会。造成这种反差的原因其实很简单——我们的体育和我们的艺术不愿走出"围城"。他们习惯于在城里讨生活，他们也只适合于在城里表演。毕竟，那不需要长途的颠簸，也不必面对"恶劣"的生活和演出条件。此外，恐怕还有一个重要的原因，那就是，我们总以为，"乡下人"欣赏不了高品位的体育竞赛和高雅的艺术表演。

殊不知，今天的农民已经完全不一样了。他们摆脱了贫困，踏上了小康之路，紧接着他们就需要高质量的文化消费，而体育和艺术则是他们的首选。我们千万不要低估了农民的欣赏能力。

我们尤其不可低估了"乡下人"的消费水平。经济较为发达地区的农村和小城镇的农民、市民们，他们的钱袋子足以应付柴米油盐，也期待着把钱投向高品位的文化消费。农村、小城镇蕴藏着巨大的商机，这是中国改革开放长期蕴积的结果，只是很多人还没有看到这一点。现在，足球和京剧捅破了这层纸。

（原载于《文汇报》2002年4月8日）

诚信动真格

前不久，上海市高级法院和市检察院对三十三名制假售假者进行了公开宣判。据悉，这次打假的规模和力度之大，在本市整顿规范市场经济秩序和打假治劣工作中尚属首次。在全社会呼唤诚信、市场经济渴求诚信的时候，政府的这一举动无疑是对诚信的一个实实在在的支持。

诚信是一种义化，它是文明和秩序的表现；诚信是一种伦理，它是诚实、守信和道德的体现；诚信是一种人格，它是自尊、自爱、自律和自信；诚信是一种哲学，它代表正义和公平，它是社会发展的基石；诚信还是一种习惯，它是一个国家的国民素养和民族精神的写照。诚信是需要培养的，需要经过几代人、几十代人的精心培育。而教育则是培养诚信最有力的手段和最有效的途径。中国可以说是世界上最早讲诚信，并重视诚信教育的国家。"五常"是中国人最高的人伦准则，"信"是五常之一。

但是，诚信却又是最脆弱的，它很容易被破坏，被摧毁。诚信需要呵护，需要捍卫。而捍卫诚信的最有力的武器是法律。对那些亵渎诚信的人，我们要他们付出代价；对那些破坏诚信的人，我们要他们承担责任，这个责任就是法律。把破坏诚信的不法之徒绳之以法就是对诚信的最好报答。法律是诚信的保护神，在重建诚信社会的今天，我们欢呼法律动了真格。

（原载于《文汇报》2002年4月11日）

北京"膀爷"与上海"睡衣"

这些天,北京正在发起一场对"赤膊大仙"们光着膀子在大街上招摇过市、纳凉聊天行为的规劝活动。据组织者称,这些被国外游客称作"半裸的男人"们的行为,已经成为与"京骂"一样不文明的举止,有损北京的形象,更与"申奥"成功城市的荣誉不相称。

北京的做法是不作强行规定,以宣传、教育和规劝为主。为此有关单位还专门做了一批 T 恤,发放给"膀爷"们,请他们穿上衣服再上街。

这使我想到了上海和上海人的睡衣。有好几个欧洲的朋友问我,为什么上海人喜欢穿着睡衣、睡裤上街?我的韩、日朋友也问过我同样的问题。这使人很尴尬,无言以对。你看,在街上,在商店里,穿着睡衣、睡裤到处跑的男男女女们,简直成了上海的一道"风景"。可是恰恰是这些人的举止,大大地煞了国际大都市的风景。和"半裸的男人"们一样,这是一种粗俗和不文明。

当然,我们不能禁止人们穿睡衣上街。我们也不可能像北京人那样,给穿睡衣上街的人发一套西服遮羞。但是我们完全可以像北京人一样,通过宣传、教育和规劝,告诉人们,睡衣只能在卧室里、在家里穿,它实质上属于个人的隐私。穿睡衣见客是对客人的不尊重,穿睡衣上街更是对自己的侮慢。

我们还可以告诉市民，上海正在"申博"，上海也应该像北京人一样爱惜自己城市的形象和声誉，不要做贻笑大方的事情。

(原载于《文汇报》2002年8月4日)

以新中国的速度前进

《以新中国的速度前进》,这是一本正在韩国畅销的书的书名。作者是一名韩国驻北京的记者,他以自己在中国多年的观察和调查,得出了一个令大多数韩国人意想不到的结论:认为韩国的政治制度比中国先进,其实是个重大的认识错误。作者认为,中国的复兴来自强有力的政治领导,当所有的政治力量把手握在一起,高呼"突击,前进"时,将所向披靡。

一个外国人以自己的祖国作为参照物,以比较的眼光来看待中国的政治与经济,他的结论应该是值得我们重视的。韩国是我们的近邻,他们曾经创造过"东亚四小龙"式的经济腾飞奇迹。可是,当中国人团结一致"突击,前进"以后,他们突然感到了望尘莫及,"新中国的速度"是他们不可思议的。

但是更难以企及的是,"新中国的速度"是他们学不了的,因为,韩国的政治制度与中国不一样。什么是中国的政治制度呢?那就是:我国是工人阶级领导的、以工农联盟为基础的人民民主专政的社会主义国家;社会主义制度是我们的根本制度;中国共产党是社会主义事业的领导核心。正是这样的制度保证了我们事业的成功,并创造了经济长期持续高速发展的人间奇迹。

中国人曾经为自己的落后而沮丧,中国人曾经为自己的贫困而汗颜,中国人更曾经为自己的一盘散沙而被人欺压。

但是，自从有了中国共产党，中国人有了自信；自从有了新中国，中国人有了力量；自从有了改革开放，中国人走上了富裕之路。从此，我们有了"新中国的速度"，在全球经济持续疲软的大背景下，我们的祖国一骑绝尘，扬鞭奋蹄，"突击，前进"的中国人真正扬眉吐气了！

值此国庆佳节之际，我们万众一心，矢志不渝；中国人要以新中国的速度，继续前进！

（原载于《文汇报》2002年10月2日）

喜气洋洋

十二生肖是中国的土产,这两年却走向了世界:俄国人相信2003年是山羊之年。羊是一种性情温顺的动物,在俄语中也是对聪明伶俐的女孩子的称呼,所以按照属相推测,今年将是和顺的一年。

"过年"也是中国的特产,可是越来越多的"老外"对过年产生了兴趣,他们成群结队地来到中国,为的就是来过一把"年"瘾,以致长沙市民兴起了一股请"老外"到家里来过年的热潮。

更绝的是,一位还在读幼儿园的"美籍华人",随祖父母在上海过了一个暑假回到美国后,竟然对他的美国同胞大谈中国的美妙,声称上海的牛奶比美国的好吃,中国的月亮比美国的圆。

真是匪夷所思,中国怎么一下子交上了好运?

中国确实交上了好运。君不见,在一片萧条声中,唯独中国的经济一枝独秀;君不见,在到处谈"恐"色变的风声鹤唳之中,唯独我们这儿一片歌舞升平;君不见,我们的飞船上天;君不见,我们的申博成功;君不见,姚明状元秀;君不见,《英雄》领风骚……我们可以如数家珍地说出很多这样的"故事",这样的"新闻"。总之,中国人这些年确实是好事相随,喜事不断。

但是,说到底,中国人的"运"毕竟不是别人给的。中国的时来运转,靠的是党的正确领导,靠的是全体民众的奋发努力,靠的是中华民族的聪明才智,靠的是中国人的志气。

外国人总觉得中国神秘。中国也确实"神秘"——俄国人学到了十二生肖,他看到了"羊"带来的和顺和聪明伶俐,可是,他们怎么会知道,"羊"还象征着吉祥和喜庆。看,一马当先以后,给我们带来的是"喜气洋洋"——喜气洋洋的春节,喜气洋洋的新的一年。

(原载于《文汇报》2003年2月1日)

满街红旗满目星

国庆,照例是悬挂五星红旗的日子。

这些天,满街的红旗,满目的五星,把个上海城装扮得喜气洋洋、生机勃勃、令人陶醉。

以前挂国旗的主要是国家机关、企事业单位、学校团体等有组织的地方和部门,前几年开始,普通老百姓也自发加入到挂国旗的行列,他们在家门口插上国旗,在私家车里插上国旗,在自行车上插上国旗,小老板们在自己并不算太大的店堂里插上了国旗,私营企业主们在自己的工厂大门口升起了国旗……再联想到在今年的国际体育赛场上,一群群黄皮肤黑头发的中国人挥舞着五星红旗山呼狂欢的景象,以及姑娘们把五星红旗画在脸上尽情歌舞的场面,你不能不承认:五星红旗在中国人心中的分量越来越重,中国人对五星红旗的爱越来越炽热、越来越执著了。

爱五星红旗,是为了表达一种爱国的情愫;悬挂五星红旗,是为了表明对祖国母亲的爱和祝福;挥舞五星红旗,是为了表示作为一个中国人的骄傲和自豪;而把五星红旗画在脸上,则更是一种爱之切、爱之甚的爆发。爱国主义,就这样被国旗、被热爱国旗的人们演绎出来了。多么自然,多么美妙,多么酷!

爱五星红旗,爱展示她、爱炫耀她、爱让她在国际舞台上冉冉升起,说明了我们国家的凝聚力在加强,说明了人民的国家意识在觉醒,说明了人民对这个国家的认同和对管理这个国家的政权的亲和。这是一种最最难得的民族情感,一个国家,只要她的人民有了这种情感,那么,这个国家一定是坚不可摧的;这个国家将没有做不成的事,没有达不到的目标!

我爱你,五星红旗,为你欢呼,为你歌唱,为你骄傲!

(原载于《文汇报》2003年10月3日)

期待宽容

每年春节，中央电视台的除夕晚会是最重要的全民联欢。这个持续了二十几年的除夕大餐深受民众欢迎，却也备受责难。今年的晚会在受到积极的评价的同时，也颇受一些评论的苛责，尤其是零点时分，主持人的一个小小失误遭受了严厉的批评，被称为"黑色三分钟"。

主持人在工作中出现忘词、结巴、口误等情况，当然是不应有的失误，甚至是不专业的表现。他们应该吸取教训，有所改进。但是作为观众，不妨以宽容的襟怀来对待这种失误。试想，一台全世界最大的晚会，一台全世界持续时间最长的晚会，已经整整连续工作了四个多小时（如果加上正式开幕前的准备时间，那应该是十几个小时）的他们，出现一些差错，是并不难理解的。主持人也是人，人总会犯错误，对偶尔犯错误的人为什么就不能以会心的一笑而宽容他们呢？何况，他们是如此的辛苦，面临着如此的压力？

宽容是一种美德，是构建和谐社会的柔顺剂，是我们这个时代最需要的一种精神和境界。社会转型、竞争加剧、压力提升，在这样的氛围中，人与人之间的理解、互助、同情和尊重显得多么重要而可贵。而要建立起这样一种和顺、祥和的人际关系，一定不能缺少宽容的精神、宽容的气度和宽容的胸怀。如果我们都能以宽容之心待人，那么我们的社会就会少一点冲突而多一份和睦，我们每个人就会少一点怨尤而多一份舒畅。这也算是对刚刚到来的猪年的一份期待吧。

（原载于《文汇报》2007年2月22日）

易中天于丹走红的背后

2006年的中国文化界,有一件大事——易中天与于丹的走红。

套用一个体育运动的术语:易中天是属于慢热型的选手,他的红经历了一段不长、但也不能算太短的铺垫。熟悉他的人都知道,早在上个世纪末,他就已经是一个活跃在市场边缘的学者了。而在《品三国》之前,他在电视台上的成功表现也已经持续了一段时间。于丹则是另一种类型,"突然走红"。

我用这样的语言来描述易中天和于丹,绝没有丝毫轻慢和贬损他们的意思,我只是把那些内心里不平却又无可奈何的文人们想说而不愿说出口的话说出来而已。但他们的愤懑却无法改变易中天和于丹的成功。易中天和于丹的成功,人们看得比较多的是市场效应:大把大把的现钞落入了出版社的账户和作者的荷包。而随着名人效应的不断发酵,他们的其他作品也开始一路畅销,这必将带来更大的经济利益。这一现象,恐怕是引起不平的最大原因——试想,那些皓首穷经的学者们,面壁十年、几十年,依然默默无闻,依然两袖清风。

但是,世上没有绝对公平的事情,一件事情的结果由你在这件事情前的价值取向所决定。你想当一个学究式的学者,那就得准备过一辈子清苦的生活。你想名利双收,那就放下架子,把学术带向市场。易中天和于丹的成功正是放下学术架子,让学术走出书斋的结果。学术是宝塔尖上的东西,但是学术是需要有人把它通俗化、世俗化的,这就像专利只有变成产品才能创造财富一样。有些人在宝塔尖上讨形而上的生活,有些人把宝塔尖上形而上的东西形而下,这是社会分工的不同,没有高下贵贱之分。中国需要专利,也需要把专利变成产品的人,从某种意义上说,这样的人才更缺乏。君不见,我们每年有多少专利关在深闺人不识,我们每年有多少发明被束之高阁。自然科学如此,人文社会科学也是如此。

易中天和于丹的出现打破了这种沉寂,他们成功地找出了一条联系高深学问与平民百姓之间的通道。他们的贡献是无论如何不能小觑的。如果说易中天和于丹的成功与他们个人的努力与价值取向有关的话,那么他们的成功与社会环境和整个社会文化生物链的断裂紧密相关,这是一个更值得我们关注的问题。据统计,易中天的《品三国》和于丹《〈论语〉心得》的发行量都已上百万。如果加上"百家讲坛"的收视者,他们的拥趸者还将大大地扩张。为什么有这么多的人要买他们的书,要看他们的讲座?其实原因很简单:我们的社会没有一个有效的渠道,可以把我们的民众需要的自己的历史和文化主动地介绍给他们,灌输给他们,传承给他们。

以《论语》为例,这是一部流传了几千年的文化经典,她的思想浸润在中华民族的灵魂深处,已经成了我们这个民族基因的组成部分。可是,现在的中国人,从小到大,有几个人完整地或者较完整地读过《论语》?即便出身如中文系、历史系、哲学系的大学生们恐怕也没有几个真正地读过。我们的中小学教科书里选有《论语》的部分章节,但那比蜻蜓点水还不如,简直可以忽略不计。更可悲的是,一旦中学毕业(无论是高中还是初中),就基本上不可能再有机会与自己的民族经典相接触了。《论语》如此,遑论其他。民族传统经典的断裂,造成了整个社会文化生态链的断裂。

但是在民间,人们对传统经典的追逐与回归却随着经济的发展而不断加温,这是一种出于本能的对自身传统的趋同或回归。由于无法从主渠道获得满足,于是就出现了争相读易中天、于丹的场面,易中天、于丹也就成了久旱的甘露。

(原载于《光明日报》2007年3月2日)

捍卫古文

古文，又称文言文，是中国古代的书面语。"五四"新文化运动推倒了文言，用白话文取而代之，于是中国的"文"与"言"消除了隔离，书面语也成了大白话。据说，这是历史与语言的进步。

但，古人是把说话与作文严格分开的。说话只求达意，而作文在达意之外更求典雅。所以古代书面语中除了诗、词、曲外，更有赋、骈、四六、八股等等。自从白话文取代了文言，诗体有了自由诗，但依然有众多的"好事之徒"热衷于写作古体诗词，其余脉不绝，可谓蔚为大观。但是，作赋、骈、四六、八股的却越来越少，这些文体几乎命悬一丝。

不知从什么时候起，中国大地上写文言文之风迅猛飙升，不仅有高考作文的文言文满分（或高分）之作，更有墨客骚人们"舞文弄墨"的文言大作及一阵风似的赋体巨著面世。写文言成了一件时髦的雅事。

文言文重新被人们青睐并仿效，大有复兴之势，这应该是一件好事。它说明文言文作为一种独特的书面语形式，自有它存在的合理性。作为一种独一无二的文化遗存，它更有其传承与延续下去的合法性和逻辑性。更重要的是，文言文追求典雅、讲究艺术、文道并驾、韵律赏心、形式悦目的精神内涵，赋予了它强劲的生命力。所以，它的复兴只是时间问题。

确实，当今的中国具备了复兴文言的各种条件：经济的高速发展，教育的大面积普及，人们产生了强烈的附庸风雅的文化意念。这是一种向上的，追求更高雅文化享受与内心发泄的精神需求，人们为之喝彩，当不是什么坏事。而经年不息的国学热，更是助推了这种需求。国学热在不知不觉中把人们带入了古代的经典之中，久违了的中国古代书面语立即以其不可阻挡的魅力俘获了人们的心灵，他们突然发现，原来古代的书面语如此优美！

不幸的是，在这一股热流中，却掺杂了一股浊流：一些人——其中不乏大人物、大作家、大文化人——以为古文就是"之乎者也"的连缀，就是四六排列的对文，就是故作深沉的文句，就是搜奇猎怪的词语，于是就出现了像《大红袍赋》这样连文法都不通的奇文。尤其不能容忍的是，这样的不文之文竟然堂而皇之地勒石为碑，陈列于以文化积淀深厚著称于世的理学名邦、南闽阙里。这样的东西，示之孩童，必定造成对传统文化的误导——以为这就是古文。

当然，《大红袍赋》是一个极端的例子，更普遍的现象是人们把写古文看得太简单、太草率了，连《古文观止》都没有读完，就信口雌黄地"之乎者也"起来，甚至连"赋"是韵文这样基本的常识都还不知道。

能不能写古文，古文写得好不好，不是由人的身份、地位、名声决定的，而是决定于你的学养和积累，决定于你的肚子里有没有货。火候不到，货色不足，可以写，那是一种练习和爱好，但不要轻易示人（发表），否则，你只会玷污了古文。如果你声名很盛，地位很高，那么，你对青年人的误导会更甚，其遗患就更深了。

历年高考,总有几篇写得很好的古文受到关注与赞赏。这些中学生的可爱在于他们毫不忌讳表达自己的爱好,甚至不惜跟自己的前程开个玩笑。但他们的古文确实写得文从字顺,像那么回事。可以肯定,这些孩子仅凭语文课上的几篇古文是不可能写出这样的文章来的。人们忽视了他们成功背后的苦读功夫——功夫在课外也。不要以为自己是大人物了,就一定写得过中学生,其他的文体我不敢轻言,写古文,没有几百篇古文垫底,是期期然行不通的——当然,超天才除外。

古文是好东西,但我们不要糟蹋它。它是这个世界上仅存的文献浩瀚、文法缜密、系统完整、架构谨严的还没有死亡的纯书面语文体。它在中国传了几千年,千万不要毁在我们这一代人手里。

末了,我必须申明:一、我不是复古主义者,我提出捍卫古文,绝不是要大家恢复到把书面语与口头语重新分离的时代。顺便说一句,敝人研究一夜走红的于丹先生,发现她的成功的一个重要原因(当然还有其它很多更重要的原因),就是她善于以书面语说话。二、我也绝不是反对喜爱写古文的人动手写一点文言文。文言文尽可以写,书信、日记、小品乃至高考作文,但,在你还没有把握把文章写通顺、写得像模像样之前,请自爱——慎免发表,更不要用作高考答卷,尤不可刻在石头上遗臭万年。

(原载于《文汇报》2010年4月26日)

另一种"恶俗":假新闻与伪学术
——从所谓"朱熹故里之争"说起

几个月前,一篇"三省四地争朱熹故里,用40亿为圣人做寿"的文章在网络和平面媒体上传播,引发了又一轮对于争名人故里现象的批评。

争名人故里并不是什么新鲜事,为了发展地方经济和文化,打"名人牌"也无可厚非。但如果为争名人不惜歪曲甚至编造历史,进而堕落到要为坏人、罪人、恶棍树碑立传,那就是一种令人忍无可忍的"恶俗"了。

在人们抨击这种恶俗的同时,还有另一种"恶俗"正大行其道:用深文周纳的手法编造假新闻、制造伪学术。

"朱熹故里"早有共识并无"争执"

所谓"朱熹故里之争"是一条假新闻。

关于朱熹故里早有定论。《辞海》(第六版)记述得非常准确:"祖籍徽州婺源(今属江西),生于南剑州尤溪(今属福建),侨寓建阳(今属福建)。"如果再求精准,还可加上一句:朱熹一生在武夷山市的五夫镇居住长达四十余年,故他也是武夷山人。三省(安徽、江西、福建)四地(婺源、尤溪、建阳、武夷山)对于朱熹故里早就达成了共识,并不存在"争"的问题。不但不争,大家还建立了一个互动合作机制：每年轮流在三省举办一次朱熹和朱子学的学术研讨会；同时，福建武夷山市每两年举办一次的"朱子文化节"也与安徽、江西携手协作。

今年是朱熹诞辰880周年，世界上不少国家和地方都在举办各种纪念与学术活动。韩国的纪念活动今年5月在绫州的朱子祠堂举行；6月，东南亚六国在马来西亚吉隆坡举办了国际学术研讨会，并为《朱子家训》大理石碑刻举行揭幕礼；7月，我国台湾举行系列纪念活动与学术研讨，并在嘉义的朱子公庙行公祭仪式；9月，日本也将办国际学术研讨会。我国内地的主要活动在武夷山展开，由三省四地联手合作举办，其中包括朱子纪念邮票首发式——将于10月22日朱子诞辰日那天分别在其出生地尤溪与长期居住地武夷山同时举行。顺便一提，我国台湾也将在10月发行朱熹纪念邮票，难道这也是在"争故里"吗？

"用40亿为圣人做寿"是无中生有

至于"用40亿为圣人做寿"的报道，更是无中生有。

此文的作者，将当地基础设施、旅游设施建设项目的投资，一股脑儿"叠加"到了纪念朱熹的活动上。试问，福建省自然保护区九阜山开发、闽湖国家水利景区开发、联合梯田旅游开发与朱熹何干？试问，婺女村旅游度假区项目、文公湖度假村、婺源国际大酒店与朱熹诞辰何干？这样拼凑起40亿的天文数字，无非是为了骇人听闻、夺人眼球。

与朱熹诞辰有关的投资确实有，这是为了建阳朱子墓地的朱子林建设。朱子墓是国家重点文物，整修是规划中的事。

根据规划，整修所需资金除政府拨款外，主要募集民间资金，世界朱氏联合会承担了在海外募款的工作。所谓考亭文化旅游度假区投资10亿元、朱子文化旅游区投资1.2亿元，则是当地政府为开发文化旅游而邀请一批专家做的项目研讨，规划都还没有，怎么可以见风就说成是雨呢？

为了取得轰动效应，不惜用移花接木的手法编造新闻，无中生有，无事生非，难道不也是一种"恶俗"吗？

这种恶俗所产生的负面影响是恶劣的。且不说国内各种媒体纷纷跟进报道，大范围传播误导了公众，连若干权威媒体和著名主持人都被搞得信以为真；海外也受波及，新加坡有报纸报道："一个朱熹四个故里？发死人财，两省四地争破头。"美国哈佛大学一位著名汉学家看到报道，发电邮、打电话询问：究竟发生了什么事？

原是某教授为了提高话语"分贝"

必须提到的是，这一次所谓"争朱子故里"风波的掀起，始作俑者不是新闻界，而是学术界，是一位教授的"学术研究报告"。教授和学术研究，一向为人们所敬重；即便新闻记者们号称见多识广，也多少有点迷信教授及其研究成果，而如果这个成果有"新闻价值"，更会立即竞相拿来写成新闻。殊不知，当下竟也有一些不知堕落为何物的教授是可以不调查、不研究、不核实，仅靠深文周纳就炮制"伪学术"的。结果，同样不调查、不核实的记者，搞出了假新闻。这不能不说是中国学术界和新闻界的双重悲哀。

新闻的力量在于事实，学术的生命在于实事求是，而假新闻、伪学术恰恰漠视这些至关重要的原则。某教授为了提高话语的"分贝",把一些似是而非的事情、把某些本无关联的材料用一条自己设定的线索贯穿起来,有意弄出些"严重"、"吓人"的事态,而不严谨的记者如获至宝,急不可待地四处宣扬——这另一种"恶俗",不能不引起我们的警觉和重视。

(原载于《文汇报》2010年8月19日)

"车让人"的文化要义

读1月2日"笔会"版胡晓明兄《与友人论梁漱溟〈中国文化要义〉书》,很受启发。新年伊始,读胡兄宏文,得窥一代大儒梁漱溟的高头讲章之一斑,大有此年启新之慨。

晓明的信以"我真是有眼不识泰山北斗了"开篇。我读了全文,也大有孤陋寡闻之叹。1985年3月,梁先生以92岁高龄"步伐稳健地走上讲台",精气神十足,"我就站着讲",当是一次经过深思熟虑的学术演讲。这从范忠信先生听课笔记中所记"中国为什么落后?我想,中国不是走得慢了,不是落后了,它只是走上了另一条岔道,跟西方分了岔了('分了岔了'重复了三遍,全场鼓掌)",可以证明,梁先生所讲是有的放矢,而非应景之论。晓明兄说:"梁先生真是豪杰之士,……这篇讲辞的中心观点——'中国文化的重心,放在人与人的关系上,以人与人之间如何相安共处友好地共同生活为先。中国文化精神,互以对方为重'——是他年轻时写中国文化要义的观点,半个世纪不改初心,不能不为之感动。"诚如所言,时隔六十余年,梁先生对中国文化要义之基本观点并无改变,非但不改变,反而越发坚定深刻。

其实,这从晓明兄下文的阐释中也可看出:晓明仔细对勘了范忠信先生的听课笔记与1988年三联书店出版的中国文化书院演讲录第八辑《论中国传统文化》,发现后来的修订本增加了几句话:在"近代西洋人,我以八个字概括之——

'个人本位，自我中心'"这一句之后，更增加了"要求平等、自由，都是由此而来，这恰好与中国不同"；又在"而我中国是'礼让为国'，是'伦理本位'"这一句之后，更增加了"这一精神与'个人本位，自我中心'，刚好是两回事，刚好相反"。晓明怀疑这几句话"是先生的手笔呢，还是编辑大胆所为"。因为，"这表明了，他们那一辈老人，毕竟还不是很懂得西方文化"。

很抱歉，我以为，晓明兄的推断有点武断。梁先生去世于 1988 年 6 月，根据书稿从交稿到出版一般应有半年周期的经验，我可以断定，这么重要的修改必是先生亲自所为而绝无编辑妄为之可能（除非责任编辑自己出来说是他所改）。而且，这一段修改，从文意到内涵都非常重要，这是梁先生对自己所作的中西异同的论断的又一次凝练的概括，可谓点睛之笔。

也许，晓明的怀疑是虚笔——他其实是为了说明"那一辈老人""还不是很懂得西方文化"。他举了一个自己在美国生活的例子，说明西方文化并非是个人中心，自我本位，恰恰相反，是"尊重别人"的。相较梁先生的"互以对方为重"的中国文化，美国的"尊重对方"更具操作性。

晓明的例子是在美国车必让人及由此而产生的路权平等，而平等的表现即为"凡是交通工具优势的，就应该补偿交通工具劣势的"。"补偿"就体现为"让先"，体现为"以对方为重"。于是就出现了美国车必让人的美丽景观。

晓明的例子很雄辩。我也去过美国，也受到过如此优待。但是，这个例子能否说明美国文化中确实有"互以对方为重"的要义呢？我的结论是否定的。我以为，这是一个制度设计的问题。美国的制度设计者深刻地看到了美国文化中"个人本位,自我中心"的泛滥——行车人与走路人各争各权的现实而不得不出此补偿之策。所以这个例子恰恰相反地说明了美国人不具有"互以对方为重"的观念。据我所知,在美国,车不让人而造成行人伤亡,会付出极高的法律代价。所以,开车的人都很"自觉"。这"自觉"背后是法律的威慑。试问,一旦没有了法律的约束,美国人的车是否还会对你礼让呢?

其实,美国文化中是否有"互以对方为重"的要义,最好的试金石不是在美国,而是在美国以外。试看国际事务的处理上,美国是否"以对方为重"?没有。从他立国开始就没有。相反,随着国力的强盛,他的"自我中心"愈演愈烈,哪有"平等"可言?在国内,他用法律规范"个人本位,自我中心",因为他不可能对国民如对外邦人一样大打出手。但是,难道异邦就不是人吗?说穿了,还是以美国为本,以美国人的利益为中心。这就是美国文化。

这里,我并不想把国家道德与公民道德混为一谈。是的,这是两码事。但是国家的意志往往是一个国家文化的集中表现,如果没有"个人本位,自我中心",恐怕也不会有所谓"先发制人"的国家品格。

再回过头来看梁先生的"要义":"而我中国是'礼让为国',是'伦理本位'。"梁先生不愧为大儒,他对中国文化的核心价值把握得非常准确。所谓"礼让",就是中国式的平等。"礼让"一词,出自《论语·里仁》,子曰:"能以礼让为国乎?何有?不能以礼让为国,如礼何?"朱子解释说:"让者,礼之实也。何有,言不难也。言有礼之实为国,则何难之有？不然，则其礼文虽具，亦且无如之何矣，而况于为国乎？"朱子认为，孔子所说的"让"是"礼"的实质内涵，如果能做到以礼让治国，以礼让待人，那么天下就太平了，还有什么难事呢？他进一步解释说，让，可以表现在物质层面，也可以表现在行为举止层面，但这些统统可以作伪，"惟是辞让方是礼之实，这却伪不得。既有是实，自然是感动得人。若以好争之心，而徒欲行礼文之末以动人，如何感化得他？""平等"实在是一个虚拟的名词，在现实社会中，人分等次，物有贵贱，万物之等，何平之有？中国人说，我们用"礼让"、"辞让"来解决这个问题，而"让"是出自内心的自觉，这是作不得伪的。有了"让"，人与人才平等和谐，国家才安定团结。梁漱溟先生把这归纳为"互以对方为重"。这真是"礼让"一词最精当的现代诠释。

还是以走路为例。在美国人看来，路乃公器，人人得而行之。一路当前，以争（路权）为先。争得不可开交了，只好让法律来说话——让走得快的等一等，让走得慢的先走，以求得一种形式上的平等。这就是晓明兄所说的"补偿"。但是，在中国人看来，一路当前，以礼让为先，车可以让人，人亦可以让车，在礼让中表现出一种对对方的尊重，从而体现出一种实质上的平等。所以，第一次到美国去的中国人，看到车子，第一反应一定是让。这除了有安全的考量外，内心中的礼让也起了作用。可是开车子的美国人一定以为你是乡巴佬，或者是神经病，因为法律规定我必须让你先走，你不走，我也走不了。当然，以争为先如美国，由于法制观念深入人心，日长时久，也会形成一种车让行人的礼让文化。但这种道德的形成是由外而内的；中国的礼让文化是以尊重他人("互以对方为重")为出发点的,因而是由内而外的,是发自内心的。这种文化渗透于治国、人际关系及日常生活中。

西方人的高明之处,是善于用制度来弥补文化的缺失,当他们发现争的文化容易造成不和谐时,及时用法律、制度加以规范,从而求得某种平衡。而这恰恰是我们的传统中所稀缺的。

行文至此,不能不想到一个问题:一部中国近代史,中国人的礼让,不是成了挨打的代名词吗?但这并不是礼让的错。礼让是以互相尊重为前提的,如果一方礼让而另一方不礼让,其结果必然是弱者受伤。中国人挨打近一个世纪,原因在于你是弱者。这和礼让无关。

值得注意的是,梁先生再一次做《中国文化要义》演讲的1985年,正值改革开放不久,国人对以美国为首的西方文化充满新鲜感,很多人正巴不得全盘西化。但92岁的梁先生却保持着清醒的头脑。他对西方文化的洞察入木三分,确非常人所能企及。时隔四分之一世纪,我们难道不应恍然大悟于梁先生的"先知先觉"吗?

(原载于《文汇报》2011年1月16日)

儒家价值同样有普世性

中国文化的延续不能没有儒学。现在儒学复兴已经是一个不可阻挡的潮流，一些青年学者公开以当代儒家自命，要为儒学平反，要恢复其应有的社会地位。但是，有一种代表性观点指责说，提倡儒家价值就是反对西方所谓的"民主"、"自由"的普世价值。他们认为，儒家文化中缺少自由和民主文化的传统，所以导致中华民族几千年来君君臣臣的历史。而人类之所以是人类，总有一种普世价值是人类精神的共同追求。"民主"、"自由"是全人类的共同理想，为什么普世价值那么可怕，非要弄出一个中国价值与世界对立？

不要"不信自由的自由"、"不信民主的民主"

这种观点认为，人类之所以为人类，总会有一种普世价值是人类进程中共同追求的，好像我们中国人不讲普世一样。他们恰恰就忘了，人类首先是人和类，然后才有"民主"、"自由"。什么是人？什么是人类？怎么做人？如何成其为人？这些才是应该首先认定的人类的普世价值，恰恰在这个问题上，儒家为人类提供了一整套的理论与话语系统。儒家的价值观是以人性与人文为基础的出发点，所以儒家的价值观同样具有普世性，而且具有优先性。

所以，普世价值当然不可怕，也是儒家所追求的。可怕的是，西方所谓的普世价值体系背后蕴含的以此划线"非我族类，格杀勿论"的逻辑，引发了许多战争和社会动荡，这难道不可怕吗？中国人难道需要这些东西？

我们不是说不要普世价值，也不是说不要自由，我们是不希望有"不信自由的自由"、"不信民主的民主"、"不信人权的人权"。为什么？西方硬是把他们那套价值标准强加给我们，中国一百多年来一直在向西方学习，学习的结果是老师欺负学生，直到今天还在竭尽所能遏制我们，而中国乃至世界当代史告诉我们全盘照搬西方是行不通的，所谓"中国价值"、"中国道路"，就是中国只能走自己的路，不能走西方人给我们设计的路程，这条路他们走得通，中国走不通。

林毅夫说，发展中国家经济成功的原因不是照抄发达国家有什么，而是要看自己有什么。他研究了二战以后所有按照华盛顿共识进行改革的国家，发现无一例外不是失败的。他还说，过去三十年中国持续发展，但是人家老是说你这个不对，那个不对，因为他们都是拿现成的西方理论作为参照，有理论的支撑，我们也需要发展自己的理论创新，只有这样才能够把握机会，克服困难，奋勇前行。我读了林毅夫的书以后很感慨，没想到一个经济学家有这样清醒的头脑，而我们的许多哲学家和作家们却想不通。

儒家价值的优质性

我认为，所谓西方的"民主"、"自由"、"人权"这些概念，是被抽取了非普世内涵的似是而非的概念。因为任何"民主"、"自由"、"人权"都是相对的，是有阶段性的前提的，所以从这个视角讲这些概念并不普世。相反，儒家关于人之为人的价值观，比如"己所不欲，勿施于人"，比如"仁义礼智信"，又比如"中庸"，凭什么说不是普世价值？再讲极端一点，"不孝有三，无后为大"为什么不是普世价值？男人都不结婚，女人都不生孩子，这世界还了得？西方式自由走到极端，同性还结了婚，最后人类就终结了。所以，儒家的价值观具有超越时空的价值，具有优质性。

儒家价值观的优质性，西方有识之士也是承认的。美国学者狄百瑞写了一篇文章《我们为什么读〈论语〉？》。他说，《论语》至今仍然吸引众多读者，是因为它经过了千百年深入研究和审视的历史检验，而不是因为它被树为经典，更不是因为上一代人强加于后人阅读，《论语》对世人具有普世性，它切合人类共有的恒久不变的核心价值。2013年3月27日，复旦大学公布了一批早期中德外交的珍贵史料，其中1861年普鲁士外交使团到达中国后留下了一份长达十万字的报告，其中一段说："我们钦佩中国人的教养，一种文化能够把人数如此之多的民族凝聚在一起，并使其达到如此高的受教育的程度，达到如此高的生活水准，这个文化一定是具有坚实基础的，更何况在这种文化中武力因素又如此之少，在绝大多数情况下是文明的法律和规章制度保障凝聚了这个国家及其家庭。"

儒家价值观的历史合理性还可以从小说《白鹿原》中得到印证。《白鹿原》里面的第一部分就是讲晚清社会的白鹿原，就是一个儒家社会的缩影，在这个村子里面村民自治，议事有长老，行为有规范，族长是根据乡约执法，大家循规蹈矩，一派和谐。但是，以后一切都打破了，秩序、和谐、规则、人性全部倒塌。大家再思考一下，今天的中国，富裕程度在中国历史上前所未有，但是社会道德却大幅滑坡，这是为什么？

其中一个重要的原因，就是陈来教授讲的——我们的价值理性被人为地割断了。他认为，所谓文化保守主义或者道德保守主义与文化激进主义的分歧并不在于要不要社会改革，要不要吸收西方近代文明，而是文化激进主义和自由主义要求彻底摒弃传统意义，拥抱市场、工商业、城市文明、个人主义、自由民主、资本主义竞争性、功利主义等内容的现代性，而所谓文化保守主义则始终认为科学、民主、市场经济、民主政治都不能自发产生公民道德，或者导致共同体的伦理秩序，不能满足人生价值的需要，并认为近代社会一直膨胀的个人主义和功利主义足以危害人们生活的社会道德。现代性是现代社会之所以不同于传统社会的要素，但现存的现代社会并不能够仅靠现代性而存在，近代以来主张正面理解儒学价值的呼声，一致认为现代社会中的公平道德与伦理秩序的维护必须守护价值传统和道德权威。

儒学行动起来

最后，儒学不能光在书斋里，也不能停留在文本上，我们要有"行动的儒学"。北京大学有一个团体叫做"儒行社"，他们在切切实实履行儒家道德规范。北大儒行社的一些做法使我悟出一个道理，就是当代儒学怎样走出困境？

我认为，儒学强大的生命力不在书本上，不在课堂上，也不在学术讨论会会场上，而在民间，应该行动。当然，形而上的学术研究是需要的,理论创新必须有案头工作,但是形而上一定要和形而下结合起来,也就是说理论和社会实际结合起来,让儒家的学术和价值观走出文本,走出课堂,成为现实生活的关怀,成为民众性格的内化和社会生活的外化。

(原载于《社会观察》2013年第7期)

人之所以为人
——解读《朱子家训》

稍稍了解一点中华传统文化的人都知道，中国有一个很著名的"朱子家训"："黎明即起，洒扫庭除"。但，这并不是朱熹的《朱子家训》，它的正确名称是《朱柏庐治家格言》，据说作者是朱子的后人，"格言"讲的是人的行为规范。

朱熹的《朱子家训》和朱柏庐的《治家格言》，无论高度还是内涵，完全在两个无法比拟的层次上。

"君之所贵者，仁也。臣之所贵者，忠也。父之所贵者，慈也。子之所贵者，孝也。兄之所贵者，友也。弟之所贵者，恭也。夫之所贵者，和也。妇之所贵者，柔也。事师长贵乎礼也，交朋友贵乎信也。见老者，敬之；见幼者，爱之……"《朱子家训》全文三百多字，但是它却给出了人之所以为人的基本底线。这是一条非常清晰又可以执行的红线，越过了这条线，你就不配被称作"人"了。不仅如此，《朱子家训》还告诫我们如何才能成为一个有道德的人、一个高尚的人、一个有修养的人、一个文明的人。它教导我们宽容、包容、内敛、内秀及严于律己、宽以待人的美德，彰显了中华文化无比宽广的胸襟和独特的价值观。这就是《朱子家训》的价值和意义所在。

《朱子家训》所要阐扬的理念是非常明确的，它用通俗、精练的语言规范了人之为人的基本哲学信条，划出了一条做人的底线，深刻而隽永。

首先，它强调的是人的自律。这不是宗教的戒律，却是人必须遵循的基本约束。人是社会的动物，他来到这个世界一定附着于某种社会的定位。《朱子家训》用精练的语言涵盖了人类社会最基本的社会角色，并告诉你，当你处在某一个坐标时，你应该遵循的基本品格和责任。

其次，它教导人们追求人格的自我完善。这是人成为人以后必须要坚持的基本修炼。在《朱子家训》中，人格的完善是通过"禁"、"慎"和"实行"、"作为"来实现的。人如果能知道哪些事不能做，哪些事应该努力去做，那么，他就可以摆脱粗鄙、庸俗而走向文明和高雅。

第三，它提倡对他者的尊重与宽容。尊重与宽容是《朱子家训》中非常突出的教条。这里有如何对待"有德者"，也有如何对待"不肖者"，有如何面对"仇者"、"怨者"，也有如何对待"恶者"与"横逆"。它所表现出的理念最核心的内涵是尊重与宽容。这是道德的理性反映，它表达了中国人"与人为善"、"己所不欲，勿施于人"的美德与大度。

第四，它强调个人与社群、社会的和谐相处。社群和社会的和谐，是任何社会存在和发展的基础，作为个人必须处理好自己与社群、社会的关系。《朱子家训》给我们规范了个人所应遵循的"和"之道，平实而深刻。

《朱子家训》用通俗的语言阐发深刻的哲理，它的内涵可以有多层次、多角度的解读。所以，同一句话其实涵盖或包孕着很多的思想和意蕴，它给人们的释读和理解提供了极大的想象和申发的空间。这是朱子运用语言表达思想的高妙之处，也是《朱子家训》可以在汗牛充栋的"家训"著述中脱颖而出的原因所在。

当然，《朱子家训》毕竟撰写于八百年之前，它的语言不可避免地受到当时语境的局限。今天我们在解读它的时候应抱着一种究其实而虚其词的态度，即应该抓住它的精神实质，而不必拘泥于古今词义的某些变化。这里，我想推荐田浩先生的英语译本，他真正抓住了朱子的思想内核，故而他的英译更切合现代人的阅读和理解的习惯。比如，"君之所贵者"一句，他把"君"翻译成 rulers，而不是君主、皇帝。我非常赞赏这样的翻译。在我的理解中，"君"实际上就是领导者，他可以是国家的领导者，也可以是一个团体、一个企业、一个组织的领导者，而不能仅仅理解为国君。

由于《朱子家训》最初只是朱子对自己家庭成员的训诫之词，长期以来仅在朱氏家族内部流传，并不为外人所知晓，所以它的影响力远不如其他家训，尤其是也以"朱子家训"命名的朱柏庐的《治家格言》。但随着时代的进步，它的价值越来越受到有识之士的重视。朱氏家族也打破了自我封闭的传统，认为既然是好的东西，就应该与世人共享。我认为，《朱子家训》不仅有益于一个家族，也有益于一个国家，在全球化的大潮中，它也有益于整个人类。

（原载于《宁波日报》2015 年 6 月 1 日）

中编 散文随笔

不堪回首：与妈妈有关的日子

我坐下，还不到半个小时，妈妈就赶我走了。她说："你走吧，我很好，不要浪费了你的时间。你太忙了。"每当此时，我的心里会涌出一阵酸楚，当儿子的很少有时间来看母亲，尤其是在父亲去世以后。可是每次来，总是妈妈赶我走。我想，她一定是看出了儿子的心不在焉，她知道儿子肩上的担子。

当我别她而去，恍恍然走下楼梯，跨进汽车，关上门，取出钥匙，踩住刹车，启动油门，脑子里浮现的却是一幕幕儿时的情景——

从我记事时起，我就知道妈妈最喜欢我总是待在她的身边。干活的时候，她让我在她的身边玩耍，不要走远；出门时，她一定带上我，让我跟着她，把儿子像宝物似的向相识或不相识的人展示。那时候妈妈没有工作，可是因为她年轻漂亮，有文化又多才多艺，所以，社区里（那时叫"里弄"）各种活动，总是少不了她，只要她去街道居委会或什么文化中心，她也总是带着我，向所有的人展示她的作品——一个漂亮、聪敏、有教养和举止得体的儿子。我成了她的骄傲，使她有了成就感。后来，我有了弟弟、妹妹（我的大弟弟是个出了名的捣蛋王，可我的妹妹却是个人见人爱的美丽女孩），但她依然到处带着我，因为那时候，我读书了，是个大队长，成绩也好。

在我的记忆中,那时的母亲多年轻,多漂亮!我记得她最美的衣服是一身深藏蓝的列宁装,胸前是两排纽扣,腰间束一条宽宽的带子。那时很多女人喜欢列宁装,可是我总觉得妈妈穿列宁装最好看,别人的衣服像是一个套筒,而妈妈的列宁装却可以分明地衬托出她纤细的腰身和修长的身段。那时,我总以为一定是妈妈的衣服比别人的好,后来才明白,那是妈妈自己动手改装过的。要知道在那个时代,服装可是批量生产的,千篇一律,千人一面啊!

每次出门,妈妈一定给我换上洗干净的白衬衫,戴上红领巾,帮我别上三条杠的大队长标志,告诉我:"见了人要叫啊!"而我每次总能明白无误地区别出被叫的人应该是"叔叔""阿姨"还是"爷爷""奶奶"。每当别人夸我时,我会感到妈妈的得意和满足,似乎她的成就和社会价值只是因为有这么一个值得炫耀的儿子。

不是的,很久以后我才知道,妈妈的才能和抱负给剥夺了,原因只是:她嫁了一个"历史反革命"。

妈妈出身在一个家道殷实的商人之家。至今她还念念不忘地向我们念叨她的老家——上海南翔的沈家花园。可是,她的父亲——我的外公,却是一个不善经营的公子哥儿,他一生娶了好几个老婆,却把家道给败了。妈妈说:"外公待人宽厚,讲义气,出了名的,他的生意就是败在这上头。"外公,不是个做生意的料,却出生在一个生意人之家,这注定了他悲剧的一生。

妈妈的少年时代似乎是在快乐和无忧无虑之中度过的,那时,外公在上海做生意,妈妈在上海宁波路上的镇江师范学校读书。在那里她学会了弹琴、唱歌和写作。不久,外公发生了婚变，他的也不知是第几任妻子因抽鸦片与外公发生冲突，外公在内外交困之中，把女儿送到镇江的哥哥家寄养。在那里，妈妈认识了我的爸爸——一个风流倜傥，多才多艺（弹得一手好风琴，口琴吹得出神入化），又善于广交朋友的青年人。但是，爸爸的家是一个封建大家族，家境也不好，所以，外公很反对这门亲事，硬把妈妈接回了上海。妈妈铁了心要嫁给这个穷小子，不惜违抗父命，与外公抗争。无奈之下，外公只得认命，很不情愿地把妈妈送到镇江成婚。正因为如此，爸爸一直毫无怨言地一个人挑起了两个家庭的担子——一个自己的家，一个外公外婆和我的一个与我的大弟弟同年的小舅舅的家。解放以后，外公已失去了一切生活来源，无可奈何地依靠着女婿微薄的工资艰难度日。这副担子，一挑就是几十年，直到我的外婆觅得了一份工作，而那时，外公已经凄惨地离开了人世。他是一个人在家中不慎跌倒以后去世的，待到家人发现时，不知道他已经离开我们多久了。而我们——他的儿子、外孙们，一个个都在外面轰轰烈烈地"大革命"呢。

妈妈嫁入朱家以后，立即感受到一个知识女性生活在一个封建大家庭中的尴尬。生活方式的不同，使她很难适应妯娌间的交流，而年长者们家长式的居高临下，总使她生活在战战兢兢之中。幸好，还有爸爸的呵护，他们终于走出了这个家。

但是厄运接着开始了。

1949年，国民党在败退镇江之前，干了一件缺德的事，他们强迫镇江火车站的所有员工集体参加了国民党。当时，由于爸爸的文化程度最高，他被强加了一个区分部委员的头衔。

正是这个头衔,让他带了三十多年"历史反革命"的帽子,过了三十多年抬不起头来的日子,而妈妈则成了他的陪葬品。

1950年,爸爸从镇江调到了南京铁路局,妈妈也回到了上海,在上海印纸厂(实为印币厂)工作。这一年,妈妈怀上了她的第三个孩子——我的妹妹。当时,妈妈一个人在上海工作,带着我(我的大弟弟这时被我的叔叔收养,在杭州),原指望靠着年轻的外婆(外公离婚以后又结婚,外婆只比妈妈大11岁)可以有个照顾,可不巧的是外婆自己的孩子也很小,她自顾不暇,怎么可能再来照顾别人。百般无奈,妈妈只好辞去了工作,赶到南京爸爸的身边生下了我的妹妹。谁知,这以后,妈妈一生的大部分时间再也无法回到职业女性的位置上去了,在当时的政治环境下,一个"反革命"家属,谁敢录用她就业?就这样,妈妈成了社区工作的积极分子。当时正值抗美援朝的紧要关头,全国人民省吃俭用捐献飞机大炮。妈妈投入到社区的宣传大军中,用她的才华,用她的歌喉和舞姿鼓动着家庭妇女们,捐钱捐物,造飞机、造大炮,和美帝国主义打仗。据说,妈妈所在的里委会,捐款最多,妈妈为此立了功,受到嘉奖。

不久,爸爸从南京调到了上海,我们全家终于回到了上海,与外公外婆一家团聚了。

自从戴上"历史反革命"的帽子,爸爸变得沉默寡语,甚至不敢大声说话。此外,沉重的经济负担,也压得他喘不过气来——一家九口人,全靠他一个人的工资过活。这时,妈妈的开朗和乐观,成了家庭中最宝贵的财富,她总是把家庭的气氛调节得和和乐乐的,她也总是能把大家的肚子喂饱,让每个人有体面的衣服穿。

在上海文庙路第二小学读书时,发生过这样一件事:因为好动,喜欢踢球,所以,我的鞋子常常破,破了,妈妈总是自己补,自己补不了了就拿给鞋匠补。有一次,我的鞋实在破得无法穿了,可家中却没有一双我可以穿的鞋,眼看上学的时候到了,没有鞋怎么出门?妈妈情急之下,拿出了一双自己的鞋给我穿。我体谅妈妈的难处,也不觉得妈妈的鞋有什么不好,只是大了点,就将就着穿去上学了。可是,我的一个同学,是一个富家子弟,却看出了我的鞋有问题,当众羞辱我"穿女人的鞋子,不要脸",我被激怒了,像一个失去理智的疯子一样扑上去就打。同学被打哭了。班主任把我们叫到办公室,问我们为什么打架,我红着脸说:"他说我穿女人的鞋子,不要脸。"宋老师(她叫宋雪舲)下意识地低下头看了一下我的脚,哭了。这时,我再也忍不住委屈地大哭起来。不知道是宋老师告诉了妈妈,还是妈妈有所察觉,那一天妈妈对我特别的温存。第二天早上起来,我发现有一双新鞋放在我床下。我不知道,妈妈是从哪里弄来的钱,我只知道那是我有生以来第一双全新的跑鞋。

1958年,大跃进开始了。那一年妈妈35岁,正是壮年,她赶上了好时光。

妈妈进了铁路局,当上了列车员。流动的工作场所,流动的服务对象,每天面对不同的人群,时时处在前往目的地的途中,这一切似乎非常适合妈妈活泼、跃动的性格,她很快爱上了这一行,干得乐不可支。妈妈当列车员是把旅客当亲人接待的,所以,旅客也把她当亲人。有些常年与火车打交道的采购员、地质队员、干部,常常是算准了妈妈的班次买票,点名要买妈妈工作的车厢的票。直到今天,还有她过去的旅客到家里来看望她。妈妈当列车员还有一个绝招，她会用歌声和自己编的快板、说唱给旅客们解闷取乐。妈妈还多次在列车上为临产的孕妇接生。所以，她是列车段受到表扬最多的列车员。由于工作表现好，她被从一般的长途列车调到了上海直达北京的13、14次列车的包厢工作。那可是一个接触高级干部的地方，在那个年代，能被调去干那个活，可是一种极大的荣耀。

妈妈在文艺上的才能很快被铁路局的领导发现了，不久，她被抽调到上海铁路文工团，干起了专业的文艺工作。在我的印象中，那是妈妈一生中最快乐的时光，因为在那里她遇到了一群志同道合的朋友，在那里她的才干得到充分的发挥和表现。

妈妈在文工团是年龄最大的，团里是清一色的二十岁左右的靓妹和帅哥。但因为妈妈长相年轻，在一群小姑娘、小伙子们中间并不显得老。妈妈业务上拿得出，又善于照顾人，体贴人，所以，人缘很好。团里上上下下，从领导到一般的职工都尊敬地称她"沈大姐"。如今，妈妈已经是八十四岁的老人了，当年那些二十几岁的小朋友们也都已经是六七十岁的人了，可是他们还经常聚会，经常来看望他们的"沈大姐"。

妈妈有一副天生的好嗓门，她不但会唱歌，还会唱各种地方小调和各种地方戏，能讲各种方言。她的这一才能使她轻而易举地把一种当时正在上海文艺界流行的艺术品种——上海说唱玩得炉火纯青。不仅如此，妈妈还会自己创作，她自己写剧本，自己配曲，加上她那甜美的声音和生动的表演，上海说唱成了上海铁路文工团最叫座的节目。她的才能引起了上海曲艺界的著名人物黄永生的注意,把她收为自己的入门弟子,并有意把她调入上海曲艺团。

但这一切,很快就因为三年困难时期的来临,国家经济陷入困境而结束,文工团解散了。

妈妈又回到了列车段,当起了列车员。但从此,她再也不可能去跑13、14次这样的重点列车,阶级斗争的弦紧绷着,一个"反革命"的妻子,已经成为不可信任的异己分子了。

历史一而再,再而三地戏弄着母亲,生活也总是用冰冷的手把她推向阴霾,但是母亲却总是用宽容的开朗去面对历史,用微笑和忍耐去迎接生活。她总是很年轻,当我四十几岁时,与母亲一起出门,人家都以为她是我的姐姐。她的年轻是天生的,这是一种遗传,但是再好的遗传基因,如果没有一种和善的、乐观的精神相呵护,青春只会提前凋零,更不用说中年、老年了。妈妈总是说她的记性不好,喜欢忘事。是的,她会"忘记"。但她"忘记"的都是难事、丑事、不愉快的事。她也遇到过坏人,但她会很快地把他们忘记。所以,在她的记忆中,都是快事、乐事、让人高兴的事。她总是生活在阳光之中,她总是用生命的阳光去迎接生活的苦难。

当时,国家的经济困难愈演愈烈,上海铁路局作出了大量裁员的决定。裁员的大刀高举着,人心惶惶,不知道哪一天,这把刀会砍到自己的头上。妈妈热爱自己的工作,而且表现优异,成绩突出,她自信不会裁到自己。在必须裁员而又人人不愿被裁的局面下,领导们希望有一个"带头人"出来,起一个表率作用。他们看上了听话、积极、又有一点"软档"("反革命"家属)的母亲。领导对她说,现在国家遇到了困难,希望她能为国家分担困难,也算是给她一个政治上表现的机会,希望她能带个头。为了让妈妈"带头",他们还承诺,一旦经济情况好转,她可以优先复职。

妈妈知道,应该听党的话,听党的话是不会错的。每次党发号召,她都是带头的。她离开了铁路,离开了车厢,离开了她热爱的旅客们。从此,她再也没能回去,尽管经济好转了,尽管有人借"文化大革命""造反"复了职。但妈妈始终"无动于衷",她说,这是他们欠我的,应该他们自己来还我,我不去做低三下四的事情,就算是国家还有难处吧。

1961年,我初中毕业。当时,妈妈已经失业在家,一家七口,全靠父亲一个人的工资维持生活。家庭的窘困我看在眼里,觉得作为老大,有责任尽早工作,为父亲分担重任。所以,我决定不读高中,直接报考技工学校。对于自己的决定,我一直对家人隐瞒着,因为我知道,告诉妈妈了,她一定会很难过,干脆既成事实了,她也只好认了。

我的班主任徐老师(他叫徐晟棣)却在这时做出了一个令我至今感激不尽的决定:他突然到我家家访,动员妈妈让我继续读高中。妈妈这才知道我要考技校,她当即对徐老师说,家里就是砸锅卖铁也要让儿子继续上高中。她知道自己的儿子是个读书的料。上了高中,正是三年自然灾害最严重的时期,可是我每天的午饭盒子里永远是满满的,家里只要有好吃的,第二天我的饭盒里一定会有。我那时就知道,妈妈对我一直很偏心。我总是比弟妹们吃得多,吃得好。我的弟弟妹妹们也很懂事,从来不抱怨妈妈的偏心。也许,是因为妈妈知道,她的能力有限,不能平均用力,要保住重点。也许,弟妹们知道大哥读书读得最好,他们应该为哥哥的出息做出牺牲。

可是，这却是我心头一块永远的痛。时至今日，面对我的两个弟弟和一个妹妹，我依然怀着深深的内疚。

高中毕业时，我又走到了人生的十字路口。1964年，那正是极"左"路线横行，阶级斗争的弦绷得最紧的年代。我，一个"反革命"的儿子能考上大学吗？

其实，当时的政治气候大家都心知肚明，像我这样家庭出身的人，肯定过不了政审这一关。那时，上不了大学的人有两条出路，一是留在家里做"社会青年"，一是到新疆建设兵团去，改造思想，建设边疆。

我选择了后者——放弃高考，到新疆去。我相信自己，不读大学也能在新疆干出一番事业来。

一天放学回家，我把自己的决定告诉了妈妈。她怔怔地看着我，无言以对，可是我从她的眼神里读出了她的内心独白："儿子呀，我理解你的苦衷，是你的家害了你。"

这以后一连几天，妈妈沉默不语，却对我格外地关心，仿佛是一个做错了事的孩子，小心翼翼地等待着一场随时可能发生的风暴。

可是，命运再一次眷顾了我。学校的团委书记知道我要放弃高考，把我批评了一顿，他说，党要求我们"一颗红心，两种准备"，放弃高考只是一种准备，你应该先高考，考不取再去新疆。接下去，又是一件令我意想不到的事情：一所大学的高招办负责人，因惜才而破格把我录取了。他破格的理由是：这个学生虽然出身不好，但却是个共青团员，而且是个学生会干部，党的政策是不唯成分论，重在政治表现。

阿弥陀佛，我竟然考取了大学！

其实,高考一结束,我就在做到新疆去的准备。妈妈依然默默地守着我,不过她好像并不为我所动,好像比我更沉得住气,难道她知道暗中有神祇在保佑着自己的儿子?直到有一天下午,我的一个最要好的同学张炎突然冲到我们家,告诉我妈妈:"朱杰人被上海师范学院录取了。"我简直不敢相信自己的耳朵,可妈妈却笑了,笑得那样的舒心,她说:"我说吧,你会考上的!"直到今天,妈妈见到我还会提到那个给我们家送来吉祥的同学:"张炎现在怎么样了?""张炎有信给你吗?""张炎真漂亮,我就喜欢他。"

1964年我考取大学,1966年,"文化大革命"就开始了。

"文化大革命"十年,这十年恐怕是妈妈最艰难、最难熬、最心酸的十年。

爸爸是"死老虎","革命"一开始他就被揪了出来,停止了他的工作,被赶去当了车皮清洗工。接着,我们家附近的一所中学的红卫兵们打上门来,抄了我们的家。抄家的结果使这些"革命者"们(其实是里弄干部在幕后指使)大吃一惊:这家人,一贫如洗,却拥有大量的书籍。这些书是爸爸妈妈和我自己从嘴巴里节省下来的钱买的。家里很穷,但是只要我提出买书,爸爸妈妈从来不说二话。后来,我进了大学,每个月有15元的伙食费(那时的师范大学,学生伙食费由国家供给),我就用这15元钱从嘴巴里抠出来买书。但是,这些书竟然被"革命群众"一抄而空。接着,爸爸又被里弄里的"革命群众"揪出来,罚他每天清晨起床,挂着"反革命分子"的牌子打扫弄堂。那时候,我住在学校里,不常回家,每次回家,妈妈总是把家里弄得干干净净、整整齐齐的,让我没有一点家里已经遭罪的感觉。每次回家,妈妈总催着我回校。我这个人，从小不恋家，妈妈要我早点回校，我也就早点回了，后来还是弟弟妹妹们告诉了我家里被抄，爸爸被斗的事。我这才明白，妈妈是不想让我看到家里的困境和爸爸被折磨得不像人的样子。她知道这个儿子自尊心强，爱虚荣，父亲的"历史反革命"已经挫伤了他的心灵，她不想给儿子的创口上再添新伤。

那时候，我们的家是人人可以欺侮，人人可以践踏的，人心的险恶，人性的鄙劣，在"革命"的旗号下肆无忌惮地横行。住在我们家那栋楼亭子间的是一个工人，他的妻子是一个小学教师，因为不甘心一个"反革命"可以住比他们工人阶级还大的房子，一而再，再而三地向我的父亲寻衅。他们知道，父亲是可以任由"工人阶级"欺侮的专政对象。是我们的母亲站出来保护了自己的丈夫，她决不示弱，巧妙地把父亲掩护起来，带领着我的两个弟弟和一个妹妹，与那两口子周旋。妈妈说："能忍的，我都忍了，不能忍的，我只能和他们拼命。"

"文化大革命"加给妈妈的除了丈夫的灾难，还有她自己的饱受欺凌。

妈妈从铁路局回到家里以后一直没有工作。直到1962年，街道的领导发现了妈妈的文艺才能，把她请出来当了文化站的站长。妈妈把一个原来死气沉沉的文化站搞得轰轰烈烈。我记得那时候几乎每个星期六晚上文化站都有群众文艺演出，妈妈把我的弟弟妹妹们的文艺才能全部调动了起来，大弟弟拉手风琴、弹钢琴、妹妹跳舞蹈、唱歌，小弟弟打腰鼓。妈妈的说唱才能在这里又得到了发挥，她甚至以一人之力，延请人才，排练演出了大型话剧《年轻的一代》，妈妈饰演了剧中的萧奶奶,轰动一时。

但是,"文革"开始了。她的站长被撤了。接着她被发配到街道里条件最差、劳动强度最大的工厂做工。她的工作是整天在冰凉的水中磨砂轮。工厂里的劳动妇女们文化程度低,妈妈担当起为他们读报的任务。谁想到,有些人为了表示自己的"革命",为了表示自己的阶级斗争的觉悟高,竟然抓住妈妈读报时念错字大做文章,硬是上纲上线,把她往死里打。妈妈拒绝读报,却不被允许,说这是耍"反革命"威风。一旦有读错的情况,马上就开批斗大会,侮辱、谩骂、殴打铺天盖地向她压来。

妈妈是个性格很刚烈的人,她不会像爸爸那样默默无语地忍,她是要反抗的,她要据理力争,她决不肯做出屈辱性的妥协。于是她又做出了一个勇敢的决定:离职回家,不干了!

但是妈妈也许做梦也不会想到,"文化大革命"发展的结果不仅使她饱受屈辱、丢了工作,还使她这个当母亲的不得不把自己的孩子一个一个地送走,直到只剩下她和爸爸两人形影相吊。

第一个离开家的是我的大弟弟杰夫。大弟弟虽然调皮,但却是最懂事的。他知道妈妈养育四个子女太艰难,他也知道自己的前途要靠自己的表现去创造,所以,毛主席号召知识青年到农村去,他是最早响应的。他选择去最远的地方——黑龙江。可是,黑龙江是"反修"战场的最前线,他的要求因家庭出身不好被驳回了。弟弟写了血书,总算是感动了黑龙江建设兵团的领导。

弟弟要出远门了,而且此去不知何时能回来。但,天真和热情的我们却一直沉浸在弟弟能去"反修"第一线而感到光荣和激动的情绪之中。妈妈似乎也在为儿子的壮举而感到骄傲。她为弟弟买了一件厚厚的棉大衣,还带我们兄妹四人一起去了一趟南京路,在人民广场拍了张合影照。1968年8月,大弟弟怀着雄心和激情走了。一个月以后,弟弟从黑龙江寄回了钱,虽然只有区区几十元,却还特意嘱咐妈妈,给哥哥十元。

第二年,我大学毕业了,去了浙江省军区乔司农场,也离母亲而去。当时,我们这些末代大学生,被赶出上海,去接受解放军的再教育,谁也不知道我们的将来在哪里,我们是做好了"壮士一去兮不复还"的思想准备的。

我是家里的老大,又是大学生,妈妈早已从对我的呵护不知不觉地变成了对我的依赖,所以,我的走,妈妈非常难过和失落。

但是,妈妈怎么也不会想到,一年不到,她接连送走了两个儿子不算,她还不得不送走她唯一的女儿。

妹妹杰君是我们家的独女,她聪明漂亮,是爸爸妈妈的掌上明珠。我们家的孩子,互相可以打闹,可谁也不会欺负妹妹,因为她是唯一的,因为我们都知道,她是父母的心头肉。

按照当时"上山下乡"的政策,我们家已经有了一个插队落户的人,就可以留一个进上海的工厂工作。可是谁教我们家的出身不好呢?妹妹的班主任硬是以家庭出身为由,把我的妹妹逼去了吉林农村。妹妹被迫去吉林插队的事,我是后来才听妈妈说起的,她诉说着,哽咽着,充满了无助的无奈。她大哭了一场,哭了两天两夜,整整三天没有下过楼,也没有做过饭。小弟弟杰民也很难过,他还小,但是他已经能够感受到妈妈所承受的痛苦有多深。三天,他不吃不喝,陪着妈妈。妈妈说:"我那时可真是叫天天不应,叫地地不灵啊!"

四个子女,两年内走了三个,只剩下了我的小弟弟杰民。他应该留在爸妈身边了吧?谁料到天有不测风云,党的政策突然又变了,1970年,"上山下乡"变成了"一片红"——不论家中有没有已经"上山下乡"的,一律下乡,这叫"一片红"。他也去了黑龙江,那一年,他还不满16岁。

讲起小弟弟,妈妈心中充满了说不尽的愧疚,她说:"民民的命最苦,你们兄妹怎么说还过过几天好日子,可民民一生下来就受苦,三年自然灾害,'文化大革命',连书都没有读过几天,就插队落户去了……"仿佛小弟弟的苦命是她造成的,她总在想办法为他弥补。记得小弟弟1972年从黑龙江回来过一次,住了一个多月就走了,那天我陪妈妈去公平路码头送他。弟弟上了船以后,就不见了。随着时间的推移,我发觉妈妈变得越来越不安,不停地自语:"民民呢?民民呢?"直到开船的汽笛响了,弟弟才突然在最上层的甲板上出现了,他向我们招手,这时妈妈突然哭了。不懂事的弟弟露了一面又不见了,妈妈的眼泪像断了线的珠子一样地往下掉。那一天,我们一路无语地回到了家,一连几天,我都不敢提"民民"两个字。

孩子们都走了,走得那么远,走得一个不剩,我简直无法想象妈妈是如何抚平心灵上的巨大伤痛的。后来我才知道,妈妈不停地给他们写信,每封信都写得很长,她鼓励孩子们要听党的话,做毛主席的好学生,她要求孩子们不要放弃学习,要读书、看报,她教导孩子们要与贫下中农做朋友,向贫下中农学习。妹妹是个有心人,她一直保留着妈妈给她写的信。爸爸去世以后,她把爸爸妈妈给她的信拿出来给我们看,厚厚的一大叠,足可以出一本家书集了。那些信,今天看起来未免有点"左",有点太革命,但那却是一位母亲真实的、善良的内心世界,没有任何造作,没有丝毫虚假,它们告诉后来的人们:我们那时就是这样思想的,就是这样走过来的。

下面就让我选一封妈妈的信给大家看看吧:

大妹:我的信你收到了吧?

看到了三月六日延边日报上登载着你的相片后(妹妹在吉林延边插队,因表现突出多次受到表彰,很多报纸都报道过她的事迹)使我们全家都很欣慰!想想你的成长过程有力的批判了"某某某"一类骗子污蔑知识青年上山下乡的无耻烂言。"某某某"一类骗子为了复辟资本主义必然要和国际上的帝、修、反一唱一和,用最恶毒的语言攻击上山下乡运动,妄图叫你们青年脱离劳动,脱离工农,脱离三大革命运动,背离毛主席的革命路线,多么恶毒啊!希你正确地理解和对待党和老师傅及同志们给你的这一荣誉。离开了党的教导和群众,是一事无成的。更不能把荣誉当成包袱,变成一个捧不起的"阿斗",那就不好了。通过这次的荣誉,应该看作是鞭策自己不断前进的动力,时刻记住毛主席"完全""彻底""为人民服务"伟大教导,在搞好同学关系中特别要和现在的师傅(司机)搞好关系(妹妹因

为表现突出,被上调到县城的公交车上当售票员),没有他们的协助,有些事或工作是不可能开展得好的。此外我想还要提醒你一下:

把你登上了报,肯定单位里要把你作为典型向群众介绍,也或多或少地叫人们向你学习,这就可能对你今后的工作带来压力。向你学习的人在思想上不会都是千篇一律的,其中或许会有三种人:一种是为了相互的提高,真心诚意的来取经和传经。另一种是因为不服气或妒忌,特别是同行或同业,故意来给你出难题,找毛病,考验、试探等〔因为他(她)们认为你做的他(她)们也这样做了,甚至做得比你还好呢,没什么好学的,是领导看中了的……〕因此你要处处时时对自己严要求,要虚心地把工作做到家。头脑要冷静,要沉住气(千万不要耍态度)。

……

祝你进步!

妈妈　1972.3.18

这是一封没有经过任何修改的信(错字、语病一仍其旧),我只是删去了一段妈妈交代妹妹的一些家庭琐事的段落,用省略号表示。信中的人名我用"某某某"代替,只要经过那个时代的人都会明白那是指的谁。

我不知道生活在今天的读者们读了这封信会有怎样的感想,我只想说:请不要蔑视你们的父辈们的忠诚和赤子之心。

妈妈是个急性子,待人处事直来直去,不会拐弯抹角。

她嗓门大，发起火来简直像是炮仗点着了火一样，让人生畏，所以我们兄弟最怕的就是惹妈妈上火。一旦她发开了脾气，随手拿起家什就会没头没脑打你。我的大弟弟最调皮，他是挨打最多的，我比较"听话"，但也没少挨打。

但是在我的记忆中，在我们家，有三个人妈妈从来没有对他们发过火，甚至讲过一句重话。

这第一个人，是我们的爷爷。

爷爷朱世奎，其实并不是我们的亲爷爷，他是爷爷的弟弟，因为爷爷去世得早，他担起了养育侄子侄女们的重担，所以他成了我们的亲爷爷。

爷爷在镇江一所著名的美国教会学校做校工。由于他诚实、敬业、任劳任怨，很受学校高层的信赖。1949年美国人撤走，留下了一仓库的军用物资，校长把仓库的钥匙交给了爷爷。那时，兵荒马乱，市面上到处可以看到超低价的美国军用物资，吃的、穿的、用的应有尽有，那都是从美军的仓库里流出来的。如果爷爷心术不正，只要从学校的仓库里随便拿点什么出来，即可以发洋财。可是爷爷死死地守着仓库，直到解放军进了城，他把钥匙交给了解放军。

爷爷终身未娶，一个人生活，没有人照顾。我的叔叔从抗美援朝前线回来后，就决定把他接到福州去生活。当时，叔叔的工资很高，自觉可以尽到赡养父亲的责任，硬是给他办了辞职的手续。谁知，爷爷一直不适应南方的生活，日子过得别别扭扭的。爸爸妈妈知道了这一情况，决定把爷爷接到上海来和我们一起过。要知道，当时我们家的经济情况非常困难，多一个人，多一张嘴，无疑会面临更大的压力。但是妈妈还是非常愉快地把爷爷接来了。家里很穷，但爷爷过得很快乐,他再也没有离开过我们家,虽然伯伯和叔叔多次提出要接他去住,他都拒绝了,他宁愿和我们家一起过苦日子。因为他知道,妈妈是个心地善良的人,我们家吃得不好,但一定不会饿着他;我们家穿得不好,也一定不会冻着他。妈妈还时常给他一点零花钱。爷爷有一个泡澡堂的习惯,家里再穷,妈妈总是会满足他的这一嗜好。后来实在供不起他一周一次这样的"奢侈"了,每个月有一次是不会少的。爷爷从不向妈妈提任何要求,却时常偷偷地把妈妈给他的零钱给我们用。妈妈知道了一定会骂我们。妈妈平时对爷爷讲话总是轻声柔气的,这时她却会变得很"严厉",把爷爷说得一声不吭。

爷爷在晚年得了病,是在睡梦中去世的。他的死,没有任何人知道。到我们发现时,他已经浑身冰凉了。我们为爷爷举行了一个遗体告别仪式,大家围着爷爷,谁也不说话,谁也不愿离开。妈妈默默地流着泪。直到殡仪馆的工作人员来催我们离场,催了几次她也不肯走。爷爷去世以后,从来不相信鬼神迷信的妈妈开始给爷爷烧纸钱了。每年冬至前,她会认认真真地把一张一张的锡箔折成元宝,然后在傍晚的时候焚烧。看到一缕青烟在空中旋转上升,她就会很高兴地告诉我们:"老爹爹来拿钱了。"妈妈知道我不信这一套,从来不勉强我干这件事。可是,这些年来,她总是在冬至前折好一盒子锡箔要我烧。到了冬至这一天,她还会打电话过来提醒我:"别忘了烧锡箔。"母命难违,我只得照办。但慢慢地悟出了其中的道理——妈妈也许是自觉老了,万一她离我们而去,谁再给爷爷烧纸钱呢?我是老大,她是把这个任务交给了我。

这第二个人，是我们的外婆。

外婆是妈妈的第五个后妈。妈妈的命苦，很小就没了妈妈。他的前几个后妈都对她不好。外公为了讨好后妈，在妈妈只有十几岁的时候就把她托给了伯伯抚养。外公娶第五个妻子的时候，妈妈已经结婚了。当时，外公外婆都没有工作，加上小舅舅，一大家九口人全靠我爸爸一个人的工资过活。妈妈撑持着这个家，要给大家有吃的，有穿的，还得维系孩子们之间的公平和和睦。我们的外婆也是一个心地很宽厚的女性，她读过书，识大体，但是对自己的独生子未免有点溺爱，加上家庭经济本来就窘迫，难免会造成一些孩子们之间的各种摩擦。每当我们兄弟和小舅舅发生争执，妈妈总是偏袒小舅舅。妈妈对外婆很尊重，他宁肯对外公发脾气，也不会对外婆说一句过分的话。外婆也是个很厚道可亲的人，对我们就像对自己的孩子，所以这个大家庭一直过得很和睦。小舅舅与我们兄弟的关系也处得很好，大家就像是兄弟一样。直到后来，外婆在街道工厂找到了一份工作，爸爸也分到了房子，我们才分家。分家以后，妈妈经常去看望外婆，给她送吃的、穿的。外婆退休了，每逢过春节，妈妈一定会把外婆接到家来住几天。我们兄弟工作以后，经济上宽裕了，妈妈还提醒我们逢年过节给外婆送点钱去。

外婆活到九十几岁才去世，她的晚年过得很幸福。

在我们家，还有一个很特殊的成员——一个叫小东东的小妹妹。

小东东是我们家邻居的孩子，她家住一楼，我家在三楼。小东东的爸爸是个干部，妈妈是护士，但他们一直未能生育，在他们即将步入晚年的时候，得到了一个女孩，她就是小东东。

小东东的爸爸妈妈是双职工,又没有育儿的经验,于是想到了自己的邻居。

妈妈离开了铁路部门以后一直没有工作,小东东的妈妈来跟我妈妈商量,想把女儿寄养在我们家。妈妈是个很要面子的人,她怎么肯去当保姆?她当然不答应。后来经不住小东东妈妈的一再要求,她才答应帮她带几天,让她赶紧去找人。直到很久以后妈妈才告诉我们,当时她接受了小东东,是因为她看到这个小女孩长得漂亮,她有点舍不得了,再说,当时家里很困难,毕竟有点收入可以补贴家用。

从此,小东东成了我们家庭的成员,成了我们家最受人疼爱的小妹妹。

妈妈对小东东倾注了全部的爱。在我们家,小东东的东西,无论是吃的、穿的、玩的都是专列的,谁也不能染指。每当吃饭,妈妈总是先把小东东喂好了,才来安排我们。每天晚上,她总是抱着小东东,哼着歌让她入睡了才放进摇篮。冬天,只有小东东的被窝里有"汤婆子";夏天,她会摇着扇子哄她入睡。只要小东东一哭,她一定会放下手里的活,抱起她来又亲又吻,直到她破涕为笑。有一次,我一个人在家,小东东突然哭了,我抱起她哄了哄,她不哭了,可一放下她又哭了。接连几次,我有点不耐烦了,赌气地把她放在床上,任她去哭。不知什么时候,妈妈回来了,她冲进屋里,也不知道为什么,小东东一见到妈妈就不哭了。我很委屈,申辩了几句。妈妈大怒,把我痛骂了一顿,教训我做人要将心比心:"要是大妹(我的妹妹小名叫大妹)这么哭,你也不管?"

是啊,这就是一个母亲的心,这颗心无私、博大,不能不使你的灵魂为之震颤。

妈妈一直把小东东带到读小学。其实那时候妈妈已经把小东东当成了自己的孩子。每到给妹妹买东西，添衣服时，她一定不会忘记小东东，家里有好吃的，她一定留出来给楼下送去。她是动了真情。

后来，小东东家搬走了。再后来，妈妈再也见不到小东东了。可是她却一直在想她，总是说："不知道东东现在怎么样了？"那神情，恍惚得使人心酸。

妈妈和爸爸是自由恋爱的。爸爸年轻时一表人才，像妈妈这样从大上海出来的姑娘会看上他，而且不顾家庭的反对坚决要和他结婚，一定是有她的道理的。可是妈妈做梦也不会想到，她嫁给了一个给她带来终身灾难的男人。

如果事先知道结果，她会后悔吗？

妈妈从来没有后悔过，她默默地忍受着他所给她带来的一切，幸福、苦难、屈辱、贫困和一身才华的空耗。

小时候，爸爸妈妈从来不对我们讲爸爸的"问题"。爸爸给我们的印象是沉默寡语，一年忙到头，总是在外面跑车（爸爸是列车行李员，常年跟车出外），难得见到一面。妈妈维系着这个家，不让我们有丝毫与别人家的孩子不一样的感觉。是因为太小不懂事？还是因为她不忍心让我们太早承受不该承受的压力？这种种被妈妈巧妙掩饰起来的"正常人家"的假象终于在我念初三的时候给戳穿了。

从小学到中学，我一直是少先队的大队长。可是进入中学以后，我却迟迟入不了团。看到同学们一个接一个地入了团，作为学校学生会干部的我，心里总有点不平衡。到了初三，团组织终于找我谈话了，要我填一张表，并指着"家中有没有人参加过反动组织"这一栏,要我如实填写,不得隐瞒。这时,我才知道爸爸是"历史反革命"。那天晚上,爸爸对我讲了他的历史。我大吃一惊,像是被人用棍子在头上狠狠地击了一下,头晕眼花,天旋地转。爸爸是"阶级敌人"!我不敢相信,却又不得不接受这样的事实。我心里充满了对爸爸的怨恨,我真懊丧为什么会出身在这样的家庭。

爸爸跟我谈话的时候,妈妈悄悄地退出了屋子,把门轻轻地扣上了。她把弟弟妹妹们挡在了门外。那天,妈妈总是不停地打量着我,生怕我会出什么事。一连几天,家里的气氛都很紧张。直到我告诉妈妈,我入团了,妈妈才如释重负地开始有说有笑。

我经受了人生中的第一个重大打击,从此,也对父亲产生了一种莫名其妙的怨恨和疏远。我开始独自面对爸爸所带给我的种种磨难,只有妈妈的体贴使我感到一丝温暖。可是不知为什么,每当我心情不好的时候,总会看到妈妈那一双恍惚的眼睛,那眼神分明告诉我:"儿子,对不起你呀。"她没有抱怨过我,更没有责怪过我,可是这眼神总能激起我的勇气和毅力,我越来越相信当我在入团时同学们对我讲的那句话:"人的出身是不能选择的,但人的前途是可以选择的。"

我要选择自己的前途。第一步,我要尽早离开这个家。所以考取大学以后,我发奋读书,我拒绝了一切社会活动和社会工作,甚至我酷爱的体育和文艺活动,一心只读圣贤书。我知道像我这样的人,政治上是没有前途了,唯一的出路是读好书,在业务上谋发展。那时候,电话还没有普及,学校又离家很远,我不常回家,妈妈就给我写信,有时候她还会突然到学校来看我。但是我几乎不给妈妈回信，好像这样就算是跟这个"反动家庭"划清了界限。

大学毕业后，我去了浙江省军区乔司农场。我总觉得这时有一种彻底摆脱了家庭的快感。一到乔司我们就领到了工资，足足有二百多元，这在当时实在是一笔天文大数（第一次发工资，把积欠了几个月的工资一并发给了我们）。我只给自己留了一个月的伙食费，其余的全部寄给了妈妈。妈妈很快就给我来了信，她说，她从来没有见过这么多的钱，现在可以还债了，可以给大妹置办插队落户的衣物了。从妈妈的信中这才知道，本该留在上海的妹妹也被逼走了。我无限悲愤，把一切怨恨都发泄到父亲的身上，我认为，这都是爸爸造成的。想到自己未卜的未来，我在激愤中给妈妈写了一封措辞很激烈的信，信中其实只有一个意思：谁让我们有这样一个父亲？

过了很久，我才收到妈妈的回信。那是一封怎样的信啊，满纸的泪痕伴着一腔的痛楚，她说：你的每一封来信爸爸都抢着看，他知道对不起你，所以格外地关心你。可是这封信我不敢给他看，我怕他受不了。你不能这样对待你的父亲，他的事不是他的错。

是妈妈的这封信使我第一次受到了一种良心上的自责，促使我不能不认真地思考自己对父亲的态度。我知道自己错了，但却没有勇气去面对父亲，我暗暗地想用行动去弥补我对父亲的歉疚。

"文化大革命"结束后，爸爸的历史问题彻底解决了。可是，他却老了，退休了。每当见到爸爸，我总想表现出一个儿子对父亲的温存，但是我与父亲之间已经有了一种大家都很难直面的隔膜,抑或他还始终觉得有愧于这个儿子。所以,我们之间很难有比较亲密的交流。他有什么事也不会对我说,而是通过妈妈转达给我。

有一次,妈妈对我说,你爸爸想到武夷山去看看老祖宗的墓。那时,我很忙,听过就过去了,并不在意。过了一年,妈妈又一次对我说,爸爸想去武夷山,还要我邀上南京的堂姐堂哥和福州的叔叔和堂妹堂弟们一起去。我依然很忙,根本抽不出时间来,想再拖一拖。可是妈妈说,你爸爸这几年老得很快,身体也大不如前,他好像有什么事要交代,你一定要带他去一次,不要再伤他的心了。我这才意识到问题的严重性,赶紧跑回家,看了爸爸。我"突然"发现,爸爸已经很老了,而且身体也很虚弱了。

2001年春节,我们这个大家族的所有朱氏子孙和朱家的媳妇齐聚武夷山,到了黄坑老祖宗的墓地举行了一个隆重的祭奠仪式。那天下雨,爸爸在文公的墓前长跪不起。后来妈妈告诉我:"你爸爸说,总算生了个好儿子,让他在有生之年亲自到祖宗的坟前磕了头。"当天晚上,爸爸在宾馆召开了一个家族会议,他说,南京的大伯伯去世得早,现在他是这个家族的老大,他有责任提醒我们:不要忘了自己是朱文公的后代,不要忘了文公家训。

爸爸从小就有一种少爷脾气,除了上班,家里的事是什么也不干的,全靠妈妈把他服侍得舒舒贴贴。他在上班的时候还情有可原,太辛苦了,妈妈也舍不得他回家还要受累。可是退休了,他依然故我,看报、看书、看电视成了他的工作。每天早餐后,他就开始看报,一张接一张(我给他订了很多报纸),报纸看完了看杂志,一本接一本,杂志看完了看书,书看完了看电视,直到屏幕上打出"再见",他才睡觉。说起爸爸的"表现",妈妈气得"咬牙切齿"。我们就笑她:"都是你自己惯的。"她气归气,服侍归服侍,照顾爸爸,服侍爸爸已经成了她的生活方式,爸爸去世后,她反而觉得闲得慌了。

但是有一件事,妈妈对爸爸始终耿耿于怀。

爸爸退休以后开始写回忆录。他写得很认真,很投入,有时候简直是废寝忘食。我的妹妹和小弟弟看过他的回忆录,告诉我,爸爸的回忆录很精彩,好多事情他们都不知道。后来,妈妈开始读爸爸的回忆录,读着读着她就来气了。原来,爸爸的回忆录里竟然一句话也不提妈妈。妈妈非常愤怒,他说:"我嫁到你们朱家,没有功劳也有苦劳,你写回忆录就好像没有我这个人!"爸爸总是笑笑,说:"还没有写完,还没有写完。"

可是,爸爸终于还是没有把他的回忆录写完就去世了。

现在,小弟弟保管着爸爸的手稿,不敢给妈妈看。但是妈妈却不放过这件事,老是对我们说:"我嫁到你们朱家,就没有过过一天好日子,你爸爸不把我当人。"爸爸去世后,我们准备为他买墓地,想买一个双穴。母亲一听冲着我们大喊:"不行,我不和他埋一起,活着受他的罪,死了还要去受罪?"我们知道她这是气话,决定瞒着她把双穴买好。原本不想告诉她,可她说什么也要亲自去看一看"你们把爸爸埋在哪里"。我们只好带她去看,她却一点也没有反对的意思。

我们都知道,尽管妈妈怨恨,但是爸爸始终在她的心里。

2006年3月1日爸爸离我们而去。爸爸的最后二十年也许是他一生中最幸福、最无忧无虑、心情最舒畅的二十年。

可是如果没有母亲，他能坚持到最后的幸福吗？

妹妹告诉我，在"文化大革命"最艰难的时候，爸爸在肉体上不断受到各种摧残，被折磨得骨瘦如柴，但是最不能忍受的是在人格上所受到的侮辱和践踏。有一段时间，他的精神已经彻底崩溃，他已经失去了对生命的最后一点眷恋。是妈妈的爱和乐观鼓励了他，是妈妈的坚强和忍耐支撑起他继续生活下去的勇气。她用她的温柔和体贴抚慰着他枯焦的心灵。她告诉爸爸，咬咬牙，苦难总会过去。她告诉爸爸，这个家不能没有他，如果他死了，将会给这个家带来更大的苦难。

其实，在那种情况下，爸爸的活着要比死更难。死了，也就解脱了，可是活着却每日每时要经受从肉体到精神上的摧残。他是在为他的家庭和孩子们下地狱啊。在那个时代，一个"反革命"的"畏罪自杀"可能给他的亲人带来的严重后果，是生活在今天的人们无法想象的呀。

父亲死后，我用古文为他写了一篇祭文，刻在他的墓碑上。这篇祭文记下了一个时代的悲哀，也刻下了一个不懂事的儿子的忏悔。

妈妈今年八十四了，除了耳朵不好，她活得很健康、很自在。她本该百事不管，好好享享清福了，可是她却又为孙子孙女们操心开了。大孙子在美国留学，她不放心他一个人，没人照顾，又为他女朋友的事烦心，还批评儿子不该干涉孙子的恋爱。孙女喜欢上网，晚上不肯睡，她就不停地唠叨，直到唠叨得孙女下网为止。孙女在网上交了一个男朋友，不知怎么让她给发现了，她竟然把那个男朋友的信给截住了，自己回了一封信，把对方狠狠地训斥了一番，吓得人家就此消失。在里弄里,遇到不平事,她依然喜欢出头打抱不平,看到不顺眼的人,她照样把人家损得下不了台。

妈妈其实还没有老。

2007 年 6 月 9 日定稿

(原载于《永远的爱——著名作家忆母亲》,上海远东出版社,2007 年 10 月)

朱昌均与韩中两国的民间文化交流

朱昌均先生,韩国著名企业家,1921年11月7日出生于平安北道朔州九曲面新安洞147番地。1942年(21岁)毕业于日本山口大学,1946年任平壤工业大学金属加工科教授,1949年任产业省金属工业管理局技术部部长、黄海制钢所所长,1951年韩国战争爆发,南下任釜山金属工业株式会社影岛工厂厂长。1952年创立新生金属工业社,1955年创立新生产业株式会社(后改名为日新产业株式会社、日新制钢株式会社),先后创建仁川工厂电气制钢炉工厂、仁川工厂中径钢管厂、连续电气锡镀钢板厂、釜山小型造管机厂。

在从事钢铁制造业的同时,昌均先生有多项发明和设计开发,如:开发成功韩国自主设计制造的铁路轨道,设计成功并投产黄钢板、钢精板工厂,设计成功溶解炉、板压延机、食品制造机、压延镀板工厂,成功开发火车头锅炉管、油井管(并向美国出口),发明连续造管机。

昌均先生曾任韩国科学技术总联合会委员,元老科学技术咨询团委员,韩国商工部钢铁咨询委员,首尔劳动委员、中央劳动委员、和平统一咨询委员,韩国钢铁协会会长,大韩商工会议所副会长,大韩橄榄球协会会长,亚洲橄榄球协会会长,世界童子军亚洲理事会会长。

由于其杰出贡献,昌均先生曾荣获大统领表彰、银塔产业勋章、金塔产业勋章、科学分部门发展有功国民勋章、冬柏章、大韩民国体育功劳赏等。

昌均先生一生为振兴韩国的钢铁工业而奋斗，同时他也时刻不忘文化、教育和各种公益事业。

1974年，他全额捐赠创立玄松文化财团。在财团成立庆典上他有一个致辞，他说："我们民族曾有过像高句丽那样的强国时代，然南下之后国势衰微，以至于近代受制于强国，但是我们民族仍然具有优秀的品质。由于韩国国土狭小、天然资源不够丰富，因而还没能成为工业化的发达国家。但是我们这一代人做不到的事，要传给下一代青少年，指望他们。因此，人才培养事业是我们的希望、具有深远的历史意义。"这是他创立玄松财团的初衷。他规定了财团资助的重点：一、对国家、社会有益的人才培养的奖学项目；二、优秀学者的学术研究项目；三、培养"橄榄球精神"及运动的项目。他说："本财团为优秀学生颁发奖学金是无条件的，获得奖学金的学生不必对本财团表示感谢或者做出回报。财团所希望的是他们能成为国家、社会的优秀人才就够了。如果真的想做出回报，就帮助别人吧。"在财团的奖励项目中，他还专门设立了"玄松工学奖、"玄松朱子学奖"。

（一）

朱昌均先生是中国南宋大儒朱子（熹）的第三十三世孙，他对朱子和故土始终怀着一种深深的眷恋和感怀之情。1973年，在昌均先生的统领下，散布在全国各地的"新安朱氏宗亲"整合为韩国统一的朱氏宗亲组织——"韩国新安朱氏中央宗亲会"。昌均先生被全票推举为会长。在他的领导下，新安中央宗亲会增进了韩国各地朱氏宗亲和旅日的朱子后裔们的交往和联谊。宗亲会积极筹措资金兴办各种社会公益活动，把"紫阳世家"好学力行、重仁义、尚气节的优良家风推向社会。同时，他们在朱子后裔入韩一世祖的墓地——韩国光州南部的绫州建设了一座规模壮观的朱子庙。每年的5月5日，韩国全国的朱氏宗亲们都会聚集在这里举行盛大的祭祖大典。祭礼完全按照《朱子家礼》进行，隆重、庄严、典雅。进入八十年代，韩国的经济实现了起飞，这时的昌均先生开始积极酝酿和谋划回先祖的故乡拜祖认宗。他认为，朱子的思想、学说不仅仅属于中国，它也是韩国人安身立命的根基。当时，韩国的经济已经步入亚洲领先水平，伴随着物质富裕的却是道德、伦理的坠落。他敏锐地指出，朱子的思想是医治西方现代病的良药。所以，他要带领韩国的朱氏宗亲们，回故土寻觅先祖的智慧和力量。但是，当时的中韩还没有建交，他只能等待机会的出现。

1990年，中国的改革开放已经拉开帷幕，中韩建交的谈判也在紧锣密鼓地进行。恰在此时，在福州、武夷山召开了一次盛大的纪念朱子诞辰860周年国际学术研讨会。来自中国大陆和世界各地的朱子学学者近千人参加了这一盛会。昌均先生果断地抓住这一时机，组成了由二十余人组成的韩国新安朱氏中央宗亲会代表团赴福建与会。当时中韩建交谈判尚在进行中，所以韩国人还无法直接进入中国。在昌均先生的带领下，他们克服重重困难，借道香港，转机上海，辗转福州，然后从福州坐长途汽车到达先祖的故土建阳。到达建阳后，他们不顾旅途劳顿，直奔朱子墓地。建阳多山，那一天又是大雨滂沱，山路崎岖泥泞，但这一切丝毫不能阻挡韩国朱子后裔们的思祖之情。到达墓地后，二十余人在风雨中长跪不起，放声痛哭。昌均先生面对祖坟痛泣致辞："子孙不孝，这么多年第一次回来看祖宗。这大雨，就是我们韩国十五万朱氏宗亲的眼泪。"他们在墓地按照韩国的祭祀仪式摆上从韩国带来的香、酒等祭品，行三拜九叩大礼，整个过程长达一个多小时。他们对祖宗的虔诚不二之情，深深地感动了所有在场的陪同人员，无不为之动容、落泪。

韩国宗亲的来访，打开了中国内地朱氏宗亲与海外宗亲交往的全新篇章，开启了世界范围内朱氏族裔们友好往来、亲睦团结的光辉历史。

饮水思源，回国以后，昌均先生发起动议：为朱子墓地捐建一座"思源亭"，借以表达韩国朱氏宗亲饮水思源、不忘祖德的深情。现在，我们可以看到在黄坑朱子墓地的山坡下，一座金黄色琉璃瓦盖顶的六角亭，亭楣上悬挂昌均先生手书"思源亭"三个大字。在亭前的一方石刻《碑记》上写道："世代不忘考亭世泽，特返故乡，寻根祭拜先祖，立碑建亭，以表永怀祖德之情。"

自此以后，昌均先生每年都会率团来武夷山祭祖，从未间断。1992年清明，在例行的祭祖仪式后举行的国内外朱子后裔恳谈会上，与会的朱子后裔们提出了组建世界朱子后裔联谊会的建议，由于昌均先生每年都以团长身份带团来访，给中国宗亲们留下深刻印象。他的赤子情怀、远见卓识、宽广胸怀，已经在世界各国的宗亲之中形成了巨大的威望和亲和力，大家一致推举并恳请他能出面领导并筹组这一世界性的民间团体。当时昌均先生非常谦虚，一再推辞。但是，各国宗亲，尤其是中国国内的宗亲们认为，此事关系重大，昌均先生具有丰富的国际社团的领导经验,是不二人选。昌均先生回国以后,国内宗亲们继续以各种方式表达对他的信任与厚望。昌均先生终为世界各国广大朱氏宗亲的诚意所感动,允诺出面负责筹备事宜。经过整整一年的联络、协调,1993年5月5日至7日,来自韩国、中国、马来西亚、新加坡、日本、美国等国家和地区的朱氏宗亲代表聚首首尔,共商建立全世界朱氏裔孙们的共同组织的大事。

在讨论团体名称的时候,昌均先生有一段重要的讲话。他建议以"世界朱氏联合会"取代原先拟定的"世界朱子后裔联谊会"。他说:"全世界的朱氏,不论何派何系,都起源于一个共同的祖宗,我们应该最大限度地团结全世界所有的朱氏,来为我们共同的目标奋斗。我们的目的是求得全球一切朱氏的大团结,而不是一派一支的小团结。"他的讲话受到与会代表的一致赞同和拥护。5月6日,世界朱氏联合会在首尔宣告成立,昌均先生被一致推举为首任会长。

在会长任上,昌均先生为世界朱氏联合会建章立纲,以保证这个组织能在正确的轨道上运行。他特别强调,世界朱氏联合会不能只是单纯的宗亲联谊,它应该有两个轮子,缺一不可。一个轮子是宗亲联谊,另一个轮子是朱子文化的学习、建设与推广。在他的领导下,世界朱氏联合会专设了"朱子学专科委员会",负责在全球范围内推广朱子思想、推动朱子学术的研究。在中国国内,他与国内知名的朱子学学者建立了良好的私人联系,与一些高校和研究机构开展了合作。

根据联合会的章程,每三年举行一次世界会员大会,轮流在世界各国举行。迄今已先后在中国大陆、中国台湾、韩国、菲律宾、马来西亚、新加坡等地举行。每到一地,世界朱氏联合会就把朱子学和中国的传统文化带到那里，讲学、展览、高端论坛及文艺表演，丰富多彩，影响广泛，深受当地民众的欢迎。

昌均先生非常重视朱子学的学术研究，把它作为世界朱氏联合会坚持不懈与着力推动的重点事业。

世界朱氏联合会推动朱子学的研究主要从四个方面入手：

一、作为朱子学研究的推动者，世界朱氏联合会主要扮演后援的角色，当好组织者、联络者与资助者。

二、举办固定与不固定的、各种学术层次的学术研讨会。

固定的学术研讨会有：（一）每年一次的两岸四地朱子学学术研讨会。每年在大陆的福建、安徽、江西与台湾轮流举行，至今已举办了六年之久。（二）每三年一次的高端与普及相结合的学术报告会。举办期一般在世界会员大会召开时。曾经出席演讲的有陈来、黄俊杰、杨儒宾、李明辉、杜维明、朱汉民、朱杰人等。

不固定的学术研讨则视情况而定，如朱子的诞生日、有关朱子学术活动的重大纪念日等。如 2000 年在马来西亚举行的"朱子学国际学术研讨会"、2003 年在吉隆坡举行的"儒为商用朱子格言"讲座会、"孔子和朱熹——儒学的过去与未来"座谈会、2010 年"朱子文化与东南亚社会"研讨会、2011 年 10 月在台北举行的"全球化时代视野中的朱子学及其新意义"学术研讨会、2012 年 5 月在美国亚利桑那州州立大学举行的"朱子经学及其在东亚的流传与发展"国际学术研讨会，等等，几乎每年都有，十分活跃。

三、资助与组织出版朱子学的各类著作、刊物。如《朱子全书》、《朱子文化》杂志、《朱子格言精义》马来西亚版、

《朱子研究论文选集》、《朱熹传》,等等。

四、与世界各国的朱子学学者的广泛联络与合作。世界朱氏联合会已经建立了与世界各国著名的朱子学学者联络与沟通的机制与管道。通过与各国学者的密切联络,世界朱氏联合会能够非常适时地了解和把握世界各地朱子学研究的现状和动态,并尽可能地为他们的研究提供协助。

昌均先生特别关注中国大陆的朱子学研究和推广。我本人就受惠于他的资助,不但完满地完成了《朱子全书》和《朱子全书外编》的编修出版,每年还能得到他特别提供的研究资助。晚年,他罹患癌症,在病中,他还特意捐资建立了朱子学的研究基金。

世界朱氏联合会的章程中把修复朱子遗迹作为自己的神圣使命。昌均先生带头践履,除兴建了"思源亭"外,他还带头出资修复了朱子母亲祝氏夫人的寒泉墓园,为建阳市政府修建了文公庙。

昌均先生历任三届世界朱氏联合会会长,1999年他因年事已高主动辞去会长一职。

为了表彰他对世界朱氏联合会的巨大贡献,2006年世界朱氏联合会决定授予他终身荣誉会长的称号。我代表联合会起草了《关于授予朱昌均先生世界朱氏联合会终身荣誉会长的决定》。全文如下:

> 宗先生昌均,世居大韩,系出名门,乃文公第三十三世裔孙。先生少年有为,负笈东瀛、游学欧美,学有所成,名列前茅。英年投身实业,筚路蓝

缕，为振兴韩国钢铁工业建立奇勋。壮年事业大成，如日中天，乃涉足文化教育事业，关注社会公益事务，设基金而兴学，捐巨资以行义，名扬四海，望重五岳，历任诸多国际组织魁首，深得民众爱戴。

先生敬祖爱宗，一向热心于宗族事务。任韩国中央宗亲会会长多年，鞠躬尽瘁，多所建树。先生身在大韩，心系故土，长念寻根问祖，亲祭祖陵，以了却韩国壹拾伍万朱氏宗裔百年来心悬神往之夙愿。公元一九九〇年，时在丙午，季当暮春，先生毅然冲破中韩外交阻隔之藩篱，率团历经艰难，辗转来到建阳之黄坑，望祖陵而长跪，抚墓碑而泣涕。是日也，日月为之失色，山河为之动容，苍天为之下泪。

先生之尊祖也，不以一私，不为己欲，常志存高远，图谋寥廓，为天下苍生之福祉，建万世太平之基业，奠社会持续发展之宏基，力倡弘扬先祖之遗德，推动朱子学术之研究，如铁肩之担道义，犹振聋而发聩，其功也巨，其志也壮，其精神也可歌而可泣！

公元一九九三年，先生受全球朱子后裔重托，组建世界朱氏联合会，定制度，立章程，构组织，筹资金，殚精竭虑，运筹谋划，终成大业。世界朱氏联合会之有今日也，先生居功为最！全球朱氏念先生之德，感先生之绩，又以先生之组织与洞察能力，推举先生为会长，连续三届，一致拥戴。先生亦不负众望，带领全球朱族亲睦团结，共同发展。

然月有盈仄之规，时有四季之替，先生以年逾八秩，不复有旺盛精力主持族政，然卸任以来，依然以满腔热情关心族群，支持会务。呜呼！先生不以桑榆之年为晚，其贡献于族人者多矣，富矣。当此衰暮之年，爱之者，当卸其重负，继往而开来。敬之者，应慰其劳苦，释其挂念，使其颐养天年。则乃大爱也者，大敬也者欤？

为表彰宗先生之不朽贡献，我等以世界朱氏联合会及全球朱氏之名义，谨授予先生世界朱氏联合会终身荣誉会长之光荣称号！

二〇〇六年三月六日

（二）

朱昌均先生是位非常成功的企业家和科学家，他的专业是金属冶炼、成型及相关机械设备的设计与制造。但是他对人文社会科学也同样有着过人的领悟力和独具只眼的深刻见解。他多次指出，现代社会在经济高速发展的同时带来了诸多弊病，而消解这些弊病的良药就是东方的文化和智慧。他尤其推崇朱子的学术思想，并以传播和弘扬朱子学为己任。

2000年在第四次世界代表大会的开幕词中他说："我们的祖先朱文公是孔子、孟子的正统继承者，并以朱子学成为宋代学术的集大成者，是伟大的思想家、哲学家、教育家、科学家。"这里，他明确指出了朱子是儒家道统的继承者，是儒学之正统。值得注意的是，一般说来，朱子的思想家、哲学家、教育家的定位是毫无疑义的。但是，他指出朱子还是一位科学家。这一定位其实很多人并不知晓。

接着，他又说："朱子学曾经由高丽传至日本，并被推广为两国的国学，最后成为中、韩、日三国传统文化的基础。不仅如此，以理气二元论展开、形成的朱子理学与苏格拉底创造的、柏拉图建立的、亚里斯多德和康德完成的西洋哲学相比，显得更为深奥，得到更优异的评价。"昌均先生在这里强调，日本朱子学是由韩国传入的。这一观点他多次对我提到，并以之为豪。他又指出，长期以来，朱子学一直是韩国和日本的主流思想和学术，是"国学"，是两国传统文化的"基础"。对朱子学在世界文化、哲学中的地位，他做了比较，他认为，朱子学较之西方哲学，更具有哲学的深度，因而更"优异"。

2008年，在世界朱氏联合会第七次代表大会上，他说："加强对下一代年轻人的教育是朱氏联合会成员非常重要的历史使命。这也就是之所以要建立世界朱氏联合会体制的原因。"他指出："首先应该做好朱子'规范论'、'道德论'和'实践论'的学习；把朱子思想的真髓发扬光大。"他特别重视《朱子家训》，号召朱氏族人认真学习、踏实践履。在他的倡导下，世界朱氏联合会的每次会议，无论大小，无论场合，第一项议程一定是全体起立诵读《朱子家训》。这已经成为我们的一个传统。对《朱子家训》，他有着自己独特的理解，他说："我想再一次强调《朱子家训》，这是伟大的哲学思想，我们能从中树立人生观，这是为全世界准备的。"（2006年在世界朱氏联合会第十七次运营委员会上的开幕词）"这是为全世界准备的"，这句话他在多个场合说过：《朱子家训》并不是只为朱家准备的，同时也是为全世界的人准备的。"

（2008年在世界朱氏联合会第七次代表大会上的开幕词）其实，这就是昌均先生的"普世价值观"。

2010年，马来西亚吉隆坡孝恩园建成了刻有中英文《朱子家训》的大理石石碑，7月3日举行了隆重的揭幕典礼。马来西亚的首席部长许子根先生出席典礼并为刻石揭幕。在这一盛典上，我应邀作了一个演讲，全文如下：

> 今天我有幸参加这样一个隆重的典礼。我看到了一个设计精美、大气、典雅、庄重的《朱子家训》大型石刻。这是全世界第一座《朱子家训》的石刻，就是在朱子的故国，目前也还没有这样的碑刻。
>
> 作为朱子的裔孙，作为一个朱子学的学者，我为朱文公的话语能够在异国他乡被勒石传世而感到无比的感动和自豪。但是，现在的我，心中更多的则是对马来西亚朱子后裔们、对马来西亚文化学术界的朋友们、对马来西亚的企业家们、对马来西亚的政府官员们的钦佩和尊重。因为，是你们真正认识到了《朱子家训》的不朽的价值和伟大的意义。
>
> 《朱子家训》原本是我们朱氏家族内部的家族文献，它被收录在我们的族谱和家谱之中，作为朱氏族人为人处世的圣经。按照传统，它一般是不对外族和外人展示的，更不能作为对外人的道德伦理要求。但是，时代在进步，人们的观念也应该进步，我们发现了这部家训伟大的现实价值，我们觉得，这么好的东西决不能朱门一家独享，它应该让全中国乃至全世界的人们共享。所以我们把它公诸于世，

并通过各种途径，利用各种方法予以介绍、讲解、弘扬。今天的典礼就是我们长期以来不懈努力的一个美好的结果。

稍稍了解一点中华传统文化的人都知道，中国还有一个很著名的"朱子家训"："黎明即起，洒扫庭除"。但，这并不是《朱子家训》，它的正确的名称是：《朱伯庐治家格言》。这是一个明代人的作品，据说他也是朱子的后人，但它的"格言"讲的是人的行为规范，决不能和《朱子家训》同日而语。如果打一个比方，《朱子家训》是宪法，而《治家格言》只仅仅是一个具体的条法，如刑法、民事法。他们的高度和内涵是完全在两个无法比拟的层次上。

《朱子家训》短短三百一十七个字，但是它却给出了"人之所以为人"的基本底线。这是一条非常清晰而可以执行的红线，越过了这条线，你就不配被称作"人"了。

不仅如此，《朱子家训》还告诫我们如何才能成为一个有道德的人、一个高尚的人、一个有修养的人、一个文明的人。它教导我们的宽容、包容、内敛、内秀及严于律己、宽以待人的美德，彰显了中华文化无比宽广的胸襟和卓尔特立的价值观。

长期以来，西方文化不停地宣扬和推行他们所谓的"普世价值"，那就是"民主"、"自由"、"人权"。诚然，这是一种"普世价值"。但是，我们中华民族有没有可以贡献给人类的"普世价值"呢？我以为，《朱子家训》就是具有普世价值的人伦观、修养观、道德观、社会观和"人之为人"的基本价值观。《朱子家训》被公诸于世，短短的二十余年，迅速地被社会大众所认同、所接受，并传播到世界各地，被称作中国人的人生法典，足以证明它的价值是具有普世意义的。今天我们见证的发生在马来西亚的这一幕已经为此做了最有力的佐证。

所以，马来西亚朋友们的这一盛举，其意义非同一般，其必将被载入人类文明史的史册。

我的话完了。谢谢大家！

在这篇演讲中，我正式提出了《朱子家训》的普世价值。显然，这是受到了昌均先生的影响和启发。

在昌均先生的大力推动下，世界朱氏联合会在世界范围内传播《朱子家训》。在马来西亚，举行过《朱子家训》书法展，举行过上千名中小学生们同场默写《朱子家训》的大赛；在菲律宾举行过《朱子家训》的歌舞表演；在台北，教师合唱团的《朱子家训》合唱被不断邀请到中小学演出。在中国大陆，《朱子家训》更成为家喻户晓的经典。我们把《朱子家训》翻译成十一种文字，并请作曲家谱成两种不同版本的歌曲，供人们传唱。我编著的《朱子家训》一书竟成了畅销书。

昌均先生对朱子学有自己独特的理解。他经常与我讨论朱子学，把他学习朱子学的体会与我分享。1999年6月，他发了一个传真给我，谈了自己读朱子著作以后的体会：

文公思想，永垂不朽。

开愚启蒙,昭如日月。
理气二元,居敬专一。
格物穷理,省察忠恕。

常常惺惺,其心收敛。
整齐敬肃,虚心黾勉。
《家训》垂范,《家礼》薪传。
裔孙其远,千年万年。

注释:1. 理气二元是永垂不朽的真理也。

2. 朱子学是格物致知而探究其一惯性的原理。为穷理、存养、省察、忠恕四者的要点是居敬专一。

3. 穷理:(1)究明天理而明自我的道理。(2)博学、审问、慎思、明辨四者所为穷理也(朱子《白鹿洞教条》)。

4. 虚心:有主即实,无主即虚。

他说,"理气二元,居敬专一","格物穷理,省察忠恕",是哲学思想。"常常惺惺,其心收敛","整齐敬肃,虚心黾勉",是居敬姿势。

可以看出,昌均先生对朱子学的认识已经不是一般人所能企及的了。

更难能可贵的是,他读朱子的书并不是停留在书本上,而是亲身践履。他为自己的家族制定了三条家训:

一、以自身教养激发知性、品行与感性的萌生和发展。始终保持正直、诚恳、勤奋和谦逊的品质，以"礼"作为生活的信条。

二、在群贤并存、逐鹿的新时代，要成为先行者。凭借未雨绸缪的分辨洞察能力，和优秀的创造、行动能力来实现自己的目的，以求在激烈的国际市场经济体制中立于不败之地。

三、于世风轻薄之时保持立身端正，以严谨的伦理道德观、人生观和世界观提高自己的修养，使自己成为受人信赖的人物。

如社会伦理纲纪出现松懈，则会导致人民的良莠不齐；特别是我国还是人口稀少、资源匮乏的弱小国家。我们尤须不断省察，修正自己，并不断加以合理改革。长此以往，我们的社会也将得到发展，我们必能成为不屈人后的优秀文化国家。

昌均先生的家训与《朱子家训》是一脉相承的，只是，他已经与时俱进地把很多现代元素融入其中了。

2006年，85岁高龄的昌均先生不幸罹患癌症。但是，他对自己的病和人生的生死表现出一位儒者的旷达和"存，吾顺事；没，吾宁也"的圣贤气象。

2006年5月15日的传真中，他说："我的人生哲学是'生死是运命，最善之策是顺从于天'。我已经超过人均寿命十年了，现在心境感谢又感谢于天。以医师的治疗延长寿命，是小技于天，即不顺从于天。因此我希望正常生活，两三年的正常生活,比治疗疾病而延长五六年寿命的副作用生活,是更好的人生,勿论要健康管理和休息。"在传真中,他还表达了不愿给子女增加负担的意愿,并阻止我们去首尔看望他。

2012年12月29日,昌均先生与世长辞,终年91岁。

(三)

朱昌均先生的一生,与中国,与武夷山,与中国的朱子宗亲们结下了不解之缘。由于他的努力,中国的朱氏宗亲们也与韩国的朱氏宗亲们结下了不解之缘。

中国的朱氏宗亲、南平市和武夷山地区的民众对昌均先生怀有非常深厚的感情。谈到朱子文化的建设,几乎绕不开朱昌均这个名字。他不幸去世的消息传到国内以后,人们自发地举行追思会、座谈会等活动纪念他,缅怀他。《朱子文化》杂志2013年第3期专门编发了纪念他的专辑。为此,我特为撰写了一篇悼文《哭昌均》,谨录如下,以为本文的结尾:

> 二〇一二年十二月二十九日,时在壬辰年壬子月甲子之日,世界朱氏联合会永远荣誉会长朱公昌均沉疴不起,大行而去。
>
> 呜呼!是日也,日月不光,万物悲鸣。哀我朱氏痛失栋梁,悲我族人诀别导师。世界和平丧巨子,人类文明坠辰星。呜呼痛哉!虽有百身,难起九原,泪如长河,倾注东海!
>
> 公生于乱世兮,长于危难;背负东方文化复兴之大任兮,肩挑国家民族兴亡之重担;偊偊而前行

兮，百折其不挠；其功如泰山之巍巍兮，其德垂万世而不黯！

及公手创世界朱氏联合会，定章立制，创业垂统，其燕翼贻谋之远虑，其戒定律范之智慧，泽被裔胄，惠及子孙，虽万世而不可祧。公曰："宗亲联谊与学术文化者，乃联合会之两轮，偏一而泥阻，缺一则车毁，可不慎哉！"公曰："先祖文公乃以文立身，以学传世。作为子孙，当读其书，传其道，承其文，卫其学，此乃'斯文不可不敬'之要义也。弃之、忘之、轻之、忽之，岂非不肖子孙耶？其罪大矣！"呜呼！而今之世，黄钟毁弃，瓦釜雷鸣，吃喝玩乐者嚣张，左右望而市利者横行，斯文扫地，学术贬损。有识之士亟望公其再世，拨其乱而反其正。

昔者，稼轩哭文公曰："所不朽者，垂万世名。孰谓公死，凛凛犹生！"

今者，愚等哭昌均公则曰："承先祖之道统者，不朽垂名！继宗族之文脉者，虽死犹生！"

朱杰人　　顿首再拜
二〇一三年二月二日于沪上桑榆匪晚斋

2018年5月1日于沪上桑榆匪晚斋

台湾学者林庆彰

"请问,林庆彰先生在家吗?"

从电话的另一头传来一个慢条斯理、从容不迫、浑厚而平静的声音:"我是林庆彰……"

这就是林庆彰?这就是那个咄咄逼人、锋芒毕露的林庆彰?我有点不相信自己的耳朵。但电话中的声音却确凿无疑。我想起了他的学生对他的评论:"温文尔雅"。于是我有幸见到了另一个林庆彰,一位温文尔雅的君子。

林庆彰先生是台湾"中央研究院"的研究员,四十来岁,正当中年。

认识林先生是1993年夏天,在石家庄的一次学术会议上。他率领了一群研究生弟子,组成一支浩浩荡荡的学术队伍,参加大陆第一次《诗经》学术讨论会。那时,大陆与台湾学术界的交流远不如今天这样频繁。大陆学者对台湾学术界的认识除了陌生之外,还多少有点不以为意的轻视。在大会的开幕式上,林先生做了台湾《诗经》学发展之回顾的学术报告。他的报告使我有点吃惊,不能不收起我的不以为意。

但紧接着的小组交流,我听到了另一些台湾学者们陈旧而苍白无力的发言,这又使我感到失望。就在这时,有一位台湾学者站起来发表评论了。他毫不客气地把批判的锋芒直指自己的同乡,一点也不讲情面。这位批评家,就是林庆彰。

以后，又听到别的小组反映，台湾有一个年轻学者"狂得很"，把大陆有些人的文章批得一文不值。气愤之余，竟准备联合起来"好好教训他一下"。我有好几次讨论不和林先生在一个小组，但我猜想，这个"狂者"一定是林庆彰。一打听，果然！于是我对我的同行们说，林就是这么个人，不管你是谁，在学术问题上他从不温文尔雅。我欣赏这种风格。再说，大陆有些学者的文章确实也浅薄得令人生厌，我们讲面子，不愿得罪人，人家仗义直言，何罪之有？于是平息了一场风波。

所以，林先生给我的第一印象，不是"温文尔雅"，而是"锋芒毕露"。

在那次会议上，他的一个女弟子因编制论文索引接触过我的文章。这是一个刚考取研究生、显得清纯可人的女孩。她问我："老师，你名字中的'杰'，究竟应该写成'杰'还是'傑'？"我说，我当然喜欢用"傑"字，但我们这儿简化了，只能用"杰"。她说："我明白了，以后编索引碰到你的名字，我就用'傑'。"好一个善解人意的姑娘，我不觉有点喜欢她。也不知为什么，后来的几天活动中，她也总爱跟我在一起。这一定引起了林的注意。我这个人，长相与年龄不相称，人们总会把我看成是个毛头小伙子。喜欢和年轻人在一起，是一个教师的天职，又是我的天性。所以我并不介意于喜欢一个来自台湾的女学生。那天游览抱犊寨，我们几乎一直在一起。回宾馆了，下车时林突然笑着对我说："朱先生年轻潇洒，怪不得我们的某小姐总爱和你在一起。"我一怔，并立即悟到了什么，对他说："不，我不年轻了，我的儿子已经高中三年级了。"这一定也使他觉得有点惊讶，脱口而出："是吗？"

这个有趣的小插曲，使我不得不对这位锋芒毕露的"批评家"肃然起敬——作为一个教师，他有强烈的责任感，他懂得怎样保护自己的学生——远在他乡，他的那些涉世不深的姑娘、小伙们，应该得到悉心的护卫。

后来，我们开始了通信联系。他了解我的研究方向和课题，总是把台湾最新的信息提供给我。我也毫不客气地向他"索取"，只要我开口，他总会满足我。满足得那么认真，就像他写考据文章一样严谨。再后来，我开始编《朱熹全书》，希望他提供台湾朱子著作和朱子研究著作的情况。很快，我收到了一份长长的书单。不久，又收到了他代为采购的几十包书籍。

可是，他却从来没有麻烦过我。我很想为他做点什么，作为报答，但没有机会。

终于，去年9月，我收到赴台湾参加一个学术会议的邀请，可以见到林先生，当面表示我的谢意了。于是，便有了本文开头打电话的一幕。在电话中，我们约好当天晚上见面。他说，他会带那位女学生一起来。到了约定的时间，我因一个重要的会见足足耽误了半个多小时才回到宾馆，心中很有些惶惶然。可他却一再安慰我，好像迟到的不是我而是他。我知道，他是在努力打消一个客人的局促与陌生感。那天晚上，他为我的台北之行拟定了一个十分充实而诱人的学术活动表，这使我喜出望外。有意思的是，他还为我安排了一个特别节目——游览台北的夜市。"那可是世界上最大的夜市。到台北不看夜市，等于没来过台北"，他这样说。告别时，他十分歉意地对我说，他太忙，家中还有两个孩子要照料，有些活动不能陪我了，只能请某小姐代劳，十分抱歉。

他确实很忙，除了"中央研究院"，他还在东吴大学兼课，又是好几个学术刊物的主编。他有两个未成年的孩子，妻子在一间专科学校任教。妻子下午有课，他就得赶回家去照顾孩子。此外，他自己每天还有两个小时的日语课。他说，明年他将去日本做访问学者，自觉语言不过关，所以雇了一位日本留学生每天来家上日语课。这使我想起他车中堆放的录音带，清一色全是日语教材。显然，他把人家驾车时听音乐消闲解闷的时间全部用来学外语了。

应该承认，台湾学者的研究条件和生活条件要比我们好得多，但他们所承受的压力也要比我们重得多。据我所知，要进入"中央研究院"，必须经过十分苛刻的筛选，而职称晋升，更是艰难。1993年我认识林先生时，他还是个副研究员。1995年再见时，他已是正的了。短短两年，他的著作一本接一本地出，文章一篇接一篇地发，主编的刊物也有好几种。我替他算了算工作量，那绝对是超负荷的。但这却奠定了他在"中研院"和学术界的地位。

林先生的认真、重然诺，使我在离台前的一天又受到了一次感动。

那天我们办好事已经是下午5点钟了。我知道他太太晚上有课，他必须赶回去为孩子们做晚餐，于是催他早点回家，可他却怔怔地站在车门口不动。"不带你去夜市，我总觉得怪怪的。"他温文尔雅地说。原来，我们预定的逛夜市节目因别的活动被冲掉了，他不忘然诺，坚持要我到他家去，把孩子们带上，一起再逛夜市。我大为感动，竟不知如何说服他才好。我只觉得眼前的这个人,像一位久违的朋友,在他身上集中了中国传统知识分子种种美好的德行。这才恍然大悟,他的学生称他为"温文尔雅的君子"真是最准确的评价。

(原载于《人到中年》1996年第2期)

榕城祭吴适

认识吴小姐已经有很多年了。起先只知道她是个摄影家，后来又知道她会画画，再后来听说她还主持设计过好几个大型的纪念馆、展览馆，是颇有成就的艺术设计家。但是，我无法把大型展览设计家的头衔与一个柔弱的女子联系在一起。因为在任何人的眼中，她都只能是一个纤弱和娇嫩的女孩子。我特意去看了她的作品——"于山堂"，那是福州市政府对外展示自己形象的窗口，几千年的历史，从人物到特产，从文化艺术到现代工业、科技产品，在偌大个展览厅中被安排得如此妥贴而富于艺术的震撼力。你不得不承认，这是大手笔。我还看了她的另几个作品——琉球馆、邓拓纪念馆、鼓楼博物馆，无不显示出一个艺术家那充满灵气和想象力的大才和大器。

后来有人告诉我，她是辛亥革命时著名的革命家和艺术家，被称为"黄花岗生还义士"的吴适的孙女，我这才相信，良好的家学渊源完全可能造就一个不同于一般的艺术家。

由此，我想起了吴适。这是个几乎被大多数中国人忘却了然而却不应该被忘却的名字。

吴适，字任之，福建连江人，晚清秀才，博学多才，工书，能诗，以画名世。早年读书时，吴适即具有革命思想，立志反清救国。他在家乡组织光复会，秘密与同盟会取得联系。辛亥革命时，他率领福建光复会会员参加广州起义，被编入黄兴率领的敢死队，被任命为督队。广州起义失败后，吴适被捕，在审问时，他表现出一个革命者的大无畏精神。他宣称："我是革命党。"面无惧色，慷慨陈词，吴适操闽语，满清的官吏听不清他的话，便给以纸笔，吴适立挥而就，写满三纸，痛斥清廷腐败误国。当晚收监以后，吴适已做好就义的准备。他说："人之所以为人，是为了有一种爱真理的灵性，这种灵性一去，徒有肉体是无用的，虽然明天我将要灵性与肉体分离，应该镇静以待，看灵性它怎样脱离躯壳。"后来吴适被判绞监候罪，秋后执行，不久，武昌起义成功，广州光复，福建都督通电广州都督府护送吴适回乡。

袁世凯称帝以后，吴适在福建再次揭竿而起，草檄讨袁，通电全国，并领导福建民众举行武装起义。1920年，吴适到广州孙中山大元帅府任秘书，深得孙中山信赖。1922年北伐中兴，孙中山亲赴韶关督师，任命吴适为大本营十一路军司令。同年，陈炯明叛变，吴适随孙中山突围至永丰舰，又受孙中山委托冒着九死一生的危险，潜入香港，筹募钱款，并携款复潜回永丰舰。是年8月，吴适随孙中山经香港到上海，受命与廖仲恺重返福建收拾旧部，被任命为福建第一警备司令。

1925年孙中山先生病逝，吴适就此引退，杜门不出，隐居福州乌石山卖画度日。1958年，吴适逝世于福州寓所。

吴适是个极重感情的"性情中人"。他的结发之妻谢佩璋是乡塾教师，丰姿秀美，天生丽质，吴适与她在渡船上相识，共同的反封建思想使他们结合在一起，可惜谢氏华年早逝，吴适为之痛不欲生，每夜睡于棺木之上，如是者三年。民国初年，广州"二次革命"时，吴适有一次为躲避搜捕，匆匆走进一家路边小店。店主卢某有女十八,见吴适之状,知其为革命党人,便将他藏于家中,并巧妙周旋,避过了搜查的敌兵。劫难过后,吴适介绍卢女入孙中山的临时政府供职,后结为夫妻。

吴适死后,家人将其安葬于福州郊区的马鞍山上。去年清明时节,笔者因公务路过福州,由吴小姐陪同去祭扫了这位为中国革命作出过贡献的传奇人物的坟墓。墓在一个山坡上,掩映在蒿莱之中,没有路,我们是靠茅草与树枝的拉扯与攀扶好不容易才找到墓地的。

在归途的飞机上,当机翼掠过环抱着福州的群山时,我想,这苍翠美丽的山水孕育了多少英雄,而令他们欣慰的是,他们的后代仍在继续奉献。

(原载于《解放日报》1999年4月9日)

苏渊雷先生小传

苏渊雷先生，原名中常，字仲翔，号钵水居士，晚署钵翁，又号遯园。1908年生于浙江平阳江南区玉龙口村（今属苍南县）。4岁丧父，兄弟二人唯孀母是依。5岁发蒙，就学于私塾。后侍外祖父，受其古典诗词的熏陶。12岁以第一名毕业于金乡高等小学。13岁入南雁宕会文书院，从张汉杰进修古典文学。1922年秋，考入浙江省立第十师范学校。

1924年冬，直奉战罢，孙中山北上，先生积极投入社会运动，参加了改组后的国民党，并担任温州学生联合会主席，从事温州各界救国会工作。此时开始接触马克思主义，得读《共产党宣言》、《共产主义ABC》、《新社会观》等，爱不释手。1926年4月，加入中国共产主义青年团。夏间，自温赴粤，代表浙江出席全国第八届学代会。会后，参加张太雷主持的党团活动，谒黄花岗七十二烈士墓。是年秋，转为中共党员，参加中共温州独立支部活动。1927年，"四一二"反革命政变后被捕入狱，判刑十九年。在狱中，写成第一部学术专著《易学会通》，初步运用辩证观点，将《易》学与老庄、黑格尔和达尔文等学说融会贯通。1933年6月，经友人保释出狱。

出狱后，受聘为上海世界书局编辑，并参加党的外围工作。1934年秋，发起创办"新知书店"。继赴南京，同千家驹、孙晓村、赖亚力等一起，参加救国会、求知合作社和新兴社会科学座谈会等活动。在这期间，先后发表《文化综合论》、《宇宙疑谜发展史》、《孔学三种》等论著，并分纂《辞林》及李石岑、张栗原主编的《哲学词典》中有关古典哲学的条目。

抗战爆发，南京失守，在危城中接编沈钧儒为社长的《抗敌周报》，直至最后一期。其后辗转武汉、衡阳、重庆等地，从事抗战后勤工作，为延安运送大批医疗器材和药物，旋在重庆"中央政治学校"讲授哲学，同时兼国立体专、私立立信专科国文讲席。1943年秋，辞去教务，在重庆北碚文化区创办"钵水斋"书肆，以文会友，广结中外名流，尝从马一浮、章士钊、柳诒徵、沈尹默、谢无量诸公游。出版《天人四论》、《名理新论》、《民族文化论纲》、《宋平子（衡）评传》、《玄奘新传》等著作。抗战胜利后返沪，担任中国红十字会总会秘书兼第一处长。淮海战役期间，力排众议，反对派遣医护大队赴蒋军前线参战。后就中华工商专科学校教授兼总务长之职。自印《钵水文约》、《学思文粹》，兼为《新民报》写专栏文字《苏子语业》。

解放后，首任上海市军管会高等教育处兼文管会秘书，同时在沪江大学讲授《社会发展史》。一时耆宿，多得其调护之力。继调充华东财委会计划部专员，华东师范大学历史系教授，兼民盟上海市委宣传委员会副主任。发表《白居易传论》、《李杜诗选》、《元白诗选》等专著，主编《国民经济实用词典》。

1958年反右"补课"，被错划为"右派"，调至哈尔滨师范学院。发愤忘忧，将酝酿多年的写作计划付诸实行。四年后，在周恩来同志亲自关怀下得以摘帽。旋在黑龙江史学会主持"读史讲座"。十年内乱,复遭冤屈,1971年,终被勒令"退休",遣送回籍。但学术研究始终不辍,成《读史举要》、《论龚自珍》、《风雅新论》、《孔学四论》、《佛学通讲》,改写《玄奘新传》,编集历年所作诗词为《钵水斋集》,又写成《论诗绝句》七十余首。

十一届三中全会后,返沪复职,仍在华东师大历史系,后又入史学史研究所,讲授中国古代史学史,兼任全国唐代文学会理事,全国佛教协会常务理事,上海佛协副会长、宗教学会理事等职。著《风流人物无双谱》、《佛教与中国传统文化》、并校点禅宗语录《五灯会元》。

先生学兼文、史、哲,才贯诗、书、画,以学者而兼诗人、书画家闻名海内外。平生治学,力主融通,综合中西学理,兼收百家之长,论道、治史、说文、谈艺,畅所擅长,多有创见。先生由《易经》、老庄入手,夯究天、地、人三极哲理,深造佛学禅宗堂奥,缀集文史哲与现代科学及西方文化之最新成果,另辟蹊径,自成体系,独树一帜。五十余年来,先生传道立言,著作等身,桃李满天下,为学界所重。

先生虽年届耄耋,而鹤发童颜,处世治学不失天真之趣。每饭必酒,醉而挥毫有如神助,直如酒仙下界,李白再世。尝戏语曰:"酒乃五谷之精华,健康长寿,才情文思其得之酒乎!"先生一生淡泊明志,以静修远,孜孜追求真理,处逆境而不馁,居贫贱而愈坚。尝集古人句云:"万物静观皆自得,一生爱好是天然。"这是先生八十一年生涯的生动写照,也是先生对未来的追求。

(原载于《古籍整理研究学刊》1990年第3期)

"愿意终身在彷徨觅路之中"

毫无疑问,《古史辨》是一部纯粹的学术著作,但无意于学术研究的人不妨也读一读顾颉刚先生的自序。这篇自传体的序长达六万余言,是一篇难得的好文章。

"自序"中有这么一段话:"我在生活上虽是祈祷着安定,但在学问上则深知道这是没有止境的,如果得到了止境即是自己的堕落,所以愿意终身在彷徨觅路之中,不希望有一天高兴地呼喊道, '真理已给我找到了,从此没有事了!'"顾先生的一生正是这样走过来的。十二岁时他曾作成一册自叙,说"恨不能战死沙场,马革裹尸","恨不能游尽天下名山大川","恨不能读尽天下图书"。那时他天天逛书肆,想把什么学问都装进肚里去。考上北京大学不久,差点病死,可他硬是在病榻上编成了一部《清代著述考》,摸清了近三百年来学术思想的演变。大学毕业后,"生计不宽裕",有人想请他点读《古今伪书考》,借此得点钱。但顾先生不肯为解决经济上的困难而做一点点苟且潦草的事,他花了大力气把点读搞得缜密严谨,并以此为契机进入更深层的研究,从而找到了古史辨伪的重要门径。不久,祖母病重,顾先生奔波于京、吴道中,一年往返六七回。在生活极不安定的情况下,他完成了对《红楼梦》、《诗经》和宋代史学家郑樵的研究。后来,顾先生进入商务印书馆当编辑,待遇颇厚。但他认为馆务占用了过多的时间,不利于自己对古史的研究，便毅然辞职。由于生活的煎熬，他"面目尪瘠，二十余岁时见者即疑为四十岁人"。

但顾先生毕竟是个成功者，即在其被"疑为四十岁人"时，就已经是一颗熠熠生辉的学术明星了。是什么使一个学者战胜了生活的磨难，成了众望所归的史学权威呢？"自序"告诉我们，是对事业执着的追求，是不断地向更高目标攀登的顽强意志。顾先生有这样一个习惯：每当一项研究取得了成果或告一段落，他就及时地对自己提出新的课题，甚至在着手进行某一项研究的同时，就已经在发现或提出新的研究方向了。他曾经这样说过："倘使我活七十岁，就以七十岁为小成；活八十岁，就以八十岁为小成。若是八十以后还不死，而且还能工作，那么，七十、八十时提出的问题和写出的论文又不成了。所以成与不成并无界限，只把我最后的改本算作我的定本就是了。"这是一个学者对待事业与生命的辩证法！这是一种锲而不舍的奋斗精神！顾先生以八十七岁高龄谢世，他在古史领域辛勤开拓了半个多世纪，名满天下，著述如林。他在学术上取得的卓越成就，正是这种奋斗精神的结晶。

鲁迅说："生活太安逸了，工作就被生活所累了。"培根则说："'好的运气令人羡慕，而战胜厄运则更令人惊叹。'这是塞尼卡得之于斯多葛派哲学的名言。确实如此。超越自然的奇迹，总是在对厄运的征服中出现的。"顾颉刚先生用自己的人生经历为这两位哲人阐发的隽永哲理提供了最好的例证。《古史辨》之局外人也值得一读，道理正在于此。

（原载于《文汇报》1986年6月25日）

朱熹后裔在韩国

朱熹（1130—1200）是中国南宋时代伟大的思想家、哲学家、教育家和学问家。他是继孔子之后，中国封建社会学问最渊博、影响最深远的一位文化巨人。朱熹集理学之大成，使孔子的学说重新获得生机，焕发出新的光彩。他所创立的学派，历来被看作是新儒学（即宋明理学）各派中成就最高、影响最大的一个学派。朱子学不仅对中国有着深远的影响，而且远播海外。

公元1392年，高丽国总军李成桂废恭让王自立，改国号为朝鲜，开始了朝鲜历史上最著名的李朝时代。在这一场与高丽民族的生存与发展性命攸关的重大政治事变中，朝鲜的朱子学学者们是李成桂的主要拥戴者。从此，朱子学取得了正统地位，支配朝鲜时代政治、教育、学术和社会伦理价值观达五百年之久。朱子学还被广大民众所接受，其深刻影响一直延续至今。更有趣的是，朱子与朝鲜半岛还有着源远流长的血缘联系。

南宋嘉定十七年（1224），朱子的曾孙朱潜浮海而东，在朝鲜半岛的锦城定居。自此，朱子后裔在朝鲜半岛扎根繁衍。据统计，仅韩国目前即有朱子后裔十四万之众。

朱潜从小受学于朱子的得意门生、女婿黄幹，深得朱学之心传。27岁时（1220），潜高登科第，授翰林院学士。当时，蒙、金、宋战乱频繁，而南宋朝廷权臣主和误国，朝政一片黑暗。对此，朱潜内心十分痛苦，深感个人势单力薄，无力回天，于是杜门读书，寻找救国救民的良策。一天，他读《论语·子罕》"子欲居九夷"时，突然有所领悟，召集他的门生弟子说："海外青邱，箕圣攸封，素称礼让，吾属可居。"意谓：海外有个神仙居住的地方，是当年反对殷纣王暴政的圣人箕子的封地，素称礼义之邦，是我们可以居住的地方。嘉定十七年（1224）春，潜带着两个儿子、一个女儿，与门人叶公济等七人从海道东渡，在朝鲜半岛锦城上岸，并在此定居。

宋理宗淳祐三年（1243），朱潜五十岁。蒙古统治者听说宋朝遗民有很多人出亡朝鲜，于是命令高丽王在全国范围内大搜捕，朱潜也在搜捕之列。不得已，朱潜改名"积德"，长子余改名为"余庆"，亡隐于绫城考亭，后又移居朱茁川新安村。朱潜在新安村躬耕读书，与当地民众和睦相处，以其宽厚仁爱的人格力量受到民众的爱戴。人们称朱潜所居之地为"仁夫里"、"君子里"，称朱茁川为"朱子川"。后来，蒙兵入朝，全川受到洗掠，潜被迫隐居于绫城之竹树夫里。朱潜长子余庆官至乐正左丞相，赠枢密院密直司。长孙悦，高丽元宗元年（1260）登文科状元，官至监察御史。

朱子在朝鲜半岛的这支后裔入籍高丽以后，子孙繁衍，遍布朝鲜各地，几百年来始终保持着朱子世家好学力行、重仁义、尚气节的优良家风，从而受到朝鲜历代朝野人士的特殊礼遇。李朝高宗皇帝曾下诏书盛赞朱子后裔。

在朝鲜半岛定居的朱子后裔，世代相传。自李朝中宗时（1507）编印了第一部朝鲜朱氏族谱后，历代续修，前后共编印过十次。后因宗族繁衍，散居各地，相互缺乏联系，无法续修。1902年,当时任李朝高宗元帅府记录总局长的朱子三十一世孙朱锡冕,上书高宗,要求修编全朝鲜统一的《新安朱氏世谱》。高宗下诏批准,于是韩国第二部统一的宗谱于当年问世。

朱子在韩国的后裔们还十分关心和向往先祖的故里。由于历史的原因,韩国的朱子后裔们一直无法回中国寻根问祖。中国改革开放以后,国门大开,为海外的朱子后裔们带来了希望。在现任韩国新安朱氏中央宗亲会会长朱昌均先生大力倡导和坚毅不拔的努力、组织下,1990年,在纪念朱子诞辰860周年国际学术会议之际,实现了韩国后裔们的夙愿——回到了先祖生长终老的故乡——福建建阳。韩国新安朱氏中央宗亲会参拜团一行十人,在团长朱昌均的率领下,参加了在福州、武夷山召开的国际朱子学术讨论会。在福建黄坑乡,他们在朱子的墓前行三拜九叩大礼,很多人流下了激动的泪水。他们带来了东邻的土特产,敬献在朱子墓前,表达了远在异国的子孙们对先祖的眷眷深情。之后,参拜团一行又来到朱子当年讲学与生活过的武夷山,泛舟九曲,寻访朱子故迹,亲身领略了被朱子一再赞美的武夷胜景的美丽和神奇。在武夷山冲佑观,朱昌均会长还代表国内外的朱子后代为新落成的朱熹纪念馆剪彩。

第二年,朱昌均先生再次率团来访。在朱子陵前,他为韩国后裔们捐资建造的"思源亭"揭幕,并在亭前立碑,庄严地记下了韩国朱子后裔来故土祭拜先祖并捐款办思源亭的始末。朱昌均先生是一位有远见卓识的宗族领袖,他不仅注意到朱子遗迹的修复,而且十分注重对朱子思想的研究与弘扬。他不仅个人出资捐助上海华东师范大学古籍研究所朱子后裔朱杰人教授的朱子学研究,而且在韩国后裔中广泛募集资金,支持国内的朱子学学术研究。在他的大力支持下,一部上百万字的巨著《朱熹大传》已经出版。今年5月,由中国大陆朱子后裔和韩国新安朱氏中央宗亲会共同发起的世界朱氏联合会在韩国首都汉城举行,来自世界各国的朱氏宗亲一致公推朱昌均为世界朱氏联合会首任会长。

朱子不仅以其深刻博大的思想联系着中国与韩国人民的友谊,他还以其子孙们卓越而有远见的行动加深着这种伟大而可贵的友谊。朱子在九泉之下如有所知,也一定会欣慰有加的。

(原载于《中韩产业》1993年第3—4期)

韩国的朱子后裔

也许，韩国的国旗图案是世界上最具民族特色的。对西方人来说，这一图案简直如天书般玄不可测。但对中国人来说，那就太熟悉了，大家都知道，那就是中国古代的太极与八卦图。1993年我访问韩国，曾就韩国的国旗请教过汉城大学哲学系的李南永教授。他告诉我，太极图与八卦图在韩国是妇孺皆知的，它们被视为和谐、协调和美满幸福的象征。在农村，每到新年，家家的门额上都要贴上太极与八卦图，以祈求新的一年风调雨顺，家庭和睦。在新郎新娘的洞房里，人们也爱在婚床的枕头上贴上太极与八卦图，以福佑新郎与新娘夫妻恩爱、百年和合。太极与八卦的象征意义已深深地积淀在高丽民族的意识中，成为一种民族精神和美好理想的图腾，所以，用它们来作国旗也就是顺理成章的事了。

太极与八卦图是什么时候传入朝鲜半岛的，笔者没有研究。但有一点可以肯定，它与儒学，尤其是朱子学在朝鲜半岛的广泛传播与深入人心有关。朱子学在朝鲜传播的一个重要渠道，是南宋末年朱熹曾孙朱潜的东渡高丽。

由于当时蒙古的势力已深入朝鲜半岛，朱潜曾受到追捕，被迫数度流亡。每到一处，朱潜家族都能与当地民众和睦相处，以其宽厚仁爱的人格力量受到民众的爱戴。人们尊敬地称朱潜所居之地为"仁夫里"、"君子里"、"朱子川"。朱潜在躬耕之余，兴建书院，以讲学授徒为己任。笔者有幸，应邀拜访了位于全罗北道镇安朱子川的朱子书院。汽车出汉城，在高速公路上飞驰，几小时后到达韩国新兴的工业城市大田。道出大田，继续向南，不久即进入朝鲜半岛南部山区。车在曲折逶迤的山路上行进，一边是山，一边是水。山峰不高，却郁郁葱葱。水道不宽，而清澈湍急。我好像进入了一个十分熟悉的境界，似曾相识，却又道不出所以然。突然，车戛然而止，同行的韩国新安朱氏中央宗亲会会长朱昌均先生请我下车。他指着溪流中的一块巨石说，那上面有朱潜的亲笔题刻。那是一块溪流环抱中的巨石，上面刻有"武夷岩"三个大字，苍劲古朴，有力透岩壁之势。我突然顿悟——啊，这儿像中国的武夷山。昌均会长微笑颔首，说："这儿也叫武夷山，这条流水就叫九曲溪。刚才我们经过之处是一曲，鹤仙洞。这儿是二曲，武夷岩。"上得车来，继续沿九曲而行，我越发觉得这里的山形水貌与武夷山相似，只是没有武夷那么山高水大。我戏言："这里是袖珍武夷。"一车人都笑了。更有趣的是，这里的许多地名也都与武夷或朱子有关。如四曲曰白鹿洞，取自朱子曾讲学的庐山白鹿洞书院。七曲曰玉笋峰，则与武夷山的著名景观玉笋峰完全相同。很显然，当年朱潜流亡至此，一见斯山斯水，立即产生了与笔者刚入山时同样的感觉：这儿的一切太像自己的家乡武夷山了，思乡之情油然而起。乡愁难已，便以自己熟悉的家乡地名来命名这儿的山水。华人侨居异国，以自己家乡的地名为他乡的地方命名也许并不罕见，但如此大规模地系统命名，恐怕不是绝无也是仅有。这真是中韩人民友好交往的一段佳话。

朱川书院位于六曲卧龙岩。这是一座具有中国特点的建筑，坐落在明道峰（此名取自朱子哲学的来源者之一北宋程颥）南麓，龙潭水在院前奔流而过，白墙、黑瓦、红门在繁茂的树林掩映之中。院门正中，用橙、蓝二色画着一个硕大无比的太极图。远远望去，给人一种静谧、神圣的感觉。院内供奉着朱子画像，上书"晦庵先生朱文公真像"，像前供桌上放置着香烛等祭祀品。据介绍，这里每年要进行春秋两次祭祀活动。

在远离汉城几百公里的山区，如此完好地保存着这样一座纪念中国先哲的建筑，而且每年有人祭祀，这足以说明韩国的朱子后裔们及广大的韩国民众对这位中国圣人的尊重与敬慕之情。

但更出乎我意料的还是在绫州的朱子庙大祭。

韩国的朱子庙位于绫州，在南部大城市光州之南，距汉城约四百公里。这是一组颇为壮观的建筑，画梁雕柱，蓝色的琉璃瓦，一派宫廷气象。庭院式的环境，花木葱茏，如入皇家苑囿。车刚驶入庙区，就使我暗暗吃惊：朱子庙所处的自然环境与我国福建省建阳市黄坑的朱子墓地十分相似。庙后是绵延不断的群山，庙前是一马平川，远处又是群山连脉。我不知这是偶然的巧合，还是有心人的故意安排。离开公路，还有一段长长的坡道通往朱子庙，然后是高高的石级。石级之上是一座四柱三门的高大庙门，砖木结构，琉璃瓦，中悬匾额，上书"怀德门"。朱子庙由两部分组成，主建筑朱子祠，供奉朱子，东侧为东源祠，供奉朱潜。每年的5月5日是韩国的朱子庙大祭之日，来自全国各地的朱子后裔们汇集于此，祭奠先祖，追思祖德。值得一提的是每年参加大祭的不仅仅是朱子后裔，来自全国各地的中小学生也在老师的带领下前来拜祭，以至每到5月5日，朱子庙人满为患，公路堵塞，不得不派出大批警察维持秩序。

我参加了1993年的大祭。

祭礼严格按照《朱子家礼》进行。司仪由朱子后裔中辈份最长、德行高尚者担任。他身着古装，头戴乌纱帽，手持一本祖传的《家礼》"照本宣科"，声调抑扬顿挫，有似我国古代的吟诵。祭礼有乐队伴奏，乐手们身穿红色古装，戴乌纱帽，席地而坐。一律丝竹，乐奏唐调，优雅庄敬。主祭者朱昌均穿大红蟒袍，头戴乌纱。助祭者也都穿蓝、青等各色古服。另有二位少女，负责斟酒、洗盏、更衣等，由族中最美的少女担任。她们身穿五彩古服，头披彩带，婀娜动人。祭礼分两段进行，先祭朱子，再祭朱潜，严肃认真，一丝不苟，整个祭祀要进行四个多小时。我注意到，参加祭礼的人都非常庄重严肃，怀着一种十分虔诚的感情。据介绍，韩国的朱子大祭已延续了数百年之久，即使在南北战争时期，也未间断。这一切使我动容，我感到了一个中国人的自豪，更感到了一个中国人的惭愧！

朱子在朝鲜半岛的这支后裔入籍高丽后，子孙繁衍，遍布朝鲜各地，几百年来始终保持着朱子世家好学力行、重仁义、尚气节的优良家风，受到朝鲜历代朝野人士的特殊礼遇。李朝高宗曾下诏书表彰朱子后裔。韩国的朱子后裔们十分关心和向往先祖的故里。由于历史的原因，朱子后裔们一直无法回中国寻根问祖。中国改革开放后，国门大开，为海外的朱子后裔们带来了希望。在朱昌均先生大力倡导与坚毅不拔的努力、组织下，1990年，在纪念朱子诞辰860年国际学术会议之际，实现了韩国后裔们多年的夙愿——回到了先祖生长终老的故土——福建建阳。在黄坑，他们在朱子的墓前行三拜九叩大礼,流下了激动的泪水。他们又来到朱子当年讲学与生活过的武夷山,泛舟九曲,寻访朱子遗迹,亲身领略了被朱子一再赞美的武夷胜境的美丽与神奇。第二年,朱昌均先生再次率团来访。在朱子陵前,他为韩国后裔们捐资建造的"思源亭"揭幕,并在亭前立碑,庄严地记下了韩国朱子后裔来故土祭拜先祖并修建思源亭的始末。韩国的朱子后裔们还十分关心中国的朱子学研究,他们资助出版了束景南教授的《朱子大传》,朱昌均会长还个人出资支持华东师范大学古籍研究所编修《朱熹全书》。他们又与中国的后裔们共同发起成立了世界朱氏联合会,朱昌均被公推为首任会长。

朱子以其博大精深的思想联系着中韩两国人民的友谊,他的后裔们则为这一友谊锦上添花。其中,韩国的朱子后裔是最值得称道的。

(原载于《人到中年》1995年第3期)

中国人吃蜗牛

蜗牛是法国餐桌上的名菜,这已为众人知晓。可很少有人知道,这种佳肴在中国人的食谱中至少有三百年以上的历史了。

晚明人邝露,因触犯了县令而弃家游历广西。他所写的地理专著《赤雅》中记载了瑶民吃蜗牛的情况。据邝露介绍,蜗牛出在当地山中,其体甚大。捉来以后用米水洗去黏液,然后用竹刀切成手指头大小的块状。是生吃还是熟食,书中没有详细介绍。邝露对这种食品的评价是"甘脆",并说它有去积食和解毒的功效。邝露是广东南海人(今广州一带),据他说那儿也吃蜗牛,只是很少有像他在瑶民中看到的那么大。

(原载于《新民晚报》1983年6月20日)

宋代的爊鸭

昆山爊鸭名闻遐迩,历史悠久。早在北宋年间,爊鸭就是开封酒楼中的菜肴了。《东京梦华录》列举汴梁各大饭店的下酒菜,爊鸭赫然厕身其中。宋室南渡,北方爊鸭的制作技艺也传到了江南。洪迈《夷坚志》中记载有一个叫王立的厨师流落杭州街头,靠制作爊鸭谋生。杭州是南宋的首都,其繁华不下北宋的汴京,爊鸭也是当时酒楼中一道很重要的菜。

爊,音凹(āo),是一种十分古老的烹调方法。成书于北魏的《齐民要术》介绍过这种方法:用草和泥巴把鱼封裹好,放在灰火中煨烤,熟了以后去掉泥草,用皮布裹住鱼捶打一番,即可食用。据说其肉"白如珂雪,味又绝伦"。贾思勰说这样制作食品的方法,叫做"爊"。常熟的叫花鸡就是这么做的。唐代的颜师古在注《汉书》时说,爊,就是古人所说的炮。《说文解字》称:炮,毛炙肉也。段玉裁引证古书解释说,所谓毛炙肉,就是"裹烧之"或"涂烧之"。这种方法十分简易,不需任何烹饪器皿,当产生于陶制品发明之前。

可是宋代爊鸭的制作方法,却与古代的大相径庭。宋人程大昌在《演繁露》中介绍说:爊,"温器也,世言爊某肉,当书为镙,言从此镙器中,和五味以致其熟也"。就是说,爊是一种锅,把各种调料放在锅中与肉一起煮熟,叫"爊"。程氏所说有无根据呢？且看南宋人写的《夷坚志》，说厨子王立制爁鸭，是"以釜灶焊治成熟"，就是在汤水中烧煮。洪迈所记与《演繁露》是一致的。再看今天的昆山爁鸭，显然不是"涂烧之"，而是宋代的"焊治"法。可见，到了宋代，爁制食品的方法已与古代有了质的变化，而这种变化一直被承继了下来。有意思的是，现在恐怕已经没有人知道，常熟的叫花鸡是正宗的"爁鸡"。

据古代文献记载，爁绝不仅止于鸭。在北宋的东京有"爁肉"、"爁鸡"、"爁物"；在南宋的临安则有"爁炕鹅"、"爁炕猪羊"、"爁肝"、"爁鳗鳝"、"爁团鱼"……飞禽走兽几乎都可以爁，岂不善哉！

（原载于《新闻报》1988年10月27日）

宋代的劳务市场

宋代出现了一种专门为人介绍职业的行当，叫"行老"。《警世通言》卷三七写一个茶馆伙计因偷了店里的钱，被老板开除，他生计无着，只好去找"行老"另谋职业。行老的出现不是偶然的，这和宋代劳务市场的繁荣有关。

在宋代的大都市里活跃着一支劳动大军。这些人大多有一技之长，他们没有固定职业，通过行老或亲友的介绍临时受雇于人。这群劳动者的职业面很广，几乎包括了市民日常生活的所有领域。比如，茶博士、酒博士、食店博士是饮食服务业的专门人才，专供菜馆、酒楼的老板选用；掌勺的厨子、管炉灶的火头、养花植树的园丁、照料香烛灯火的道人、看门值更的司厅子、虞候、门子、押番等则可为豪家大户雇聘。平民百姓遇婚丧之事临时找个帮工，也可在劳务市场上得到解决。据《东京梦华录》记载，开封城里的市民要办吉凶筵席，从桌椅陈设、器皿租赁，到采购烹调乃至安排坐次、派人送请柬等，劳务市场可提供全套服务。"主人只出钱而已，不用费力。"劳务费很低廉，而且有一定"则例"，承办者"不敢过越取钱"。

除了行老介绍外，当时还形成了一些劳务工匠们聚散的固定"市场"。在北宋京城的桥市街巷口，每天清晨都有一群群竹木匠、泥瓦匠、道士、僧人会聚在那里，等候雇主的光临。市民们倘要修整屋宇、泥补墙壁，或生辰忌日须请僧尼道士设斋，只要到那些约定俗成的市场去，即可请到工匠或僧道之人。

宋代劳务市场所提供的劳动种类之多，令人咋舌。政府官员或士大夫等要出远门，如还乡、赴任、游学、赶考等需请人在旅途中提供服务，就可找"出陆行老"，他们可以为你提供脚夫、脚从，承揽全程服役。城里人要出行，稍觉路远，就会有租赁鞍马者上门服务，劳务费才不过一百钱。最有趣的是一种叫"白席人"的雇员，他们是专为人办酒席时"歌说劝酒"的。陆游《老学庵笔记》曾记过一则有关"白席人"的笑话。北宋名臣、资政殿学士韩琦赴一姻家宴，偶取盘中一荔枝想吃。"白席人"见了，立即高唱："资政大人吃荔枝，请众客同吃荔枝。"对此韩琦十分讨厌，故意放下不吃了。"白席人"又唱道："资政大人发怒了，请众客放下荔枝。"韩公见此也忍不住哑然失笑。

（原载于《新闻报》1989年5月9日）

东坡请饭

有一天苏东坡对刘攽说,他与弟弟苏辙在四川老家学写应举的文章时,每天吃"三白饭",味道很美,吃了竟不相信世上还有什么山珍海味。刘攽问何谓"三白",东坡道:"一撮盐,一碟生萝卜,一碗饭,乃三白也。"刘听了不觉大笑。

过了一段时间,东坡收到刘攽的请柬,邀他吃"皛(音xiǎo)饭"。东坡欣然而往。到了饭席上一看,桌上只有盐、萝卜和饭,这才想起自己讲过的"三白饭"的笑话,两人相对而笑。饭后,东坡上马时对刘攽说:"明天请过寒舍,我将以毳饭款待你。"

第二天刘攽早早到东坡家,天南海北神聊了一阵,已到了吃饭的时候。但东坡照样高谈阔论,毫无开饭的意思。又过了一会儿,刘不堪其饿,只好开口索饭。东坡说:"稍等。"这样,刘催了三遍,东坡要他等了三遍。后来,刘饿得实在受不了要走,东坡这才慢条斯理地说:"盐也毛,萝卜也毛,饭也毛,非毳而何?"刘攽听了捧腹大笑,说:"我就知道你要报复我,可怎么也想不到这里去。"原来北宋人把"无"读成"模",而"模"又与"毛"同音,于是"盐也无,萝卜也无,饭也无"就变成了"盐也毛,萝卜也毛,饭也毛"。两个老朋友痛痛快快地大笑了一场,东坡摆出一桌丰盛的酒菜,直吃到天黑才散。

(原载于《新民晚报》1989年10月2日)

中年诸葛亮

公元207年,刘备"三顾茅庐",请出了"卧龙"诸葛公。是年,诸葛亮27岁——正是一个风流倜傥、才华横溢的青年小生。

向刘备荐举诸葛亮的是徐庶。这件事后来被小说家罗贯中演义成"元直走马荐诸葛",十分精彩。但事实却是,徐庶荐诸葛在前,徐母被曹操扣押,徐被迫离开刘备而投曹在后。小说家为了故事生动,做了一点手脚,却也无伤大雅,倒显示出罗贯中高超的驾驭素材的能力。

值得推敲的是《三国演义》在以后几回中的描写:第三十九回,"博望坡军师初用兵",第四十回,"诸葛亮火烧新野"。这是全书第一次显示诸葛亮的军事才华,作者着墨颇浓。这场战斗发生在建安七年(公元202年),可是《三国志·诸葛亮传》并不见记载。而《刘备传》中却明明白白地记着指挥这场战斗的是"先主"刘备。《资治通鉴》也说是"备一旦烧屯兵去,惇等追之……大败"。而到了小说家笔下,这些功劳一股脑儿全归了诸葛亮。

诸葛亮出山不久,即有了一个显示其才华的好机会:曹操大军二十万,水陆并进,沿长江东下,意欲消灭孙、刘集团,并吞江南。存亡危急之时,诸葛亮主动要求出使东吴,说服孙权联合抗曹,于是便有了舌战群儒与赤壁之战。从此,奠定了三国鼎立的基础。

建安二十五年（公元220年）五月，曹操死。十月，曹丕称帝。

二十六年（公元221年）刘备称帝，以诸葛亮为丞相。

这一年，诸葛亮41岁，已经跨过了中年的门槛。公元234年，诸葛亮病逝，年54岁。他的"晚年"恰恰主要在人生的中年时代。如果说，在人生的交响乐中，青年诸葛亮是奏出了华丽激越的华彩乐章的话，那么，中年诸葛亮则显示出一种浑厚成熟的磅礴气势与无懈可击的流畅和完美。这才是人生交响乐中的主题乐章。

遗憾的是，恰恰是中年诸葛亮并不为人所重视。

刘备称帝不久，因急于为关羽报仇，兵败后病亡。这时的蜀汉处于十分困难的境况之中，外有魏、吴大兵压境，内有南方部族的叛乱，形势十分危险。诸葛亮审时度势，对外与吴修好，结为联盟共同抗魏；对内以安抚笼络辅以军事压力的两手策略平定内乱。同时，整顿国政，立法度，示轨仪，治戎讲武，闭关息民，发展生产。不仅很快渡过了难关，而且使国力强盛，兵甲富足，具备了北伐的实力。

诸葛亮的中年就是他的晚年，这是历史的悲哀。但这却是无可比拟的人生中年，可圈可点之处比比皆是。限于篇幅，姑且举三事为例：

一、平定南方部族的叛乱。

被《三国演义》渲染得十分精彩的"七擒孟获"，历史上确有其事。

刘备病死以后，四川南部的豪族雍闿杀死太守求降于吴，又诱使夷族首领孟获叛乱。诸葛亮对南方的叛乱采取了分别对待的政策。对罪大恶极的雍闿坚决镇压，而对协从的少数民族,则采用"攻心为上,攻城为下,心战为上,兵战为下"的策略,以"服其心"。于是,演出了一幕"七擒七纵"的历史活剧。最后,孟获心悦诚服地说了这么一句话:"公,天威也,南人不复反矣。"

诸葛亮的高明之处,不仅在于征服了孟获,还在于事后处置南方少数民族时所表现出的远见卓识。南方四郡平定以后,他毅然决定让当地少数民族"自治"。有人以为不妥,建议派汉人来管理这些地区。诸葛亮认为,如果派官员来,必定要留下足够的军队,这就需要保证军需的供应,而这很难办到。再者,夷旗人反叛,杀了很多汉人和朝廷官员,自觉罪行深重,如果留下官吏、军队,他们必定心存疑虑,反而对朝廷不信任。他说:"今吾欲使不留兵,不运粮,而纲纪粗定,夷、汉粗安。"于是他任命孟获等一批青年民族首领为官吏,并供给其足够的军国之用。从此,"夷不复反"。

二、北伐中原,五出祁山。

入蜀以后,诸葛亮的全部奋斗目标,是北伐中原,统一全国。公元225年,平定南方。公元227年诸葛亮即上《前出师表》,为北伐做准备。第二年春,便亲率大军挥师北上。

一出祁山是诸葛亮北伐最关键,也是最成功的一次战役。此战,他采用攻其不备,出其不意,避实击虚的战术,充分显示出他的足智多谋与娴熟的军事韬略,不失为一个大军事家的经典之作。可惜因马谡的兵败街亭而前功尽弃,失去了一次最好的统一全国的机会。

此后,诸葛亮又发动了几次北伐之战,但都以失败告终。平心而论,一出祁山兵败以后,蜀汉已不具备统一全国的内外条件。作为大军事家、大政治家的诸葛亮不会看不到这一形势。但为何诸葛亮却一而再、再而三地出兵北伐呢？有一个清朝人点破了其中的奥秘："孔明之出祁山，以攻为守者也，欲求三分不可得也。譬之奕棋，能侵入者始能自治，否则坐而待之耳。"确实，当时的态势是魏强蜀弱，而且这种强弱之比还会越来越大，蜀亡是早晚之事。与其坐以待毙，还不如以攻为守，以延缓时日。所以诸葛亮在《后出师表》中说："然不伐贼，王业亦亡，惟坐待亡，孰与伐之？"诸葛亮不可谓不用心良苦。但时势造英雄，蜀汉大势已去，诸葛亮纵有雄才大略，也无力回天了。"出师未捷身先死，长使英雄泪满襟。"杜甫为诸葛亮作的这首诗，既写出了这位大军事家的豪气，也写出了他无可奈何的悲壮，读来不由使人为之扼腕。

三、造木牛流马等"工械技巧，物究其极"。

中年诸葛亮一个十分值得称道的伟业，是他的科学才能得到充分的发挥。进入四川以后，由于生活的相对安定，诸葛亮有余力在思考政治、军事大事外，从事科学发明。

他创造了"摧山弩"，可以一弩十箭俱发。

他铸出了"八铁剑"，锋利无比，传至数百年而不锈。

他发明了"铁蒺藜"，阻司马懿大军于五丈原。

他制成了"筒油铠"，穿在身上可以防御刀箭。

当然，最有名的是"木牛流马"。可惜这一发明失传已久，我们今天不得而见。但历史记载却明白无误地告诉我们：这是一种十分先进的运输工具，由于它可以成百倍地提高工作效率，在当时即被视为"神物"。

诸葛亮病死于五丈原军中。退兵以后，司马懿巡视了蜀汉军遗弃的营垒，这使同为大军事家的司马懿大开了眼界，他由衷地感慨道:"天下奇才也!"

奇才诸葛亮以悲壮的句号结束了他的人生,可他留给人们的却是无穷的遐思和说不完道不尽的神话般的故事。综观他的一生,我们看到了青年诸葛亮的灿烂,更看到了中年诸葛亮的辉煌。这真是一个光彩夺目的伟大人生。

(原载于《人到中年》1995年第5期)

胡庆余堂的楹联

自从电视剧《八月桂花香》在大陆放映以来,杭州又多了一个旅游热点——胡庆余堂中药店。胡庆余堂是家百年老店,蜚声中外。那硕大无比的店招,保存完好的清代建筑,史料翔实、别具一格的店史博物馆,深深地吸引了我。

然而,最令人流连忘返却又回味无穷的,是它那多而妙、精而工的楹联。

胡庆余堂的楹联多得出奇。从大门到内堂,凡有楹栋、墙壁之处,必有对子,短则几字,长则几十字,让人目不暇接。更妙的是,这些对联都与医药、养身有关,而又不让人产生隔膜之感,即使不懂医道、不晓药理者照样可以照字面获得理解。至于它的对仗之工整、平仄之谐调、书法之高雅更令行家里手叹服。在店堂的内门上有这样一联:"野山高丽东西洋参,暹罗官燕毛角鹿茸"。此联由地名与药名并列组合而成,没有一个虚词,没有一个动词,却意义鲜明。看似信手拈来,实质用心良苦。另有一联亦嵌入地名:"三山异草全赖地灵,七闽奇珍古称天宝"。"三山",指海上方丈、蓬莱、瀛洲三座仙山,乃神仙所居,山上自然是长满了奇花异草。但作者的巧妙还在于"三山"是与下句的"七闽"相对。"七闽"古指福建省,而福建省的省会福州市内因有于山、乌石山、越王山三座山,故福州市又有"三山"的别称。以"三山"对"七闽",可谓天作之合。

胡庆余堂的楹联中还有一些以药物制作为内容："朱草炼成金丹妙药，元霜捣就玉杵奇功"。"朱草"指红色的草，"元"通"玄"，黑色。红色的草，黑色的霜，都是一些奇异之物。中药自古带有神秘色彩，朱草、元霜就像鲁迅笔下的"经霜三年的甘蔗"、"原配的蟋蟀"一样，让人产生一种玄而又玄的感觉。唯其玄妙，其药效当然就不一样！另外，从对仗来说，朱与元是颜色相对，十分工整。上句讲炼药，实即烧煮、熬煎等，下句讲捣药，实即研、磨、切、压等，概括了中药加工中最常用的技艺与方法。

中医不仅讲诊治、讲药理，还十分强调保健、养身。胡庆余堂的楹联中也有这样的对子。"益寿引年长生集庆，兼收并蓄待时有余"，"饮和食德，俾寿而康"，就是两副有关养身的对联，仔细品味，确实很有健身的辩证原理。更绝的是，前一联中还暗含了"庆余"的店名。这实在是一个为自己做广告而又不露痕迹的高招。而在另一个暗含店名的对联中，胡庆余堂被描绘成为人间遍洒甘露，集粮（良）、草（药）神医于一身的仙府神宫："庆云在霄甘露被野，余粮访禹本草师农"。

（原载于《旅游时报》1991年12月15日）

作为吉祥物的麋鹿

《文史知识》2005年第5期发表吕友仁先生的《从汉字构造来看奥运吉祥物的桂冠当落谁家》一文，5月16日的《北京日报》又发表了吕友仁先生的《何物堪摘奥运吉祥物的桂冠》一文。吕文通过对"庆"（繁体作"慶"）、"禄"两字结构的分析，令人信服地论证了"古代以鹿为吉祥的动物"，并认为："从中华民族传统文化这一角度来看，从中华民族的心理积淀来看，奥运吉祥物的桂冠似乎非麋鹿莫属。"对于吕文的论证及其结论，我深表赞同。美中不足的是，对于麋鹿凭什么赢得了我们祖先的如此钟爱以至于被视为吉祥物，语焉不详。本文不避续貂之讥，愿略作申述。

麋鹿凭什么赢得了我们祖先的如此钟爱以至于被视为吉祥物呢？根据古代文献的记载，鹿的特性是关注伴侣。大而言之，就是关注对方，关注他人，而不是只顾自己。提高到原则上，可以说是毫不自私，愿与他人共甘苦。特别是在发现了食物的时候，这种特性表现得尤其充分。空口无凭，下面我们就来看看古代有关文献的记载。在《说文解字·鹿部》的"丽"（繁体字作"麗"）字下，许慎解释说："丽（麗），旅行也。鹿之性，见食急则必旅行。"请注意，此所谓"旅行"，不是现代汉语的"旅行"，而是"两两结伴而行"。这个"旅"字，后人写作伴侣之"侣"。"鹿之性，见食急则必旅行"，这句话是解释丽（麗）字的结构中为什么有"鹿"字。段玉裁《说文解字注》对此的解释是:"见食急而犹必旅行者,义也。"这就是说,发现了食物,虽然自己饥肠辘辘,但还一定要关照同伴,这是一种美德。段注又进一步申释说:"《小雅》:'呦呦鹿鸣,食野之苹(按:一种可食的草)。'毛传曰:'鹿得苹,呦呦然鸣而相呼,恳诚发乎中,以兴嘉乐宾客,当有恳诚相招呼以成礼也。'"段注所引的诗句,见于《诗经·小雅·鹿鸣》。就《鹿鸣》诗来说,是谁在"嘉乐宾客"呢?据汉唐学者的解释,是儒家心目中的圣人周文王在设宴招待宾客,与宾客同乐。再拿儒家经典《仪礼》来说,《仪礼》十七篇,其中的《乡饮酒礼》、《燕礼》、《大射仪》三篇属于"嘉礼"。"嘉礼"都与喜庆有关。据这三篇记载,在举行乡饮酒礼、燕(通"宴")礼和大射仪时,都要设宴招待来宾。当宴席开始时,还都要首先演唱《鹿鸣》。演唱《鹿鸣》的含义,汉代学者郑玄注解说:"《鹿鸣》,君与臣下及四方之宾燕,讲道修政之乐歌也。此采其己有旨酒,以召嘉宾,嘉宾既来,示我以善道,又乐嘉宾,有孔昭之明,德可则效也。"抛开郑注的说教成分不提,展现在我们面前的,岂不是一个充满了祥和气氛、其乐融融、皆大欢喜的场面吗!

我想,我们的祖先,很可能就是看上了麋鹿的关注对方、关注他人的特性,而这种特性又带来了社会的和谐,因此人们钟爱它,把它视为吉祥物。

(原载于《新民晚报》2005年6月9日)

过年说"孝"

去年（2013年）12月24日，我的母亲去世了。母亲患老年痴呆病多年，最后的一年基本上是在床上度过的。对于她的离世，我们是有充分思想准备的。但是，24日早晨，当我看到她静静地躺着，突然之间意识到我们已经永远失去她的时候，却怎么也无法控制自己而失声痛哭起来。其实，那个时候，我就想对她说一句话："妈妈，儿子对不起你呀！"

"对不起"，是因为有很多想为妈妈做的事情还没有来得及做；"对不起"，是因为妈妈曾经向我提出的要求，我没能满足她；"对不起"，又因为妈妈在得病以后，我们才意识到其实她的一些病状早已有所表现，如果我们有一点医学知识，及早送医，也许可以延缓她的病痛；"对不起"，还因为陪妈妈的时间太少了，有时候她问这问那还有点不耐烦……总之，我痛感自己没有好好地尽孝。现在明白了，却永远失去了。于是，我这一生欠下了一份再也无法偿还的债，一份心债。

中国人讲孝，孝是中国的一种文化，这种文化甚至上升到了一种"道"，所谓"孝道"。孝还是不孝，这是中国人判断你是好人还是坏人的一个基本标准。在古代，这甚至是判断一个官员是不是称职的红线。再大的官，如果被发现不孝，就得下台，皇帝老子都救不了你。中国古代有诸子百家，各有各的理论，但是讲孝，这一点却是共同的。其中又以儒家对孝的提倡和孝道理论的贡献为最大，影响也最深远。孔子是非常强调孝的,大家耳熟能详的"父母在,不远游",就是讲孝的。当然那是在农耕时代,交通极其困难的情况下,为了防止失孝,而对为人子女者提出的忠告。它的核心还是一个"孝"字,所以这句话的后面还有一句"游必有方"。今天交通便利了,远游已经不构成对尽孝的阻碍,过年回家就成了游子尽孝最生动的诠释。

中国人过年,走得再远的人也要回家。为什么?为了和家人团聚。而和家人团聚中最主要的节目,是看望父母。这就是为了尽孝。我的家是一个大家族,我清晰地记得,幼时我们家每逢过年,新年第一天起身以后的第一件事,就是到客堂去轮着给奶奶(爷爷早逝)和爸爸妈妈磕头。中国人为什么表示孝敬一定要磕头呢?磕头,是各种礼仪中表示最高诚意和最大谦恭的一种肢体语言,把自己的身体下降到受礼者的脚下,与大地平行了,这种谦恭可以说已经是无以复加了。这样的礼仪,要表达的意思很清楚:你是在做一件最重要的、至高无上的事情。中国人就是在用这样的方式提醒自己:孝,就是一件最重要的、至高无上的事情。就这样,中国人把一个孝字提高到了无以复加的地位。当然,近代以来,这一切受到了文化激进主义者们的诟病,他们甚至把孝与革命、与国家、与政治对立起来,在他们看来,讲孝就是不要革命,就是不讲国家利益,就是政治立场不坚定。可是,如果你仔细想一想,一个如果连父母都不爱的人,他会爱国家吗?他会忠于革命和政治吗?今天我们尽孝可以不磕头,但是磕头所蕴含的意义不能不知道,否则,你就会懈怠,你就会轻慢,你将会失去敬畏之心。

孝的文化意蕴,还是一个爱字。外国人也讲爱父母,但是唯独中国人创造了一个专讲对父母之爱的词："孝"。为什么中国人一定要把对父母的爱定义为孝呢？难道对父母的爱和对其他人的爱有区别吗？

是的，在儒家的学说中，爱是有"差等"的。中国古代的墨家也讲爱，他们讲"兼爱"，也就是对一切人施以同等的爱。儒家不同意这种观点，毫不客气地予以批判。为什么儒家要批评"兼爱"说呢？对一切人施以同等的爱不是很好嘛？儒家说，不是不好，而是做不到。朱子说："人之有爱，本由亲立；推而及物，自有等级。"也就是说，人的爱心，是由于爱自己的父母而建立的。把对自己父母的爱做好了，才有可能把这种爱心推及到其他的人身上。所以，爱是有等级的，而爱父母是根本，有了这种爱才有可能有其他的爱。如果爱父母做不好，你不可能"兼爱"。正因为对父母的爱如此重要，所以，儒家专门造了一个词"孝"，来区别和强调对父母的爱之特别与重要。

孔子认为，要做到孝，其实并不容易。他说过一句很费解的话，在历史上引起过很多不同的解释：子夏问孝。子曰："色难。有事弟子服其劳，有酒食先生馔，曾是以为孝乎？"孔子认为，有弟子为你效劳，有好吃好喝的给长者享用，这不能算是孝，尽孝难的是"色"。那么，什么是"色难"呢？朱子解释说："盖孝子之有深爱者，必有和气。有和气者，必有愉色。有愉色者，必有婉容。故事亲之际，惟色为难耳，服劳奉养未足为孝也。"就是说，你对父母的表情和态度非常重要，要始终做到和颜悦色，很难。因为"人子胸中才有些不爱于亲之意，便有不顺气象，此所以为爱亲之色为难"。就是说，你是不是真正爱你的父母，其实都写在你的脸上，这种脸色是装不出来的。

孔子在回答子游关于孝的提问时还说过这样一句话:"今之孝者,是谓能养。至于犬马,皆能有养,不敬,何以别乎?"他认为如果简单地把奉养父母就看做是孝,那就与养狗养马没有区别了,重要的是要有个"敬"字。在朱子的解释中,敬有两层意思:其一,就是要心诚,真心真意地爱自己的父母。其二,就是要把爱父母的事做好,"小心畏谨,不敢慢道(怠慢)"。所以他说:"爱而不敬,非真爱也;敬而不爱,非真敬也。"

2014 年春节

书与教授与书房

我从小就爱书,从小就想当教授,从小就希望能拥有一间自己的书房。

所以,当有了第一笔可以自己支配的钱,买的第一样东西就是书——一本《革命烈士诗抄》。所以,进了大学以后把每个月伙食费的一半用来买书,工作以后把工资的一半拿来买书。所以,很早就拥有了满满一房间的书。

高中毕业,当知道自己是"历史反革命"的儿子时,曾经对生活、对生命产生过绝望——因为"出身"注定了我和大学无缘。感谢一位好心又"胆大妄为"的老师,把我破例招进了大学。但我知道,我的教授梦只能留到下一辈子去圆了。可是历史给了我莫大的恩惠——"四人帮"倒台了,我紧紧抓住圆梦的机会——考上了研究生。终于天遂人愿。

可是,我却一直无法拥有一间自己的书房。当面对堆积得如垃圾的图书一筹莫展,当为了寻找一本书而弄得汗流浃背却一无所获时,什么灵感、什么激情、什么思路、什么理念、什么创作的欲望,都在精疲力竭与懊丧烦恼之中烟消云散了。

人直到知天命之年,才终于有了书房。但这一次历史却同我开了个玩笑——当我拿到了分配给我的期房,知道很快就将拥有一间自己的书房时,我从教学与研究的岗位上调动到出版社。这是一个全新的天地,忙,令人无法想象的忙,使我失去了读书的悠闲、思考的入定和写作的从容不迫。我竟然没有了"占有"自己书房的时间和"使用"自己书房的精力。书房,对于现在的我,竟成了几近摆设的奢侈品。

我们的先哲早就有过"鱼和熊掌不可得兼"的古训。你要么当好你的社长,要么回去继续做你的学问。想要兼得,必然陷入两难之中不能自拔。

但是我想起了"前人",既当好社长,又做出了学问的大有人在。即使是"今人",也不乏其人。

只是,他们是人杰,而我只是个凡人。

凡人只能把希望寄托在未来:等老了,总可以回到我心爱的书斋里去了吧?

(原载于《上海教育报》1998年11月27日)

一本成语词典

我是一个天生爱书的人。喜欢读书，喜欢买书，喜欢藏书。

古人有所谓"家徒四壁，别无长物"的说法，以形容家境的贫寒。可我家的四壁却充满了"长物"——书。改一下古人的话叫"家徒书籍，别无长物"。没有统计过我究竟拥有多少册书，但我可以告诉你一个模糊概念：在一个20平米的书房外加一个十几平米的客厅里，除了窗户和天花板，都是书，看不到墙。

尽管书很多，而且会越来越多，尽管在这座书城里有一些很珍贵的好书，尽管立在书架上的不乏装帧精美的书，可我最看重的却只有一本书，一本破旧的书，被我补了又补，翻得破了又破的小书。这本书陪伴了我整整40年。

说起这本书，还有一个至今令我动情的故事。

那是我上初中一年级的时候，妈妈让我到南京的伯伯家度暑假。伯伯有一个儿子，那是我的堂兄。堂兄只比我大一岁，可是玩的办法和技巧要比我高明得多。他带我爬树掏雀窝，教我用树杈做弹弓打鸟；每天下午最热的时候，他带我去河里游泳；傍晚我们去逮"叫哥哥"，用面筋做成粘胶去粘知了；晚上他教我用布口袋去套萤火虫，或者打着手电去捉蟋蟀。对于我这样一个从小在大城市里长大，天天看到的是楼房和汽车的孩子来说，简直像是到了天堂。我被这美妙的乡趣、野趣和天趣所陶醉，尽情地玩啊，玩啊，忘记了时间，忘记了做功课，有时甚至忘记了吃饭。

可是一个偶然的发现改变了这一切。

一天，我在堂兄的房间里发现了一本叫《分类成语词典》的书，这是一本很旧的书了，纸已经泛黄，书角卷起，封面也快脱落了。可是这一本毫不起眼的书却使我大开眼界，原来世界上竟有如此之多的成语啊！由于它是分类编排，你想要表达某种意思的成语可以毫不费力地在书里找到。真是太美妙了！

我想起了作文课。我的作文经常被老师当做范文在课堂上宣读。可是我总觉得自己肚子里的形容词太少，太少，根本不够用。如果我能掌握更多的形容词，成语可以信手拈来，那我的作文一定会更漂亮，老师一定会更喜欢，那该多好！我贪婪地读着《分类成语词典》，从早到晚，忘记了麻雀，忘记了游泳，忘记了"叫哥哥"，忘记了知了，忘记了蟋蟀，忘记了萤火虫。可是堂兄不高兴了，他说我是书呆子，下次再也不要我到南京来了。我不理他，继续我的"攻读"。

几天以后，这本书不见了，怎么也找不到。我问堂兄，他诡秘地说："你不是一直在看吗，怎么问我？"失望像黑夜一样笼罩着我，我急得差点哭出来。我继续找，翻箱倒柜地找，毫无踪影。可是堂兄却很高兴，有点幸灾乐祸的样子。我突然醒悟过来——一定是他把书藏起来了！我很气愤，想骂他，想和他打架。可书是人家的呀，他有权不让你看呀。再说，他比我大，身体也比我魁梧，要打架我也不是他的对手。怎么办？我决定耍一个小小的花招。

第二天，我又高高兴兴地和他一起去玩了，玩得天昏地暗，而且我总是让着他，顺着他，让他高兴，让他赢。一切似乎又恢复了原来的样子。

开学的日子越来越近,我必须回上海了。在临别前一天晚上,我对堂兄说:"我想问你要一样东西。""什么东西?""那本成语词典。"堂兄惊讶地看着我,他怎么也不会想到,我还记挂着那本书,而且还想把它拿走。他不作声,怔怔地看着我,好一会儿,扭头走了。

失望,再一次笼罩了我。这次我可是真正失望了,不,是绝望了。我恨堂兄,心想,我以后再也不到南京来了,也不许他到上海去。

可是,奇迹发生了。

早上,当我醒来的时候,我发现《分类成语词典》就放在我的枕边,而且还是两本,原来它有上下两册。我很感动,心里酸酸的,想哭。

这是发生在40年前的故事,可是我一直不能忘怀。不能忘怀堂兄的慷慨,不能忘怀堂兄的情谊,有时,我甚至感到有点对不起他——

今天的中学生绝对不能理解,一本成语词典会对一个人的人生产生多大的影响。自从有了这本词典,我爱上了文学,立志要为文学献身。我考上了中文系,做了语文教师,当了记者、编辑。"文化大革命"结束后,我又考上了研究生,毕业留校,成了教授……

可是我的堂兄却命运坎坷,连中学都没有读完……

有时我会这样想:如果我不拿走他的成语词典,他的人生会不会比我更灿烂呢?

(原载于《中学生阅读》2002年第2期)

香港科技大学访问记

在香港新界一处静谧的海湾环抱之中,一组浅色调的后现代派建筑群依偎在连绵不绝的山峦之中。这就是香港科技大学。

这真是一所充满诗情画意的学校,她背靠青山,面对大海,为了让每一扇窗户的主人都能尽情地享受大海多姿多彩的美丽和宽宏广袤的胸怀,建筑师以他的智慧把这一庞大建筑群中的每一扇窗户都设计成面向大海。在这以扇形面分布的建筑群中,各自独立的建筑物之间都有形制各异的廊道相连。这既增加了美感,又为学子们提供了躲避风雨侵袭的遮掩。在主楼前的广场中央,一个似花苞又似原子结构形的立体雕塑亭亭玉立着,这是一个以我国古代日晷原理与现代高科技相结合而设计成的现代日晷。面对它美妙的形体和这形体后所蕴含的无尽深意,人们似乎看到了它所代表的这所大学的宏大抱负——站在广博深厚的传统之上,向科学的未来进军。

香港科技大学创建于一九九一年,虽然只有短短的四年校龄,但已跻身于世界一流大学的行列。在近几年香港高校的排名中,她已遥遥领先于那些老资格的名牌大学。据统计,通过招标而争取到的科研项目与科研经费,香港科技大学已连续两年雄踞全港第一。这所学校的迅速崛起,在东南亚和欧美引起很大反响,成为国际教育及科技界瞩目的焦点。据介绍，这是一所在英国制度下，以美国方式管理的大学，而这在英国本土或英联邦国家中是独一无二的。这所大学集中了祖国大陆和香港、台湾学者在同一所学校工作和学习，这在东南亚地区也是唯一的。这所学校，从策划、设计、筹备到创办、建立，完全由中国的海外留学生独立完成。可以说，这完全是一所由中国人自己创办的学校，这在香港地区也是没有先例的。这所学校的教师平均年龄在四十以下，而且全部具有博士学位。

香港科技大学副校长孔宪铎教授是孔子的后裔。他认为，学校取得成功原因是多方面的。五十年代全球经济萧条，而东南亚，尤其是中国经济起飞，为学校的建立提供了契机。另一方面，九十年代正是一大批四九年前后出国留学的中国学者事业取得成功，各方面都达到成熟的时机。他们想找机会报效祖国，香港正是可以干一番事业的地方。更重要的是，九七年香港要回归祖国，祖国对广大海外学子有巨大的向心力。而香港政府从政治上考虑，也愿意把钱花在教育上，这一切为科技大学的成功提供了一个千载难逢的好机遇。

但这一切还只是外部条件。孔副校长认为，办学成功的内部条件主要是吸引人才。他列数了校内当代第一流学者的情况，充满自豪地介绍了学校学术队伍的强大阵容，听来确实令人惊讶。他说，科技大学吸引人才的经验主要在其竞争机制上。工作压力大，人才进校很不容易，学校的机制不容许不合格的人进校，学校形成了一个良性的人才竞争与流动的机制。这样，不仅吸引了大批一流的人才，而且留住了人才。

有了人才这一最宝贵的资源，科大才敢于提出这样的办学目标：世界一流。孔副校长说，他们要把科大办成东南亚地区高等学校的典范。

（原载于《上海教育报》1996年4月1日）

莲 花

早上起来,看到莲花开了。两个莲花缸,各开出了一朵新鲜的花。赶紧用手机拍了下来,给朋友们传了过去。美丽的花,预示着大家会有一个美丽的早晨、会有美丽的一天。

莲花确实很美,她的美是我喜欢的美:亭亭玉立,洁白无瑕,孤傲群芳。

她的美,文字很难传神。那是一种神韵之美,一种意蕴之美,当用心和思去体会。

宋代的大理学家周敦颐写过一篇脍炙人口的散文《爱莲说》。文章很短,仅一百二十一个字。且录全文:

> 水陆草木之花,可爱者甚蕃。晋陶渊明独爱菊;自李唐以来,世人甚爱牡丹;予独爱莲之出淤泥而不染,濯清涟而不妖,中通外直,不蔓不枝,香远益清,亭亭净植,可远观而不可亵玩焉。
>
> 予谓菊,花之隐逸者也;牡丹,花之富贵者也;莲,花之君子者也。噫!菊之爱,陶后鲜有闻;莲之爱,同予者何人?牡丹之爱,宜乎众矣!

此文通篇用对比着笔,在对比中行文,在对比中用意,确实是一篇不可多得的美文。

周先生说,他爱的是莲花的"出淤泥而不染"。这就凸出了莲花与众不同的品行：高洁——洁身自好而不同流合污，坚守高志而不流俗。就人而言，这确实是一个非常不容易保持的品格，尤其是当你被庸俗和污秽包围，当媚俗已成为流行病的当下，有几人可以坚守自己的节操呢？也许会有人坚守，但是当坚守为谋生所困、为升迁所累，你还能坚守吗？也许，还会有人坚守，但是又有几个人能坚守十年、二十年呢？

周先生说，他爱的是莲花的"濯清涟而不妖"。这是莲花的又一种特立独行的品行：美而不妖艳，美而不招摇。这是一种清丽之美、清雅之秀，含蓄而内敛。周先生说，这样的美是她修炼而得的正果：把自己在清澈而流动的水中洗濯吧，清漪而流淌的水可以洗去妖媚。水，是造就莲的环境。什么样的环境造就什么样的花，什么样的环境也造就什么样的人。理学家说，浑浊的气，使人的气质变浊，他就是一个品行低下的人；清明的气，使人的气质变清，他就是一个品性高雅的人。

周先生爱莲花的"中通外直，不蔓不枝"。这是从莲的外表写到了莲的内涵：通达而正直，简洁而不繁缛。莲是表里如一的，她的枝干笔直而没有多余的枝蔓，内芯也是通透而一贯到底。不深藏不露，不拐弯抹角，不故作深沉，不暗藏玄机。这正是一种理学家们追求的理想人格："大人者不失赤子之心。"

周先生爱的是莲花的"香远益清，亭亭净植"。莲花的香气，不宜近闻，她是远远地飘逸，越远，香越清新。莲花是一位经得起时空考验的美人，时间再久，距离再远，她也不会使你失望，不会改变她的气质和品行。鲁迅说："好向濂溪称净植,莫随残叶堕寒塘。"濂溪即周敦颐——让我们向周敦颐笔下的莲花学习吧,保持人格的高洁、直立,而不要追随那些凋残的败叶,堕落到冰冷、污浊的池塘中去。

(原载于《文学报》2010年10月28日)

忐忑城大行

香港城市大学的中国文化中心邀我去做讲座,讲题由我自定。我很感激他们的邀请,我其实很想借这个机会和香港的大学生们见见面,了解他们,感受他们,倾听他们。

但是我还是有点怕:"文化大革命"我是经历过的。

另外,我讲什么呢?我不能讲我不熟悉的课题,我要对我的听众负责。那么,我熟悉的课题——儒学、朱子学、经学,他们愿意听吗?

有朋友告诫我:你不用担心,没有年轻人会来听你的课。意思是,你尽管讲。

好,我决定"自说自话":《儒学·儒家·价值观》、《朱熹的命运与朱子学的展开》、《朱子家礼的现代演绎:以婚礼为例》。这都是我在内地多次讲过、广受欢迎的题目,希望也能受到香港听众的欢迎。

于是怀着忐忐忑忑的心情去了香港。

香港是我非常喜欢的地方,以前,我几乎每年都会去一次,或访友,或观光,或购物,或度假。但是曾几何时,我不敢去了,也不想去了。但心里却是一直记挂着她。感谢城市大学给了我这个顺理成章的机会,可以克服一下小小的心理障碍,亲近一下这个久违了的梦中情人。

讲座很顺利,但是果然如友人所言,年轻人很少。但是,出乎我意料的是每次总还是有几张青春的面孔以及他们那些渴求知识的眼神。我每次从马会楼的住处走到讲演场，总要穿过熙熙攘攘的人群，那里，城大的年轻人们正在轰轰烈烈地忙着。为我带路的女士告诉我：刚开学，现在是学校各种社团招兵买马的时候。我想，年轻人都在这里，可以理解，而那几张出现在讲堂里的年轻面孔就难能可贵了。

每次讲完，那几个年轻人也会与我讨论一些问题。他们的问题有的很专业，也有的一听就知道不是学文科的，一定是学科学的。但是，好学、好奇、认真却是一致的。我感到很欣慰，香港的年轻人让我感到了一种"同胞吾与"的亲切和温暖。

我的香港朋友告诉我，城市大学中国文化中心的"中国文化讲座"在香港很有名，坚持了十几年，深受香港市民的欢迎。我是第一次参与这个项目，有机会切身体会这个项目的魅力，深感这个项目发起人的用心之良苦，更体会到把这个项目坚持下来的后来者们的艰辛。香港回归了，但是她离家实在是太久了，所以家是什么样子恐怕很多香港人都已经很模糊了。"中国文化讲座"给香港的市民和学生们提供了了解和亲近母体文化的机会，这就像是乳汁，可以滋润人们的心灵。妈妈的奶水，原来是这样的味道。我仔细阅读了近一年来讲座的题目，发现内容丰富而多彩，我甚至发现了有关扬州评话的讲座和表演。这是一个很小众的题目，但却是一个让人们充分了解中华文化多样性与生动性的题目，这样的题目在内地都不常可得，想不到在香港出现了。说实话，我不知道有这样的讲座，如果我早知道，也许会赶到香港来，一饱耳福。城市大学的这个讲座，更使我感慨的是它的坚持。老实说，办一个讲座其实并不难，难的是能长长久久地坚持。

香港回归这些年来,发生了多少事,思想、文化、学术的冲撞、变异、融合和说不清道不明的纠缠,在不断地撕扯着。在这样一种动荡的时局中,始终保持着一种镇静的定力,谈何容易?城市大学的中国文化中心做到了,不能不对她肃然起敬!

离开香港以后,我一直沉浸在讲座带给我的喜悦与感动中。我想,作为一个有志于毕生为中国文化而献身的学人,有责任为香港的这一文化奇葩多做一点贡献。我希望还有机会再来,也希望我能为她再做点什么。

2016 年 11 月 5 日于海上桑榆匪晚斋

(原载于香港城市大学《南风》2017 年 1 月 26 日)

朱子家礼的现代演绎

行动的儒学

1949年10月1日,毛主席在天安门城楼上向全世界宣布:"中国人民从此站立起来了!"这是一个划时代的伟大事件,它宣告,中华民族完成了人格上的站立,中国人民实现了国格上的站立,全体中国人实现了精神上的站立。但是,国家长期的经济落后依然像大山一样压得中国人抬不起头来。改革开放,终于使我们摆脱了贫穷和落后,中国的经济崛起终于实现了中华民族再一次的伟大站立。但是,中华民族的伟大复兴不仅依赖于经济的复兴,还要依赖于文化的复兴,而经济的复兴必然会导致文化的复兴。在国家经济连续取得三十年大踏步增长的今天,我们终于有可能来谈论复兴文化,来谈论传统文化的传承与弘扬。

文化受益于经济。但是,文化又绝不是一个被动的因素,它在三个层面上支撑着经济的可持续发展。这三个层面是:科学的层面、制度的层面和精神的层面。所以,经济和文化是互为因果的,文化的复兴有赖于经济的发展,而经济的可持续发展又离不开文化的支撑。中华民族伟大的文化的复兴,其中很重要的一方面就是以儒家文化为核心的传统文化的复兴。

伴随着经济发展的步伐,中华传统文化的复兴已经走过了十几年的路程。传统文化的复兴是从民间开始，从草根滋生的。从最早的儿童读经热，到一浪高过一浪的国学热；从"百家讲坛"的热播，到蒙学读物的畅销；从唐装汉服的流行，到中医的被顶礼膜拜；从祭祀文化的复辟，到家谱、族谱编修之风的兴盛，无不说明了传统文化在民间的复兴已经有声有色而且方兴未艾。

以我的观察，经历十几年的艰难跋涉，现在传统文化的复兴已经进入了一个新的阶段：一个从文本到实践的阶段，一个从理论到践行的阶段。所以，我大胆提出一个新的概念："行动的儒学"。《礼记》中有一个很重要的篇章——《儒行篇》，讲述了儒学的理想人格，而它的重点是说，追求理想的人格不在于讲论，而在于笃行。

多年以来我们把儒学仅仅看成是文献，只看成是研究对象，从来没有想过其实儒学是应该践行的。我是学古典文献出身的，近二十多年来一直在从事朱子学的研究，但是这个道理——也就是"儒家的思想学说是应该要去笃行的"这个道理——是最近几年才悟出来的。我们在研究朱子的时候，往往把朱子看做一个形而上的思想家、哲学家，对他的文本进行纯理论的、纯学术的研究，但其实朱子不但是一个思想家和哲学家，也是一个社会实践家。他的很多思想和理论，包括他制定的礼仪制度，是供社会、供民众实行的，这一点我们以前没有认识到。

朱子的"礼"

朱子是中古时期中国复兴儒学与行动儒学的最伟大和最

成功的思想家,集理学之大成,构建了以性理学说为核心的形而上的理学体系。但是他同样关注与重视"天理"与"人心"的连结与过渡,重视"天理"对形而下的世俗社会的影响与干预。在他看来,儒家的礼仪就是把天理和人世间进行对接和过渡的最好方式。

朱子如此重视"礼",自有他的深意。他把礼看做是对理的践履。如果理是知,那么,礼就是行。同时,他还强调了礼对人的约束作用。他认为,人只有"动必以礼",才能"不背于道"。朱子强调内容与形式的结合,使内容与形式互为表里,这使他构建的理学体系成为一个严整和周密的系统,同时也使理学的理论起到了反哺社会、维护和规范社会秩序的作用。

一、在朱子看来,"礼"是对世俗社会影响和干预的最有力手段。"礼者,天理之节文,人事之仪则也。"他的学生兼女婿黄榦对此解释说:"盖自天高而地下,万物散殊,礼之制已存乎其中矣……人禀五常之性以生,则礼之体始具于有生之初。形而为恭敬辞逊,著而为威仪度数,则又皆人事之当然而不容已也。圣人因人情而制礼,既本於天理之正。隆古之世,习俗醇厚,亦安行於是理之中。世降俗末,人心邪僻,天理堙晦,于是始以礼为强世之具矣。"

二、朱子全面考察了从北宋到南宋"礼"学理论、文献及社会实践的实际情况:

其一,古礼佚失及毁弃情况比较严重,有宋一代,完整保留下来的古礼经书已经很少。"臣闻之,六经之道同归,而礼乐之用为急。遭秦灭学,礼乐先坏,汉晋以来,诸儒补辑,竟无全书,其颇存者,《三礼》而已。"(《朱子全书》卷十四

《乞修三礼劄子》)

其二,北宋时期制定的几部重要礼书,如《政和五礼新仪》、《淳熙编类祭祀仪式》、《中兴礼书》等也因兵火而散失。

其三,由于时代的变迁,古礼已经不能适应当时现实生活的需要,很难施行。

三、针对这种情况,朱子从两方面着手,对古礼进行改造与重建:一方面,加强学术研究,对现存古礼进行文献学的整理与研究,其最主要的成果就是《仪礼经传通解》和《绍熙州县释奠仪图》。另一方面,在现存古礼的基础上编修新的礼书并颁布施行,而《家礼》就是其经典的代表之作。

四、朱子着手编修新礼书,对此他也有十分缜密的思考。归纳起来他的编修方针有如下要点:

其一,"因其大体之不可变者而少加损益于其间。"就是说,新编之礼必须遵循古礼之不可变更的大原则:"且是要理会大本大原。"(《御纂朱子全书》卷三十八)这个大原则就是"谨名分,崇敬爱"。

其二,但又不能因循古制,尤其不能拘泥于细枝末节:"某尝说使有圣王复兴为今日礼,怕必不能悉如古制,今且要得大纲是,若其小处,亦难尽用","今若只去零零碎碎理会,些小不济事,如今若考究礼经,须是一一自着考究教定。"(《朱子语类》卷八十四)

其三,略浮文,务本实:"古礼繁缛,后人於礼日益疏略。然居今而欲行古礼,亦恐情文不相称,不若只就今人所行礼中删修,令有节文、制数、等威足矣。"(《朱子语类》卷八十四)

其四，与时俱进："礼，时为大。使圣贤有作，必不一切从古之礼。疑只是以古礼减杀，从今世俗之礼。"（《朱子语类》卷八十四）

朱子家礼的生命力

从朱子对古礼的改造和重建中我们可以看出，朱子对待传统的做法是：继承传统而不拘泥于传统。对待传统，朱子怀着一种敬畏的热爱，他高度认同传统的价值，并以承传传统为己任。我们来看朱子思想的展开，他所依傍的主要是传统的儒家经典文献，而他展开思想的方式则主要是"述而不作"。"述"，实质上就是借用传统的思想与理论资料来表达自己的思想。他是传统的延伸，而不是另起炉灶。这证明，他的方法论与他的理论基础是一致的，这是"道统"的另一种表现形式。

但是继承传统并不是拘泥于传统。传统在朱子那里是活的、发展的和开放的。朱子思想的展开是以传统的经典文献为依归的，但是，这种展开并不是重复传统，复制传统，而是用新的理念、新的视角、新的方法，对传统的经典作出全新的与时俱进的诠释。朱子的高明之处在于他决不纠缠于对过去思想资料的评判和争论，而是高屋建瓴地用新方法、新观念对传统和经典作重新解释。当然，这种新解是以对文本的全面理解和把握为基础的，是言之有理和有说服力的。这要以博学和通达为背景。

由此出发，我在研究《朱子家礼》时就想，朱子的家礼、宋代的家礼，这样传统的东西到现在还有没有生命力？我们今天还有没有可能恢复它？我思考的第二个问题：当今中国社会西风盛行，西俗泛滥，我们根本不知道我们还有自己的礼，包括婚礼。现在青年人结婚都采取了西式的婚礼，而不知道我们中国还有自己的婚礼。中国的婚礼是非常典雅的，它的内涵是非常深刻的。在这样的社会风气下，我们有没有可能通过推行传统儒家的礼仪挑战西俗的泛滥，并借这个机会实现中国文化的自我救赎？

当年朱子在改造《仪礼经传通解》时写成了《朱子家礼》，有一个学生问他："我们在把古礼拿来施行的时候，是不是要一一地按照古礼来做？"朱子是这样来回答他的："不可能，我们不可能一一地按照古礼来做。古礼有很多我们现在已经行不通了。若干年以后，那时候的人也不可能按照我们宋代的礼来实行。"他已经预见到，将来我们也是要对他的礼进行改造，让他的礼适应我们的社会的。

试以婚礼为例。《朱子家礼·婚礼》以《仪礼·士婚礼》为基本文献予以改造。其改造的基本方法为：

一、精简程序：如删除了《仪礼》中的"问名"、"纳吉"、"醴宾"、"请期"、"飨送者"等。

二、归并：如将《仪礼》中的"妇至"，归并入"亲迎"；将"妇见"、"醴妇"、"妇馈"、"飨妇"归并入"妇见舅姑"；将"祭行"、"奠菜"归并入"庙见"。

三、精简程式：《仪礼》中的各项程序中有许多非常繁缛的程式，有的重复，有的迂阔，有的不合时宜，朱子予以大刀阔斧地删汰，使程式简洁、可行、易行。

四、新增了部分程序及程式。新增的程序为"议婚"；新增的程式为"告于祠堂"。这两部分是非常重要的增加，它们使"婚礼之本"更加突出而易于执行。

五、与时俱进,吸纳了民间婚俗的部分内容,如"铺房",如"言定"。

经过朱子的改造,其婚礼的主要程序为七项:议婚、纳彩、纳币、亲迎、妇见舅姑、庙见、婿见妇之父母。

朱子作《家礼》,是其将"天理"与人间对接的一个重要尝试,是其将形而上的理学思想世俗化的一次社会实验。可惜《家礼》一书刚写成便因失窃而失传,直至朱子去世才重新露面。所以,《家礼》成书以后是否在社会上实行过,现在还无足够的史料予以印证。但是,朱子去世以后,《家礼》一书复出,立即被大量传抄、翻刻,可以证明,它已经很快地被社会、被民间、被官方所接受。但是,由于史料匮乏(这种草根类的民俗文化,很少受到官方与文人的重视),我们依然无法确证其在民间实行的具体情况。庆幸的是,近年在徽州发现的一本家族史志——《茗洲吴氏家典》,为我们提供了有力的佐证。

《茗洲吴氏家典》是一本记载清代徽州府休宁县虞芮乡趋化里茗洲村吴氏家族世传"家典"的著作。作者吴翟,字青羽,号介石。吴氏乃休宁世族大家。《家典》撰写成书,先后经历过九至十代人的酝酿与努力(刘梦芙《茗洲吴氏家典点校前言》),直至吴翟定稿成书,时在康熙五十二年。由此可知,吴氏家典在吴氏族中实行当有百年之久。

《家典》基本是对《朱子家礼》的演绎与发挥,故窦容恂在其《序》中说:"《家典》发明《家礼》,参议门郑氏规条,以无失紫阳本旨,且阐其义,醇而不杂。"李应乾序曰:"大要以朱子为宗旨,而旁及於近世诸大儒之书。"详考《家典·婚礼仪节》，与朱子婚礼完全重合，《家典》只是做了一些非常具体的内容发挥与补充，如"昏书"、"告文"的具体撰写格式，拜、跪的具体程式，同时增补了各种仪式的座位及器物陈设的位置图。其对《家礼》唯一有创意的补充是，在进行合卺礼时，要歌唱《关雎》及《思齐》两首诗。

《家典》的发现，有理由使我们相信，在从明至清的一个长时期里，《家礼》曾在民间广泛施行。朱子的社会实验是由社会大众完成的，其结果则是成功的。

2009年12月，我对《朱子家礼》又作了一次大胆的社会实验，实验的目的是为了求证：一、时至今日《朱子家礼》是否仍有生命力；二、面对西风席卷，西俗泛滥，中华传统社会礼俗被全盘西化的社会现实，代表本土文化和传统的儒家婚俗，是否可以对全盘西化发起一次挑战，以寻得中华文化自我救赎的一席之地。根据朱子编修《家礼》的成功经验，我尝试对《朱子家礼》"婚礼"部分做现代化的改造。改造的原则如下：

一、大本大原严格遵循朱子之教而不敢稍有违背。

二、删繁就简，尽量使繁缛的仪式、程式能符合当代人的生活节奏与心理习惯。

三、尽可能地吸取西式婚礼的精华，为我所用，使之融入中华古典式婚俗之中。

四、使朱子婚礼的现代版具有较强的可观赏性。

《朱子家礼·婚礼》现代版，具有如下特点：

一、现代版婚礼对朱子婚礼进行浓缩处理，把原本应该发生在几天、几个月的各项典礼仪式集中到一个晚上来展示。故现代版将朱子原版的"议婚"、"纳彩"等七个程序压缩为

"纳彩"、"纳币"、"亲迎"三个程序。其中又以"亲迎"为重点,故又将"醮子礼"与"纳雁礼"插入其中。

二、强调告于祠堂(祖宗)及新人父母在婚礼中的主导作用,以示中式传统婚礼与西式婚礼的不同之处。告于祖宗所释放出来的信息是:婚姻不仅是男女双方两个人的事,而且是两个家庭、两个家族之间的事,一对男女结为夫妻,就意味着必须对这个家庭、这个家族负起传承传统和可持续发展的责任。

三、西式婚礼有证婚人制度,中华则无此传统。故现代版保留了交换婚书的仪式,象征着一种契约和保证。同时现代版吸取民间拜天地、拜祖宗、拜父母、夫妻对拜的习俗,以示中华传统以天地、祖宗、父母为证婚人,更显庄重与意蕴高远。

四、亲迎礼中,除了告于祖宗外,突出了"醮子礼",使父母之命在大庭广众之中得到确认,同时也使新人对父母、家庭、族群和配偶的责任所做的承诺得到确认。

五、亲迎礼中,突出了"纳雁礼",这是为了宣示婚姻阴阳和顺与忠贞不二的古训。当然,这一仪式,也使得婚礼的观赏性得到加强。

六、亲迎礼中,新增了行交杯礼,即古礼中的"合卺礼"。此礼乃是为了匡正当下婚礼流行之西俗所谓"交杯酒"而设。西俗所谓"交杯酒"不伦不类,考无出典,实乃恶俗。由于"交杯酒"具有较强的观赏性与象征意义,所以我遍考群籍,从《东京梦华录》中检出北宋民俗中"交杯酒"之典式,将之复活。现在的交杯合卺之礼既不离古,更典雅,也更名实相副,其观赏性与象征意义得到充分体现。

七、现代版吸取了西式婚礼中拥抱、亲吻的内容,并以此为全部仪式的终结之点,迎合了现代年轻人的习俗,并将典礼推向高潮。

2009年12月5日,我以犬子朱祁为实验对象,在上海西郊宾馆举行了一场现代版的朱子婚礼,收到意想不到的效果,尤其是在年轻人中引起极大反响。这场婚礼的成功说明,时至今日,朱子婚礼依然具有强大的生命力,它的复活是可能和可以预期的。中华传统的礼俗文化,完全可以在现代化的进程中、在西俗铺天盖地的压迫下找到自己的位置和发展的空间。

(原载于《人民政协报》2010年11月15日)

化民成俗
——婺源县朱子文化落地工程纪实

婺源——中国最美乡村,朱子祖籍地。南宋咸淳五年(1269)宋度宗诏赐婺源"文公阙里",同孔子阙里并列,从此婺源被誉为"江南曲阜"。

朱子一生两次回故里。一次为中进士后的第一年(绍兴十九年,1149),时年二十。一次为鹅湖之会后一年(淳熙三年,1176),时年四十有七。朱子虽然仅有两次的回乡经历,但婺源的人民对这位乡贤充满了深厚的难以割舍的情感。这种情感的一个直接结果,就是朱子在这里的遗迹一直被好好地保护着,虽经"文革"也没有受到毁灭性的破坏。

"文革"以后,传统文化开始复苏,婺源人对朱子的情感之火再次被点燃。在世界朱氏联合会的推动下,婺源县政府出资修复了朱子一世祖朱瓌之墓(墓地是我根据各种文献和地方史志,结合实地考察而认定的。墓地修复历时一年),并列为县级文物保护项目。同时,县政府与世界朱氏联合会联手,开展了朱子文化的建设工作。但是,由于种种原因,婺源的朱子文化建设经历了不断的起起伏伏、时断时续。直到最近几年,才真正出现了全面复兴和可持续发展的良性态势。

作为一个亲历者,回顾一下婺源朱子文化建设所走过的路,研究一下婺源朱子文化建设所经历的起起伏伏、坎坎坷坷,我觉得,除了众所周知的一些大环境、大气候的原因外,主要的问题出在定位不准、定位错误上。

"文革"以后,百废待兴。婺源的领导们出于对自己的乡贤朱子的敬重,觉得这是一张可以打的牌,朱子可以提升婺源的知名度,可以借此招商引资,为本地的经济发展带来实惠。所以当时的口号是"文化搭台,经济唱戏"。在那个时代,这是一句到处都在喊的口号,人们的认识停留在那里,怪不得那时的领导。但是这样来定位朱子文化建设,注定是要落空的。出现反复,不足为怪。

后来,婺源的知名度,因一句"中国最美的乡村"而为世界所知,旅游成了这里发展经济的主旋律。于是,又有人打起了朱子的主意——推动朱子文化建设,借以提升婺源旅游的文化内涵。这不能不说是个好点子。一则,中国的旅游缺少文化,这是发展旅游的一个瓶颈。婺源有朱子,这是得天独厚的优势,不用白不用。再则,婺源的自然风景虽然独步天下,但它其实处处离不开朱子,把朱子与风光结合起来,才真正能看出婺源之美,美在人文与自然天衣无缝的融合。

然而,在实践过程中,人们不能不遗憾地发现,打朱子的牌对旅游的直接效应其实微乎其微。一腔热情被打了水漂。自然,反复再次出现。

人们要问,问题究竟出在哪里呢?

我以为,人们忘记了一个最关键的事实:这一切其实离不开一个最重要的因子——人,婺源的人。婺源的人文,是婺源人一代接一代打造成功的;婺源的美是婺源人精神的凝聚和创造。离开了婺源的人,哪里还有婺源的风景呢?所以,最美的东西不是风景,而是婺源的人,婺源人的人文精神和人文情怀。当然,精神不能直接产生经济效益,但,没有了精神，遗失了人文，风景和 GDP 就不可持续，婺源就没有未来。

可喜的是，党的十九大以后，婺源新一届的领导班子用一种全新的视野和观念审视朱子文化的建设，用一种莫大的勇气和决心推动朱子文化建设，重新定位，再次出发，开启了朱子文化落地工程的建设。

婺源县这一波朱子文化的建设，其重点在"落地"，其定位在"化民成俗"。

一、高位推动，高屋建瓴

从 2017 年底到 2018 年初，县委书记吴曙带领县四套班子先后赴山东、浙江、福建等地考察孔子文化、朱子文化建设，强力推动婺源朱子文化工作。考察归来，不失时机地召开朱子文化建设座谈会，在充分研讨论证后下发《纪念朱子诞辰 888 周年活动方案》和《朱子文化"六进"普及活动实施方案》。所谓"六进"，就是朱子文化进机关、进农村、进学校、进社区、进景区、进家庭。显然，"六进"就是要保证朱子文化的落地。

二、抓住机遇，盘活资源

2018 年是朱子诞辰 888 周年，婺源县抓住这千年一遇的契机，点燃了全县民众轰轰烈烈地推动朱子文化建设的热情：县内朱子遗迹被修葺一新；文公庙落成；朱子文化高峰论坛隆重举行；"朱子研学之路"开营；徽剧大戏《朱子还乡》

开排；一批以"朱熹"命名的学校、道路、桥梁、酒店被全部被冠以"朱子"之名；朱子书法、摄影展迎客；中小学生的朱子诗词吟诵会在各校举办；以全县干部（从县级干部到乡镇干部）为对象的"朱子讲堂"开讲，陈来教授和朱杰人教授分别作了《朱子其人其学》和《朱子学的建构与中华传统文化主体精神的重建》的报告。

纪念朱子诞辰888周年的活动一场接一场，有声有色，让婺源的老百姓切切实实感受到了朱子文化的魅力，也对外扩大了婺源朱子文化的影响力。

三、内引外联，依托学术，夯实朱子文化的根基

近年来，婺源县配合中华朱子学会、上饶师院朱子学研究所先后举办朱子国际学术研讨会4次、两岸四地朱子学术研讨会2次，承办了华东地区朱子学文献整理与研究学术研讨会，共接待来自韩国、马来西亚、印度尼西亚、法国等国及国内（包括港台地区）各大学研究朱子学的专家教授500余人，收到论文200余篇。

同时，县领导礼贤下士，隆重聘请陈来教授和朱杰人教授为县政府文化建设和朱子文化建设的顾问。

2018年初，在正博实业有限公司的支持下，紫阳书院复建。经过一年多的努力，书院建成了全球首家朱子学数据库一期工程，并正式上线；编修《朱熹书法全集》，并正式出版。书院驻院学者计划也将于年内实施。

这一切，为婺源的朱子文化建设提供了有力的学术支撑

和保证。

四、重在普及，传承朱子文化精神

婺源从基层入手，为学校师生讲授朱子文化，一年达30余场；各中小学校举行朱子"释菜礼"仪式，尊师重教蔚然成风；全县机关、镇村设立"朱子讲堂"，制作朱子文化宣传栏，多形式、多渠道向广大干部群众宣传朱子文化；实施"微家训"工程，涵养社会文明风气。

"问渠那得清如许，为有源头活水来。"朱子文化的熏陶，对婺源家风、民风发挥着深远的影响。

五、化民成俗，落地生根

朱子文化"六进"活动，使朱子文化融入老百姓的日常工作和生活。县朱子文化研究会走进校园，一个学校接一个学校讲授朱子文化。由县委宣传部和县教育局组织编写的《"朱子家训"选读》及朱子中学编写的《朱子读本》等校本教材在全县推广。全县所有的中小学将在年内全部建成朱子塑像。从2019年春季开学始，"释菜礼"将成为各学校的开学典礼，这一仪式使尊师重教得到高扬，使传承中华民族的优秀传统成为自觉。

结合乡镇公共文化建设，全县村级和社区都设立了朱子讲堂。同时，对全县旅游系统导游、讲解员进行了朱子文化培训。

紫阳书院在这场化民成俗的工程中扮演着重要的角色。

2018年暑假，在县教育局的支持下，第一期婺源县国学骨干教师培训班在紫阳书院开班，50余位来自全县中小学的国学骨干教师接受了为期10天系统的国学教育。这个培训班，将在每年的暑假举办，力图把婺源全县的国学教师轮训一遍，以提升国学师资的总体素养。同年年底，紫阳书院朱子学术思想读书班开学。15位经过遴选的学员将在书院系统研读朱子的《小学》，并着手编写新时代朱子"小学"读本，以为全县中小学生的乡土教材。

在朱子的思想学术中，礼，是化民成俗的主要手段和抓手。紫阳书院配合教育部门在中小学中开展礼的教育及礼仪和行为规范的养成，一所学校一所学校去做，一件事情一件事情去推，持之以恒，潜移默化，习惯成自然。我们相信，假以时日，婺源孩子们的精神气质将会出现喜人的变化。

《学记》曰："君子如欲化民成俗，其必由学乎？"朱子注释说："此言惟教学可以化民，使成美俗。"在教育上着力，婺源无疑是找对了方向。

化民成俗，是朱子一生的政治追求和终身践履的政治担当。他作《大学章句》，坦言他的目的是为"国家化民成俗"，为"学者修己治人"。鄙人从事朱子文化的普及与推广工作30余年，饱受磨难，屡遭打击，从不轻言放弃。但常常会有一个问题在脑际浮现：我们在民间推动朱子文化究竟是为了什么？难道就是为了每年开几次国际学术研讨会？那不应该是学者们的事吗？难道就是为了搞一些吸引眼球的大型纪念活动，如祭祀、如演出、如比赛之类？那不是博得一时之彩，而后就是一片沉寂吗？诸如此类，仔细想想其实都不应该是我们的目的。我们的目的说到底，就是为了化民成俗，改变社会风气，改善人际关系，让人性回归仁爱和善良，让良俗和美俗战胜恶俗和陋俗，让正气和正义重新充塞天地。在传统道德、传统伦理、传统价值观被破坏殆尽的当今社会，这难道不应该是刻不容缓的当务之急吗？从这个意义上说，婺源这一成功案例的意义已远远超出了一个小小的县城。

最后，我还想就我的观察谈一点婺源之成功的原因。

婺源的成功不是偶然的。不言而喻的是，这是在传统文化被重新认定为国家和民族的根脉和灵魂的大背景下得以生长发育的。这是天时。但是仅有天时还不够，像婺源一样享尽天时之利却毫无作为的地方有的是。

其次，还有地利——地方政府各级领导的开明、勇气和执着。婺源县的党委、政府，对朱子文化建设的认识超越了一般地方领导和某些学者们的高度，这是婺源之幸，婺源人民之幸。更难能可贵的是他们不仅有认识的高度，更有付诸实践的勇气和魄力，其执着、其坚持、其大气，令我这个外来的合作者感到敬佩。

第三，当然是人和。婺源有一些具有深厚人文情怀和社会担当的企业家，他们不求回报地支持朱子文化建设，一掷千金，毫不吝惜。紫阳书院就是这样办起来的，他的后台老板是婺源县正博集团的董事长朱江，他坚持紫阳书院不以营利为目的，所有的活动、项目一概以公益利民为宗旨。所以，我们的国学培训班、我们的读书班、我们的数据库、我们的报告会、讲座、雅集，甚至学员的课本、文具、吃饭、住宿都是免费提供的。

当然，所谓人和还不能少了学者。一批从全国各地来的学者如楼宇烈、陈来、朱杰人、徐公喜等自觉加入到婺源朱子文化落地工程的事业中来，保证了这一工程的方向和品质。

所以，婺源的朱子文化建设是天时、地利、人和三者紧密配合、协同合作的产物。我想，这三者，缺了任何一块，都不可能取得今天这样的成功。

感谢朱子造就了一个独一无二的婺源！

感谢时代成全了一个充满进取精神的婺源！

感谢婺源的人民和领导成就了一个使人产生无限遐想的婺源！

2019 年 3 月 19 日于海上桑榆匪晚斋

祠堂与理学

很久不来无锡了。这次应邀出席"无锡首届朱子文化促进论坛",有幸参观了惠山古镇的祠堂群,真是大开眼界——无锡竟然有这样一个祠堂汇聚的所在!

祠堂是祭祀的场所,祠的本意就是祭,而且特指春祭。祠堂出现得很早,大约在先秦时代就已经有祠堂的规制。杜甫《蜀相》诗:"丞相祠堂何处寻,锦官城外柏森森。"指的是祭祀诸葛亮的场所。司马光说:"先王之制,自天子至于官师皆有庙……汉世公卿贵人多建祠堂于墓所。"(《文潞公家庙碑》)司马光的话告诉我们,祠堂出现很早,但那仅仅是皇家和官宦贵族们的专利,普通老百姓是不能有祠堂的。这种情况到了南宋彻底改变,改变的推手和主导者是朱子(熹)。

中国是一个讲礼的社会,礼乐文明是中华文明区别于西方文明最显著的特质之一。而祠堂恰恰是"礼"的一个重要内涵。但是古礼有所谓"礼不下庶人"之说。这里当然有一个等级观念在支配,比如,有些礼仪只能君主有,大臣如果使用了,就是僭越。但是更重要的是这是囿于社会生产力低下,普通老百姓没有能力执行繁缛、昂贵的礼仪规制与程式。但是到了宋代,情况发生了变化,社会进步了,生产力提高了,普通人的生活也发生了变化,但是作为规范社会秩序和言行举止的礼却脱离广大民众,显然不利于社会的稳定与和谐。朱子登高一呼,将礼下移,让高高在上的礼落地,使它进入普通人的生活和社群。他亲自为老百姓制定礼——这就是《朱子家礼》。

《朱子家礼》第一章为《通礼》。他说"通礼""皆所谓有家日用之常礼，不可一日而不修者"。而《通礼》开宗明义就讲的是"祠堂"。朱子说："今以报本反始之心，尊祖敬宗之意，实有家名分之守，所以开业传世之本也，故特著此冠于篇端，使览者知所以先立乎其大者。"朱子强调祠堂的作用是为了让人树立"报本反始之心，尊祖敬宗之意"，这是开业传世之本。他在《祠堂》这一章中规定："君子将营宫室，先立祠堂于正寝之东。"就是说盖房子首先要盖祠堂。接着他详细描述了祠堂的建制和规模。如果"家贫地狭"——没有条件盖祠堂的，可以在家中合适的地方设立神龛供奉祖先的神主。从此，祠堂的建制在中华大地遍地开花，祭祀先祖、先贤成为中国人的一种信仰和生活方式。

无锡处于太湖流域，历来是有名的鱼米之乡、富裕之地。在这里推行理学的礼制有很好的经济基础，所以惠山能集聚如此多的祠堂，本不足怪。但是，再深入地探讨下去，我们又可以发现，惠山祠堂的建制大都严格遵照《朱子家礼》，其祭祀程式也恪守《朱子家礼》，各祠堂家训、族规，也基本出于《朱子家训》及《家礼》。所以，惠山祠堂的灵魂就是朱子和他的理学。

理学在无锡地区的传播有悠久的历史。杨时是第一个把理学带到无锡来的人。杨时是二程的弟子，他与游酢一起向程颢执弟子礼。北宋政和三年（1113），杨时辞别老师南归，程颢目送他离去，说了一句话："吾道南矣。"杨时来到无锡，创办东林书院，从此二程理学在江南落地，正印证了程颢的预言。杨时在东林书院讲学十八年，传播了理学，培养了人才，东林书院成为传播理学的重要基地。他的三传弟子就是朱子，朱子集理学之大成，构建了新儒学的庞大体系，成为影响中国近古社会的官方哲学。而后，东林书院又成为传播朱子理学的重镇，被誉为"洛闽中枢"。高攀龙、顾宪成等东林历代山长一以传播和捍卫朱子理学为职志。另外，无锡的紫阳书院更以朱子的学术理论为办学宗旨，与东林书院形成了江南理学之双璧。以东林书院和紫阳书院为核心的江南书院群成为理学传播和理学学术思想研究与普及的基地与孵化器，既培养了大量的理学人才，又极大地推动了理学在民间的生根与发芽。民间的祠堂循理学之礼而建设、管理、运营，从而实现教化民众之功，就成为理所当然的事。

概而言之，民间祠堂因理学而生，理学赋民间祠堂以灵魂。这就是祠堂与理学不可分离的关系——共生、共荣、共持续的命运共同体。

2019 年 12 月 7 日于海上桑榆匪晚斋

重视索引之学

本文提要： 索引之学，在我国学术史上，还是一门比较年轻的学问。现代科学的发展，尤其是电脑的出现，不仅为索引工作提供了更广阔的前景，也向索引工作提出了更为迫切的要求。呼吁学术机构都来关心索引的编纂工作，使我国的索引事业能尽早地繁荣起来。

索引，是一种将文献资料中的各种事物，如人名、地名、书名、内容、主题等分别摘录，注明页数，按照一定的规律加以编排，以作检索的工具。作为一种治学的工具，它具有较大的实用性，但作为一门科学，它亦具有严肃的学术性。

索引之学，在我国学术史上，还是一门比较年轻的学问。虽然我国古代的类书已经具备某种索引的特性，但从严格意义上来说，索引之学在我国的发展还是近现代的事。索引在我国最早出现时的名称"引得"，就是英文 index 的译音。可见这是一个舶来品。在我国，第一位有组织、有系统地大规模进行索引编纂工作的学者，是已故的当代国际著名历史学家洪业先生。由他领导的哈佛燕京学社引得编纂处，是国内最早运用科学方法编纂中国古典文献索引的学术机构。他们先后编成出版的经、史、子、集各种引得多达六十余种，八十余册。这些索引中的大部分至今仍是众多文史工作者案头不可或缺的工具书。

索引在我国的出现比较晚，这有其历史的原因。我国古代的学者崇尚记问之学，他们讲究博识强记，提倡过目成诵。这固然是一种值得学习和继承的治学方法，但毕竟有着很大的局限性。清人就已经意识到了这一点，他们编纂的《经籍籑诂》就是一部类似索引的书。这本书的出现，曾经大大地方便了语言学、文学、史学的研究者，以致一而再，再而三地被过录、翻刻，广为流布，至今仍为学人所钟爱。历史发展到今天，知识的繁富已达到了用"爆炸"来形容的时代，记问之学虽仍不失为一种打基础的治学方法，但已绝不能适应今天学术研究的需要。如果说三十年代洪业先生的工作是筚路蓝缕的开拓的话，那么今天大力发展索引工作已成了一项刻不容缓的事业。

现代科学的发展，对索引工作的需求越来越大。人们要进行科学研究，就必须了解和借鉴前人或别人的研究成果。怎样从堆积如山的文献资料中找到自己所需要的资料呢？人们固然可以靠记忆，但最可靠、最迅捷的途径还是索引。所以，目前世界各国都十分重视索引的编纂工作，有的国家还明文规定，一切学术著作，在发表时都必须附有必要的索引，否则不予出版。尤其是电脑的出现，它不仅为索引工作提供了更广阔的前景，也向索引工作提出了更为迫切的要求。现代科学技术日新月异，科技成果不断涌现，在发达国家，早已开始大量应用电脑储存和检索科技资料。人们只要按动电钮，远在千里之外或早在千年之前的某一项资料就会跃入你的眼帘。但是，请不要忘记，电脑的这种魔力不是天上掉下来的，它离不开索引的编纂工作，首先有了索引，并把它输入电脑，荧屏上才会出现奇迹。可惜的是人们在赞叹电子科学的神奇时，往往忘记了那些默默无闻为之输液喂食的索引编制者们。

应该指出，索引工作在我国还处于很落后的阶段。首先是数量少。就历史和文学而言，我国的文史典籍的数量之大，内容之浩博在世界上是绝无仅有的。可是除了哈佛燕京学社引得编纂处在解放前编的几十种索引外，很多重要的典籍都还没有索引。标点本二十四史出版已近十年，可是它的人名索引至今还没有出全。其次是质量低。目前我国的索引工作尚停留在人名、地名、著者等比较一般的水平上，对研究工作者具有很大参考意义的内容、主题索引还没有出现，断代的人物资料索引也只有为数不多的几种。第三，对于索引之学的理论研究，目前还没有提到议事日程上来，索引编纂者们还处在凭经验进行工作的初级阶段，索引编制工作的历史、源流、规律、方法及手段等还没有上升到理性。第四，还没有形成一支相当数量的索引编纂工作者队伍。

当然，造成这种落后局面的原因是多方面的，但是，依笔者隅见，其主要原因不外乎对索引工作的轻视和对编纂的艰苦性认识不足。诚然，编制索引，大量进行的是勾画、抄录、编排等技术性工作，但这仅仅是表面现象，在进行这一切纯技术性的工作之前，编纂者必须进行大量的研究工作，其中包括对资料的全面认识和评价，对版本、时代、人物及各种疑难问题的考辨，对编纂体例的研究和比较，等等。所不同的是别人把研究成果写成文章，而他们却把自己的成果变成了索引而已。以人名索引为例，如果编制者经过科学考证，正确地判断出莫衷一是的"苏老泉"是何许人，从而在索引中成功地把他归属于"三苏"中的某一"苏"名下，这不就是一件很有价值的学术成果吗？事实上，一个好的索引编纂者，本身就应该是个很好的学者，他们的学术成就固然可以通过论文、专著得到体现，但一本有价值的索引同样是他学术成就的结晶。我们为什么一定要厚彼薄此呢？三四十年代的哈佛编纂处有一位出名的学者聂崇岐，他的宋史研究就是在编引得中开始的，而经他手编成的引得，却又凝聚了他治史的心得。所以，从事索引编制工作也是一种学术研究。

对索引工作的认识不足，必然引起对编纂工作者的轻视。据说在有些研究机关不把编纂索引的工作人员当作研究人员，或者把不称职的研究人员"赶"去编索引；在出版部门，也有些人不重视索引的编辑出版，索引作者的稿酬也较低……这样做的结果是人们只肯写文章，出"成果"，而不愿去编索引，做"服务员"。可以断言，如果不从根本上扫除对索引工作的偏见，我国的索引事业绝不能得到较快较好的发展。我们呼吁学术机构都来关心索引的编纂工作，希望随着四化建设的不断发展，我国的索引事业能尽早地繁荣起来。

（原载于《文汇报》1984年3月5日）

致十七子
——刘永翔、严佐之荣退纪念文集序

1976年"文化大革命"结束,1977年恢复高考,第二年开始招收研究生。永翔、佐之和我就是"文革"以后的第一批研究生。当然,我们是邓小平改革政策的受惠者。我们的专业是"古籍整理与研究",这是一个全新的专业,它完全突破了传统文史哲的学科分类,所以,我们还是"文革"以后保护古籍与急需解决古籍整理和研究人才断层的时代需求的受惠者。

我们是从四千余名考生中被选拔录取的,共十七人:刘永翔、严佐之、蒋见元、张家璩、吴格、戈春源、朱友华、蒲秋征、李先耕、徐星海、王雄、吕友仁、萧鲁阳、王松龄、俞宗宪、李伟国、朱杰人。当时录取我们的学校还被称作"上海师范大学"——"文化大革命"中,上海的五所大学,华东师范大学、上海师范学院、上海体育学院、上海教育学院和上海半工半读师范学院被合并为一所大学:"上海师范大学"。录取以后,前四所学校恢复了建制,刘永翔等十一人被分到华东师范大学,吕友仁等六人被分到上海师范大学。值得一提的是,在这十七人中,有一些是跳过了本科而直接被录取为研究生的,他们是:刘永翔、严佐之、蒋见元、张家璩、吴格、李伟国。他们中有几位是同时拿到了本科院校的录取通知和研究生的录取通知,而最后选择了读研究生。这六位同学中，永翔、见元、家璩、吴格是有家学渊源的，而佐之和伟国则接受过名师的训练和指点。

永翔和佐之毕业以后留在了华东师大古籍研究所。永翔受业于老所长徐震堮教授，专攻文学。佐之受业于周子美教授，专攻版本目录学。

永翔幼承庭训，少受家学，腹笥便便，文笔优长，每为文，则援古证今，如瓶水泻地，迸注分流，是一个十足的读书种子。读研三年，永翔的才华得到了充分的显现。他的另一项特长——善辞赋与古体律诗的写作——也崭露头角。他的学位论文《清波杂志校注》"寻坠绪之茫茫，独旁搜而远绍"，以考据精审、校勘谨密、注释详尽、文字雅驯而一鸣惊人。执教鞭以后，首开古诗词鉴赏与写作课，训练诸生写韵文，作律诗，广受欢迎而声名远播。凡沪上有大事、盛事，则必不可少其笔墨以助兴、以传世。作诗，善用典；喜为学术小品，无一字无来历；擅文坛掌故、奇闻异事，娓娓道来，解颐而益智。永翔之才向为侪辈所倾服，可谓十七子中之大才子者也。

佐之出生于诗礼之家，其先祖为清代著名学者及琴学大师，为官一方，因不满官场腐败而出家为僧。早年受教于顾廷龙先生，亲炙而登堂入室，遂为版本目录之年轻专家。就读研究生以后，又得周子美先生秘传心法，乃得大成而名扬天下。佐之为人谦恭而温文尔雅，治学以谨严称，训弟子以严谨名。所著《古籍版本学概论》、《近三百年古籍目录举要》为版本目录学名著，是高校古典文献学专业必读之书。近年，因修《朱子全书》乃及宋明理学文献之整理研究，主持国家级重点项目《朱子学文献大系》，其中《近思录专辑》、《朱陆异同专辑》屡获大奖,为学界所称道。佐之治朱子学,由文献入而由文献出,从整理文献入手而获义理之精粹,故能长袖善舞而博通深耕。如其于《近思录》之研究,称之为当今首善,断不为虚言。佐之向以谦谦君子为侪辈所称道,可谓十七子中之君子者也。

杰人不才,尝忝为古籍研究所所长。主政期间,倾全所之力编修《朱子全书》,越十年之久乃得告成。其间,永翔、佐之弃本业而助余之成,殚精竭力,凡书目之定谳、体例之推敲、作者之遴选,乃至审读、定稿,无不参与其中并多所贡献。十年攻关,我们可谓三位一体,《朱子全书》是三位一体之杰作。

长期以来,古籍所学科门类齐全,却各自为政,无法形成合力。《朱子全书》的编修成功,不但为古籍所留下了一笔丰厚的学术资产,也为古籍所走出了一条整合全所资源干大事的成功之路。以佐之、永翔领衔的《朱子学文献大系》正是沿着这条道路继续前行并取得成效的结果。现在,他们两位都要退休了,古籍所下面的路会怎么走?我一直在想,我想永翔和佐之也一定会想的。毕竟,我们是这个所的第一批学生,我们传下了先生们的衣钵,我们希望先生们的衣钵能永远地传下去。

时间是这个世上最能弄人的东西,它的高明之处是它弄人却不动声色,不留痕迹。当年那十七个意气风发的青年或中年学子,转眼之间变成了各自学科的权威,倏忽之间又变成了满头白发的"爷爷"。可是不变的却是我们的心——一颗执着于学术与育才的心。我想,无论是永翔、佐之,还是友仁、友华,荣退以后一定不会退出这个舞台,只是我们把前台让给了年轻人,我们退居后台了而已。

永翔、佐之荣退了,古籍所的主事者为他们编了一本纪念文集,要我写一篇序。我想,这是一个无法推卸的任务——为了永翔、佐之,也为了包括我在内的十七子。

是为序。

二〇一八年八月二十七日于海上桑榆匪晚斋

我与田浩
——田浩《旁观朱子学——略论宋代与现代的经济、教育、文化、哲学》序

田浩先生只长我一年,但却是我老师辈的人物。我是我们国家打开国门以后恢复和建立研究生制度后的第一代研究生,那是1978年。第二年,在一次宋史国际学术研讨会上,我见到了田浩。当时学术界刚刚打开封闭的大门,有机会见到一位来自美国的正儿八经的高鼻子蓝眼睛的美国教授(这时的田浩已经是一位在宋史研究上很具影响力的学者),对我们这些刚入学术大门的研究生来说不啻一个难得的开拓学术视野的良机。我的一位同门学长,后来就是通过他去了美国,做了他学生,尽管我的这位同学后来成了一个电脑营销商。

当时的田浩先生还很年轻,但长相有点老成,不过这老成好像更增加了他的学术的权威性。我们是怀着崇拜的心情听他演讲的。他的普通话还说不上很流畅,但基本能做到达意。他的演讲和论文确实为我们打开了一扇窗,特别令我兴奋的是他向我们展示了一种完全不一样的研究方法和对中国历史所关照的别样的视野。相形之下,对他研究的结论却并不在意了。

那是我第一次见到田浩,那时他好像还没有把研究的重心投向朱子和朱子学。但是,他对朱子的研究却有一种先知先觉的本能。我很早就注意到他关于朱子学的研究情况,早

在朱子学成为一项国际显学之前，他的研究工作就已经开始了。我想，这与他把研究的触角深入到宋代思想史的研究分不开。他一定是意识到，朱子的存在，是研究宋代政治、思想、学术、文化永远绕不开的坐标。

田浩的朱子学研究，始终是与中国国内朱子学学术研究的走向相伴而行的。他与中国的学者保持着广泛而深入的联系，对国内朱子学研究的动态非常熟悉。所以，他的研究能汲取国内学者最新的成果，并能精到地指出国内研究的问题之所在，从而把自己的研究融入国内的争鸣与创新之中。难能可贵的是，田浩对国内外朱子学研究的学者的关注，他尤其注意一批批学术新人的出现。每次见面，我们总会有一个话题：他告诉我，他认为值得向我推荐的一些美洲和欧洲的朱子学研究的博士或年轻的学者们。因为他，我认识了一批海外学者，从他们那里学到了很多，见识了很多。更令我敬佩的是，他对国内年轻学者（包括博士生、硕士生）的关注，他会对我说某某的博士论文很有价值，建议我予以出版。比如，他就曾不止一次地向我推荐岳麓书院的殷慧博士，他认为殷的博士论文对朱子礼学的研究具有建设性的意义。

无论从西方人的眼光看还是从东方人的眼光看，田浩都应该是一个住在象牙塔里的人，他的身份、他的工作以及他的工作对象，都应该是高高在上的，可是田浩却从不忽略学术与社会的关联，从不轻视民众对学术的影响与互动。他把这视作历史对现实的投射和现实社会对历史经验的注脚。

因为我的原因，田浩较早就参与了世界朱氏联合会的活动。起先，我以为，作为一个纯粹的学人，他也许并不屑于参与此类民间、民俗的活动（事实上，国内很多学者对此类活动或组织很不以为然），但事实是他却以很大的热情和好奇心投入到世界朱氏联合会的各种活动中来。在一次武夷山群众性的纪念朱子的活动结束后，他非常认真地对我说，他研究中国历史发现了一条规律："大凡一种文化思潮的形成和兴起，总是先从民间开始的。你们朱氏联合会在民间所从事的朱子学的普及推动而产生的影响力之广泛，证明了我的观点。"我听了他的话，大吃一惊。我原先总以为，作为一个老外，他恐怕是拘着一种猎奇的眼光看待中国最底层的民间文化的，没想到，他依然是用一个历史学家的眼光来看现实社会，并用今天的中国去理解和解释历史的中国。从那以后，我就主动地把世界朱氏联合会的活动通报给他，并邀请他参加我们在国内和世界各地的活动。每次，他都是非常积极地响应，只要有时间，他总会参加我们的活动。但是，使我没有想到的是，世界朱氏联合会最终成了他的研究目标。2009年，他以世界朱氏联合会作为研究课题，向美国的富布赖特基金会提出研究经费的申请。他在申请前曾对我提起过此事，我觉得一个美国的学术研究基金会要支持一项中国民间社团的研究，几无可能。可是田浩成功地拿到了研究基金。2010年元旦，他来到了上海的华东师范大学，开始了为时一年的研究工作。于是，我们见到了一系列的独特而又富于启发性的研究论文的发表。他的研究对象是中国学者闻所未闻的，甚至是根本不屑一顾的，但他的论文却在中国学界和文化思想界引起了震动。2010 年 10 月，在北京清华大学举行的纪念朱子诞辰 880 周年国际学术研讨会上，他的研究受到陈来教授的高度评价。

屈指算来,我与田浩已有了二十几年的交情,可是说起我们的交情还真有点"意思"。

在国际学术界,田浩的朱子学研究是有点"异类"的,他对朱子始终保持着一种批判的张力。这种张力突显了他的学术的独立人格和独立思考精神。奇怪的是,他与我这个人所共知的朱子后裔,并视朱子为家族之傲、民族之荣的人成了好朋友。他的女儿田梅小姐是我们友情的见证人,她曾经对她的父亲说:"朱教授对你这么好,一定没有读过你的书。"我想,这恐怕也是一段时期以来留在田浩心中的一个谜——一个那么顽执地维护其先祖的学术与人格的人,如何能容忍对他的祖宗的批评?当他借着女儿的口把这个疑惑抛给我的时候,我笑了。我告诉他:"我怎么可能没有读过你的书呢?我不但读,而且读得很仔细,你的研究我非常关注,一直在追踪。但是,我认为,学术就是学术,学术就应该有批评,没有批评的学术是走不远的。另外,在我的心目中,朱子学是一个开放的体系,它应该容忍各种不同的声音,包括批评。朱子的学说就是在争论与批评中成熟、壮大的。今天,它依然需要批评。我如果没有这样的雅量,就不配做朱子的裔孙。"

当时,田浩是睁大了眼睛听我讲完这段话的。我想,他应该会有所触动——中国的学者,从古至今都不会是胸襟狭隘的,不然,中国不会有如此灿烂的文明。从此以后,我们之间的关系变得更纯净和牢固了,大家在内心中都怀着一种对对方的敬意和同情。

当然,我也有自己的学术立场,所以该争论的时候,我也不会"客气"。一次在武夷山组织的学术讨论会上,我就对他关于朱子与陈亮的关系与学术争论问题发表了我的不同意见。我想,这也许就是孔子说的"君子和而不同"吧。

几年前,我就向田浩约稿,我希望他把朱子学研究的新作交由我领导的华东师范大学出版社出版。但,他迟迟不予响应。后来,他才告诉我,他的文章多有对朱子的"不敬",生怕我拿到一个烫手的山芋而进退失据。我告诉他,华东师范大学出版社已经成为朱子学研究著作的出版重镇,其影响已远播海外。但是,我不想让华东师范大学出版社变成朱子学研究的"一言堂",我希望我们的出版物中有不同的声音,批评和争论性的著作应该有一席之地。由于我的特殊身份,不同意见论著的作者一般不会把此类著作交我出版,而这有可能使我们错过一些非常优秀的学术成果。如果我能够出版你的著作,那无疑是向国际学术界发出了一个明确的信号:华东师范大学出版社是一个有气度、有包容的出版机构,而不是某一个人、某一家的私店。

遗憾的是,田浩交给我的不是一本专著,而是一本论文集。我对他说,我退休在即,非常希望在离开社长位置前出版他的著作。他说,时间不允许他再写一本关于朱子学的专著出来(此前,他的《朱子的思维世界》是交由陕西师大出版社和江苏人民出版社出版的,之所以不交给我,恐怕就是怕我为难)。我说,那就把你的论文汇总成一本论文集。也许是我的真诚打动了他,这次他没有拒绝。于是,就有这本书的出版。

书要付印了,田浩坚持要我写一篇序。我太忙,真是抽不出时间来写。但是,他的真诚也同样打动了我,于是我下决心把自己关在家里，写下了以上的感想，权充为老朋友的大著所作的序吧。

2010年12月13日下午15：30—18：32
于桑榆匪晚斋

（原载于《朱子文化》2011年第1期）

《本体即功夫——走进阳明学》序

高正兄的新书《**本体即功夫——走进阳明学**》要出版了，他要我写个序。我很为难，因为我不懂阳明学。但是他认为我能写，而且应该写。我想想也是，我可以不写我不懂的东西，写一点我懂的事情。

我懂什么呢？我懂朱高正。

我认识高正兄很早，他第一次来大陆就单独约见了我。记得那是在静安寺附近的一家酒店里，我们两个人相向而坐，也许是血缘上的关系，大家都有一种相见恨晚的感慨。所以初次见面我们就谈得很投机。因为比较关心台湾问题，我自以为对他还是有些"了解"的，但第一次见面，我就发现，眼面前的这位宗兄要比我所了解的多得多、深得多、广博得多、丰富得多。他是个不能用斗量的大海。记得那天我傻傻地问了他一个问题：你为什么要在"立法院"打架？他向我详尽地解释了"动用肢体语言"的缘由，最后说，现在台湾民主的闸门被我冲开了，再打架就不应该了。那次见面，高正兄留给我最深的印象是：这是一位具有世界眼光的政治家。

以后，高正来上海的频率就渐渐地高了，但每次来他都会通知我，约我见面、吃饭。我发现，他的朋友圈太大了，大到我有点适应不了的地步。但是我很喜欢和他见面，从他那里可以学到很多东西，更可以多了解一些对岸的情况。他在台湾的知名度很高，在大陆的知名度也很高。他不仅深受广大朱氏宗亲的爱戴，也深受大陆民众的喜爱。为什么？因为他是一个真正的爱国者。他的爱国情愫发自内心，真诚而深刻，足以感动任何一个对家国天下有情感的人。我们都知道，他是民进党的创始人，但是当民进党走上"台独"之路时，他毅然与之决裂，并开始了他坚决反对"台独"，推动和促进两岸和平统一的大业。我亲眼见到过他在痛斥民进党的"台独"劣行时激动得拍桌子的情景，也为他在憧憬国家统一前景时深情的眼神所动容。他的爱国不是装出来的，不是政治家的作秀，我能感受到他的心，大陆那么多的老百姓喜欢他，是因为被他的真心所感动。

如果把高正简单地归结为政治家，我认为那是小看了他。他还是一位学贯中西的学者。大家都知道，高正对《易》情有独钟。他在《易》学上的造诣，可说是已经达到了化境。在高正的酒席上，最令人感兴趣的游戏就是让他背《易经》。六十四卦，随便你抽出一句，他都能接着往下背。岂止是背，他把《易》学用在分析国际大事上，用在企业管理上，用在人事、修养上，可谓上学而下达。另外，在对《易》学的理论研究上，他的贡献也是不容小觑的。他的《周易六十四卦通解》打通了经与解、象数与义理的隔膜和纠缠，使《易》有了一种整体的呈现。高正在台大法学院毕业后去德国波恩大学深造，学的是康德的法哲学。但是，他始终没有忘记把西学与中学放在同一个坐标系上来研究。所以他的学术研究呈现出与众不同的中西融贯与中西比较的特点。在朱子学的研究方面这一点尤其突出。他研究朱子，康德及其同时代的西方哲学家始终是他对照与比较的对象，正因为有了参照系，所以他对朱子的理解和阐释往往出人意料、高人一等。也正因为有了这样的研究，朱子思想的历史地位与当今价值才更有说服力和超越性的价值。高正的记忆力和表达能力是超强的，他如果不从政，一定是个超一流的学者。我始终不明白，他为什么不在台湾任教职。直到有一天我见到陈鼓应先生，他说，他很赏识高正的学识和能力，认为他应该进入台大哲学系任教。可是，当他和另一位也同样赏识高正的台大哲学系教授讨论这个问题时，那位教授说：你想想看，在台大哲学系，除了我们俩，还有谁会投他的票？鼓应先生语塞了。这就使我明白了，为什么我总是隐隐地感觉到高正在台湾的学术圈子里是被排斥的。当然，这里有政治的原因，学者们也许是不喜欢一个政治人物闯入他们的领地。但是作为一个政治人物当他只谈学术的时候，为什么还要排斥他呢？高正在大陆讲学，他的听众可以塞满整整一礼堂。他在北大、社科院任客座教授，讲课的时候学生要抢座位。大陆的高校、学者并不排斥他。那么，我是不是可以这样理解，高正的才气太高，让人有点妒忌了。

高正是一个奇人，很多时候你不能用常理去估量他。2016年底，天才大哥告诉我，他听台湾的朋友讲，高正得了癌症。我大吃一惊，赶紧打电话给茂男兄问个究竟。茂男兄证实了这个消息。我很难过，为什么这样一个对两岸来说都不可多得的人才会得这种病呢？这时高正的电话来了，他坦然告知，他得了病，正在化疗。从电话里，我一点也听不出他有一点点情绪上的沮丧之情，反而是非常乐观地要求我一定要帮助他"在死之前把研究王阳明的书写出来出版"，并请我和我的一个朋友为他写序。我为他的乐观而高兴，但是心里免不了重重的忧虑。我说，你的事情我一定帮你完成，但是你一定要注意休息,配合治疗,不要太劳累,你不能死,两岸的人民都需要你。这以后,他过一段时间就会给我电话,报告治疗的进展。一天,他突然兴奋地告诉我,化疗结束了,医生惊奇地发现,他的肿块消失了,可以不用动手术了。我将信将疑,再次给茂男兄打电话。茂男兄告诉我,确实很奇怪,肿块不见了,连医生都说朱高正是个怪人。茂男是台湾医药界的大佬,为了高正的病,他专门请台湾治疗这类病的高手们吃饭,请他们多多关照。我想他的话不会假。放下电话,我立即拨通了高正的电话,祝贺他的成功,但是我依然告诫他要注意不能太劳累。今年的7月中,一年一度的"朱子之路"又要开营了。他突然表示要来与我们一起走"朱子之路"。我当然很欢迎他来,但是又怕影响他的康复。于是和他"约法三章":一切以他的健康为重,他可以随时离营。今年的初夏出了格地酷热,武夷山也是罕见的高温,烈日下,健康的人都很难扛得住,他竟然从头走到了尾。更离奇的是,爬天游峰的那一天,天大热,一大早就是烈日当头。我劝他在宾馆里休息一天。他说,他要去试一试。他硬是登上了天游的峰顶。他说,我要用登天游来测试一下自己的身体,我成功了。在天游峰顶,我们坐下来休息,我看着他从容不迫的神情,简直是有点目瞪口呆的感觉。我为他的精神和毅力所震惊,也为他生命力的顽强所钦佩。我想,这是一个怎样的灵魂!

高正好酒。他几次要戒酒,但每次都不成功。这次到武夷山,立华要请我们吃饭,他高兴得像个孩子:"我有酒喝了!"那天晚上他喝得很有节制,但是也很尽兴。他每次到上海来,只要有酒,我都会默默地承担起控制他酒量的责任。

人们知道他好酒，有时候会灌他。有一次我就很失礼地抢过他的酒杯倒扣在桌上，弄得大家有点扫兴。但是我知道，再下去一杯，他必醉无疑。高正的好酒是天生的，他也确实从酒中得到了快乐和情感的宣泄。但是他忘了，作为一个政治家，酒可以助其成，酒也可以败其业。如前文所言，我一见他就觉得他是一个有高远视野的政治家。他对台湾问题的看法和分析，高屋建瓴，入木三分。他对台湾局势的预见和走势，都被后来的事实所印证。他对大陆的形势和时局的研判，也大多清晰而符合实际。谈政治、历史问题，最难得的是他有一种超然的清醒，在一片混沌之中，他能看出发展的大势，事后，一般大都会"不出所料"。尤其难能可贵的是，他接受的是西式教育，又曾经是西方民主在台湾的鼓吹者和发动者，但是他对西方式的民主有着非常清醒的认识。他说，不能迷信西式民主，台湾式的民主已经无药可救了，美国式的民主也已经走投无路。但是这样的一位政治奇才却不能在台湾发挥更大的作用，感叹可惜之余，我不能不为高正的好酒扼腕：多少英雄为酒所坏啊！

　　写书序，这样用情的恐怕不多。但是我既然写了，也就注定是由不得自己了。因为高正对我来说，除了宗亲之外他还是我生命中不可多得的诤友。他很关心我，关心我的学业关心我的事业，关心我的家庭和孩子。他来上海见我之前，一定是做过功课的，他很清楚地知道我师从程俊英先生学《诗经》，也知道我和"世界朱氏联合会"中的很多故事。1997年，我就任华东师范大学出版社社长，不久他就到上海来见我。这一次他讲了《近思录》中的一个故事，他说，邵雍说"他山之石，可以攻玉"，玉是一种温润之物，如果拿两块玉来相磨，一定磨不成。须要拿一个粗粝的东西来磨，才能把玉磨成才。这就像君子与小人，小人就是拿来磨你的。他说，你的脾气急，性格过于刚直，到了出版社要注意磨自己。他的话我至今不忘，现在想来，我在出版社之所以会有那么一点成绩，与他的这番话不无关系。这番话，还让我在读朱子书的时候，悟出了另一个道理：不能把朱子的书单纯看作研究的对象，还应该把自己摆进去，切问而近思，通过读书改变自己的气质。

行文至此，应该是收尾了。但是既然是为一本书写序，讲了一大通外行话却始终"言不及义"似乎有点说不过去。所以，下面我就对本书的内容继续讲一点外行话。

本文一开头我就申明，我不懂王阳明。但是为了写序，我正儿八经地把高正的书读了一遍。他写得深入浅出，很快就让我这个王阳明的外行，找到了王家祠堂的门槛（当然，还说不上"登堂入室"）。我的感觉是：

第一，向来讲王学的，都把王阳明和朱子对立起来，以为王学是对朱学的反动。高正告诉我，王学实际上是朱学的余脉。王学离不开朱学，朱学是王学的根和本，王学是从朱学这棵大树上发出的一枝新芽。所以，要读懂王学，一定要先读懂朱学。如果不懂朱学，一上手就入王家门，恐怕十有八九要走偏、走歪。

第二，但是高正在指出王学与朱学的承续关系时，特别指出了他们之间的原则区别与不可调和的理论分歧。讲到这种分歧的时候，高正的行文比较谨慎。但是我始终认为，王学的释氏基因是无论如何不能粉饰过去也无法粉饰的困点。

第三，在当今王学被捧上了天的时候，高正毫不留情地揭示了王阳明在治学和构建理论体系时的狡黠和漏洞。其实在高正之前早已有人指出过王阳明在引证时的不严谨与故意作伪。但是，高正以他的博学和洞见，以大量实例坐实了这一点，出人意料又在意料之中。读来很是过瘾。

第四，本书告诉我们，王学是儒学、理学发展中的又一个里程碑，对中国思想史、哲学史乃至中国人心理历程的影响是巨大的，今天王学之热，恐怕不是无来由的。唯其如此，我以为我们今天真是需要认真地读一读王阳明，以免盲目跟风，以免走岔了道。

最后，感谢高正又写了一本好书，也感谢他促成我下决心写成了这样一篇不像样的序。

2017年8月2日于海上桑榆匪晚斋

《何立人医论医案选》序

《黄帝内经》是一部中医学的经典,尽管对它的作者、成书年代等问题历来聚讼纷纭,但这并不能撼动它经典的地位。黄帝在与岐伯关于健康、养身、诊疾等问题的对话时,开宗明义讨论的是医之道——也就是哲学问题:宇宙形成之哲学、宇宙运行之哲学和人与宇宙、人与自然、人与社会、人与环境等问题之哲学。然后,由"道"而及"术":健康之途径、养身之方法、疾病之诊疗。《左传》昭公元年:"晋侯有疾,郑伯使公孙侨如晋聘,且问疾。"公孙侨就是大名鼎鼎的子产。他不是医生,但是他能看病。他是用哲学看病。晋侯对子产说,自己的病是鬼神作祟。子产告诉晋侯,他的病与鬼神无关。子产说:"君子有四时:朝以听政,昼以访问,夕以修令,夜以安身。"你的病是不顺四时所致。晋侯认为子产讲得有道理,但还是不能治好自己的病,于是又向秦国求助。秦国有一位赫赫有名的神医,名和,秦国派和来为晋侯看病。谁知,神医的结论比子产更"不靠谱",他说,晋侯的病根本治不好,他的病"非鬼非食,惑以丧志"。惑什么呢?"是谓近女,室疾如蛊。"——惑于女色,房事之惑就像蛊一样可怕。问,那么女色不可近吗?和答曰:"节之。先王之乐,所以节百事也,故有五节。"于是对晋侯的大管家从音乐的平和谈起,再及天之六气,分为四时,从而得出结论说:"今君不节、不时,能无及此乎?"你家主人的生活完全违逆了自然与生命的规律，能不生病吗？

或曰：你是为何医生的医书写序，讲了这么多历史故事，是不是离题太远了？

对曰：何医生是大医，大医行道，小医行术。论何医生必自道始。

讲起中医之道，恐怕回避不了一个大问题：中医究竟是不是科学？这不是一个我故意挑起来的话题，这是一个由来已久的公案。比如，我们伟大的鲁迅就反对中医，认为中医不科学。他举例说，中医用药要用生长了若干年的植物，甚至还要用雌雄配对的蟋蟀做药引子，这不是胡闹吗？"五四"以后，甚至有一批人主张废除中医中药。直到今天，持此种主张的依然大有人在。但是这种观点是一点也经受不住实践检验的。中国人活了几千上万年，繁衍生息，人口越来越多，靠的不是西医西药，而是中医中药。试问，如果中医不科学，中国人不早就死光了，哪里还可能一代一代繁衍，而且繁衍的速度远较用西医西药的外国人为快？当然，随着科技的不断发展，中医中药的很多原理、药理被慢慢证实，青蒿素就是一个最有力的证明。

但是我们也不能不承认，中医中药确实"并不科学"，因为有很多中医中药的原理和效用是无法用现代科学所证明和解释的，比如针灸与经络。但问题是，现代科学也无法证伪呀。你无法证明，也无法证伪，那只能说明你的认识是不全面的，你的理论、方法不能涵盖你所想要研究和证明的问题。所以，我的结论是，中医是一种远远超越了现代科学的"科学"。请注意我在后一个科学上打了引号，我的意思是，科学并不是万能的，我们对科学也不能迷信。科学并不能解决所有问题,比如,科学不能解决人文的问题,同样科学也不能完全解决中医的问题。中医,它属于另一种我们目前尚无法认知的"科学"。也许,这另一种科学就是中国人对宇宙、对自然的看法和理解,它是一种哲学,它是一种"道"。强调中国人的哲学、中国人所谓的道,是因为中国人对宇宙、自然,乃至对人文、社会的看法与西方人不一样,这不一样,导致了两条完全不同的价值取向与解决问题的不同路径,也就导致了西医与中医的不同。明乎此,也就明白了我在文章开头时所讲故事的内涵与缘由,也就明白了岐伯、子产与医和之所以为岐伯、子产与医和,他们为什么不是柏拉图和哥白尼。

现在应该回到正题上来了,要谈谈何医生了。

我认识何医生很早。我是"文革"以后中国第一批研究生,学的是"古籍整理与研究"。记得在读研究生二年级的时候,我被同学拉去救场:为上海医学会中医研习班讲古汉语。学生很多,都是活跃在医疗第一线的中青年骨干医生。第一次给中医们讲古汉语,有点压力,也很高兴有机会交一批医生朋友。记得当时有一百多名学生,但最后,我只认识了何立人。何医生学习之认真自不必说,更让我刮目相看的是,他经常和我讨论课本以外的问题,主要是儒学的问题、古代文化的问题、古代典籍的问题。比如,我对他说,我们研究古书的人,经常在古人的文集、笔记小说中看到医案和验方、草方。这立刻引起了他的兴趣,表示"愿闻其详"。又比如,我有一段时间在研究中国的一本古卜筮之书,这本书历来被视作封建迷信、荒诞不经之书。但是,何医生有兴趣,他说能不能弄一本来读一读。后来我专门为他复印了一本。

我的研究告诉我,这本书并不荒诞,它论述和演绎的是中国古代的神秘文化,但是神秘并不代表不经和荒谬,其实它的信息非常丰富,就看你如何释读和破解了。我不知道何医生研读后的结论如何,我觉得,就凭他愿意下功夫读这样的书,就可看到他的独到之处了。我研究中国传统文化多年,我的研究告诉我,对传统不能以简单和粗暴的方式妄下结论,更不能以固有的思维定势去理解传统。南宋大儒朱子曾经给一位夏姓名医写过一篇序,全文如下:"予尝病世之为论者皆以为天下之事宜于今者不必根于古,谐于俗者不必本于经,及观夏君之医,而又有以知其决不然也。盖夏君之医,处方用药,奇怪绝出,有若不近人情者,而其卒多验。及问其所以然者,则皆据经考古而未尝无所自也。予于是窃有感焉,因书遗之,以信其术于当世,又以风吾党之不师古而自用者云。"他告诉我们,不要总以为自己比古人高明。对古人、对传统要有起码的敬畏之心和谦卑的态度,这样,你才能从古人那里学到本事、领悟真谛。屠呦呦之于青蒿素如此,何立人之于医道之神何尝不是如此?

  说何医生医道之神我是有切身体会的。我的体质一向羸弱,读研究生时体力透支和家庭变故的打击更使我落下一个每到季节交替时必发烧的毛病。何医生说可以帮我调理好,我于是认认真真地吃了将近一年他的药。果然,这个病彻底根除了,而且,整个身体机能得到极大改善,很少生病,精力充沛。后来我调任出版社社长,工作压力山大,工作节奏飞快,我不仅能从容应对,还能继续我的教学和科研,拳打脚踢,略无疲态。这不能不感谢何医生之所赐。当然,他毕竟是大医,我每次去看他,他对我讲得最多的是如岐伯、子产与医和之类的话。他告诫我，年龄大了，要避免疲劳，该放下的应该放下，任何好东西都不能取之过度，再好的药吃一段要停一停，再喜欢的食品也不能多吃。我想他是对的，所谓忠言逆耳利于行。忠言是最好的药。

我介绍过很多人去他那里看病，都说何医生的药灵。有的朋友多年的顽疾经他诊治，大多得愈。最使我惊异的是最近的一个例子：我的一个博士生患过敏症，而且多年不孕。我让她去看看何医生。一个月后，她的过敏症好了，更令她兴奋的是，她竟然怀孕了。我的学生很感激何医生，大龄得子，能不高兴吗？可是我想到的却不是她的病与她的儿子（她的儿子已经一岁多了，还专门抱过来让我看）。我想到的是何医生究竟是如何治她的病的。是先治她的过敏，再治她的不孕，还是过敏与不孕同时治？从她只不过吃了一个月的药来看恐怕不会是先治一病再治一病。难道是同时治？又或是治好了过敏也就治好了不孕？我不是医者，我不敢下结论，但有一点是可以肯定的，用西医的办法吃激素治过敏（她吃了一年多激素），不要说治不好（事实上没治好），就是治好了，她也不可能怀孕。但，何医生能。当然，何医生的能，是因为中医能。这就是中医的神奇之处，事实在那里，你不服不行。我想，何医生的这个病例是非常好的中医理论所谓整体施治与辨证施治的范例。何医生说："临床上，我尤其推崇《素问》'法于阴阳，和于术数'之理。"法于阴阳是道，和于术数是术，何医生之神，应该就是神在这里。

作为朋友，我多次建议他把自己的医道好好总结一下，写出来留给后人。我很高兴看到了他的书《何立人医论医案选》。我不学医，这书对我来说有点"深"。但我还是饶有兴趣地读了一遍，结果竟然爱不释手。我想中国的医道，其实就是天道、人道、治道，是一脉贯通的。从何医生的医案中，我们照样可以读出中国的哲学和中国人的智慧。遗憾的是，我在书中没有看到治我的学生过敏与不孕的案例，我想，以后再出新书，应该把这一页补上吧？

丁酉之夏于富春江边

《何立人膏方十五讲》序

何医生的又一本新书《何立人膏方十五讲》杀青,我有缘先睹为快。

我不是杏林中人,不懂医,对书中阐述的医道不敢信口雌黄。但是作为一个普通读者,而且是一个多年来受惠于中医、一向对中医感兴趣的读者,这本书却使我对膏方其理、其史、其材、其料、其配伍之道、其炮制方法及其沿革发展有了一个清晰的了解。书的上篇为《膏滋刍荛》,既研究了膏方的理论,探究了膏方的历史,又阐释了自己的膏方思想,足可命之为《膏方学》。其下篇《膏滋决疑》,是何医生三十余年来膏方之经典案例。所谓"决疑"乃其多年来针对不同病症和不同个人用膏治病、以膏养生的心得之结晶。有趣的是书中刊布了一些何医生的亲笔处方,字体端庄,一丝不苟,俨然一幅幅艺术品。何医生说,书写膏方"不但要体现临床和学术观点,遣词造句还应有良好的文学修养。许多老先生会用毛笔或者硬笔书法来书写膏方,这就更加是一份融合技术与艺术的作品了"。他说,当然不能要求现在的医生们个个都是书法家,但是"至少能做到字迹清晰,认真书写",这样才能让病人感到医生的"温度",而不是给病人一张冰冷的"制膏通知"。看何医生的处方,你可以感受到他的"温度",药还没有吃,病已好了大半。以前,何医生的处方都是手写的,我喜欢收藏(我也看过别的中医,凡是手写的处方我都会收藏，我认为那就是艺术品）。可惜现在都是用电脑了，再也看不到医家的书法艺术了。

诚如何医生的大作中所言，膏方的起源很早，现有的文献证明，它的出现甚至比《黄帝内经》还早。中药的剂型有丸、散、膏、丹、汤、酒、露、锭八种，膏滋、膏剂、煎膏、膏方就是膏。中医的剂型呈现出与西医的巨大反差，这不仅表现在中医的剂型之多，更表现在它的内涵（药材的纷繁复杂、配伍的锱铢必较、炮制工艺的出神入化）之深刻。其中膏就是一个典型的代表。膏，可以是成药，比如我们常见的"十全大补膏"，但是，膏又可以是只适用于某个特定个人的"专用药"。现在每到秋冬之交，人们趋之若鹜地去中医院"开膏方"，就是膏这种剂型深受欢迎的明证。膏之所以受欢迎，因为它既可以治病，又可以治未病，更可以养生。这样的东西，在西医里是闻所未闻的。

我研究儒学，我说过，儒学在中国的命运坎坷多舛，甚至到过命悬一线的危境。其实，和儒学一样的还有中医。中医在中国的命运也是坎坷多舛啊！何医生在书中回忆当年读书的时候，有些同学别校徽竟然要把"中"字藏起来，而只露出"医学院"三个字。可见在中医学院的学生眼中，中医也根本不是学，何谈"学院"？儒学与中医的例子告诉我们，我们曾经经历过那么荒唐、那么自卑的时代。中国人被人打怕了，被欺负怕了，被穷怕了，怕到怀疑起自己的祖宗和自己的文化来。好在中医顽强地熬了过来，熬到了春暖花开的季节。但是，在春天里人们看到的只是花，却没有看到花在万木萧瑟的时节是如何坚持的。何医生及其医道，就是在寒冬中始终如一地坚守和默默无闻地探求的那一朵花。如今它终于鲜艳夺目地绽放了。在那个时代,想学中医的人很少,进入了中医学院,要么是为了求得一个谋生的手段,要么是为了改变自己的身份从而另谋高就。真正为了中医事业而献身的青年人,可谓凤毛麟角。何医生应该是这一类人中的自觉者。我一直在问自己,支撑着他在严寒和清贫中艰难跋涉的理由是什么呢?读了他的书,我才明白,那是对中国文化、对中医的自信。

读何医生的书,我有两个特别深的感受:一、他对中医的典籍非常熟悉而精通,对历代名医的医案博览而深思。二、他对西医不排斥,也绝不迷信。

无论是读《何立人医论医案选》还是读《何立人膏方十五讲》,随处可见他对我国古代中医学经典的随手拈来、旁征博引。毫无疑问,这是建立在对经典的烂熟于心与心得独到的基础之上的。另外,何医生在论医、处方时,经常会出入先人,旁涉古贤。这是他经常研究和借鉴前人医案、医例的证明。而这一切离不开对中医学理论与实践的自信。我相信,他从来就没有怀疑过中医是不是科学,也从来就没有相信过中医是迷信、糟粕。所以,他能走到今天,名满天下,也就不足为怪了。

在本书中何医生有这样一句话:"要跳出西医病名的约束,局限于病名的约束进行处方和科研,思维就局限了。"这是他文化自信的又一个例证。我和他是多年的朋友,他不像我的一些西医朋友(当然不是全部西医)对中医很排斥,我发现,他对西医并不排斥。对西医的学术进展他一直很关注。但,难能可贵的是,他对西医也不迷信。他清楚地知道中医和西医是两个完全不同的理论与实践体系,可以互相借鉴而不可以互相取代。以冠心病为例，他说："冠心病的治疗并非治冠心病，而是从气血阴阳的调平去理解，这样途径和方法就多了。"西医不懂"气血阴阳"，但中医却从"气血阴阳"中抓到了冠心病的根。从这一点来讲，西医是治"术"，而中医是治"道"了。他还说："合理运用现代科技手段来阐释我们的中医内涵，这样我们才能谈发展、创新和辉煌，切不可轻易否定，亦不可绝对割裂，更不可没有理由地看不起自己。"是的，自己看不起自己，还谈什么中医，谈什么复兴中华文化呢？

一个医学的门外汉读一本中医学的专著，除了读出中医膏方的基本知识和道理，更读出了当下的热门话题——文化自信，这是始料未及的。我想，这恐怕是这本书最特别的地方：医者可以从中获取医道，外行人可以从中读取人道。见仁见智，可以各取所需，当然也可以鱼与熊掌兼而得之，岂不快哉！

新书付梓前何医生要我写几个字，这就算是序吧。

朱杰人
二〇一七年十一月二十九日于海上桑榆匪晚斋

《朱熹书法全集》序

朱子，名熹，字元晦，一字仲晦，婺源人，生于福建尤溪。

朱子是我国历史上继孔子以后最伟大，也是最重要的思想家、哲学家、教育家和学问家。他构建的庞大的"理学"（又称"新儒学"）思想、理论体系，是中国封建社会后期的主流意识形态和官方哲学，统治了中国社会长达八百余年，直到今天依然具有强大的生命力，是我们传承优秀传统文化不可或缺的思想宝库和理论依据。朱子的思想、学说在其生前即已远播海外，而后更成为日本、韩国、越南等亚洲各国的官方哲学，并深刻影响了西方的启蒙思想和现代科学的发展。

朱子是思想家，但不仅仅是个思想家，他的贡献是全方位的。早年，他以"诗人"被举荐于朝廷。他的诗，如"问渠那得清如许"、"万紫千红总是春"等早已是脍炙人口，而他的哲理诗，则为诗坛开辟出一片全新的天地。他还是一位自然科学家，胡适之说，朱子发现化石足足比西方人早了三百年。他还是画家，他对镜写真的自画像流传至今。让人不可思议的是，他还是一位音乐家。他通晓音律，能琴，还能作曲。但是因为他的理学成就实在是太伟大了，以至于他在另外一些领域所做出的杰出贡献被自己的理学成就所掩盖了，这真是一件遗憾却也无可奈何的事情。

今天，我们要说的是他另一方面的成就——书法。

朱子酷爱书法。朱子对书法的热爱缘于其父朱松的影响。绍兴十年（1140）刘琦以五千精兵大败十万金兵，朱松为朱子讲解《汉书·光武纪》，并手书苏东坡《昆阳赋》赠朱子，朱子时年十一岁。

朱松好书法，朱子晚年多次回忆说："先君子少喜学荆公书。"① "熹先君子少喜学荆公书，收其墨迹为多。"② 他评论王安石的书法说："语气凌厉，笔势低昂，尚有以见其跨越古今、斡旋宇宙之意。"③ "玩其笔势，直有跨越古今、开阖宇宙之气。"④ 但是，朱子对王安石的批评也很尖锐："张敬夫尝言平生所见王荆公书，皆如大忙中写，不知公安得有如许忙事。此虽戏言，然实切中其病。今观此卷，因省平日得见韩公书迹，虽与亲戚卑幼，亦皆端严谨重，略与此同，未尝一笔作行草势。盖其胸中安静详密，雍容和豫，故无顷刻忙时，亦无纤芥忙意。与荆公之躁扰急迫正相反也。书札细事，而于人之德性，其相关有如此者。"⑤ 朱子批评王安石的书法缺少一种"安静详密，雍容和豫"的气象，不够"端严谨重"，表现得急迫而躁扰。朱子认为，书法上的这种表现，实际上正是王安石急迫、急功近利的德性的表现。

---

① 《跋王荆公进邺侯遗事奏稿》，《晦庵先生朱文公文集》卷八三，《朱子全书》第 24 册，上海古籍出版社，2010 年，第 3904 页。
② 《与周益公》，《晦庵先生朱文公文集》卷三八，《朱子全书》第 21 册，第 1684 页。
③ 《跋王荆公进邺侯遗事奏稿》，《晦庵先生朱文公文集》卷八三，《朱子全书》第 24 册，第 3904 页。
④ 《与周益公》，《晦庵先生朱文公文集》卷三八，《朱子全书》第 21 册，第 1684 页。
⑤ 《跋韩魏公与欧阳文忠公帖》，《晦庵先生朱文公文集》卷八四，《朱子全书》第 24 册，第 3957 页。

这里，朱子明确地提出了书品与人品相关、书法与德性相关的观点。

朱子论书法，尚汉魏，对当时流行的书法现象提出了批评："书学莫盛于唐，然人各以其所长自见，而汉魏之楷法遂废。入本朝来，名胜相传，亦不过以唐人为法。至于黄、米而欹倾侧媚，狂怪怒张之势极矣。"① 显然，他看重汉魏书法之"楷法"，亦即厚重、稳健的风格，反对"欹倾侧媚，狂怪怒张"。但是，他却不反对米芾"天马脱衔，追风逐电"的"犇轶"，称之为"痛快"。② 对北宋四大家（苏、黄、米、蔡），他特别推许蔡襄："字被苏、黄胡乱写坏了。近见蔡君谟一帖，字字有法度，如端人正士，方是字。"③

朱子自己从小习字，除了受其父影响喜王安石以外，特别喜欢曹操的字，年少时曾经很认真地临过曹操的字。

朱子的书法融汉魏厚重端正、雍容和豫与唐至北宋以来诸家跨越古今、斡旋宇宙之犇轶于一体，表现出极具特色的个人风格。

遗憾的是，由于他的理学成就太高，而掩盖了他的书学成就。

元人干文传曾知婺源并预修《宋史》，他说："晦庵先生真迹，笔精墨妙，有晋人之风。大贤无所不能，固非可一艺名也。"④

---

① 《跋朱喻二公法帖》，《晦庵先生朱文公文集》卷八二，《朱子全书》第24册，第3868页。
② 《跋米元章帖》，《晦庵先生朱文公文集》卷八二，《朱子全书》第24册，第3870页。
③ 《朱子语类》卷一四〇，《朱子全书》第18册，第4336页。
④ ［明］赵琦美编：《赵氏铁网珊瑚》卷四，影文渊阁《四库全书》第815册，上海古籍出版社，1987年，第51页上。

明人陶宗仪说："子朱子继续道统，优入圣域，而于翰墨亦加之功。善行草，尤善大字，下笔即沈著典雅，虽片缣寸纸，人争珍秘，不啻璠玙圭璧……略不用意，出于自然。"①王世贞说："观晦翁书，笔势迅疾，曾无意于求工，而点画波磔无一不合书家矩矱……真有汉魏风骨。"② 可见，朱子之书历来受到极高评价。

朱子有很多书法作品传世，拍卖会上也常见有朱子的书作面世。当然，这里不乏伪作赝品。但是朱子的书法作品为世所重，是不争的事实。海峡两岸的出版机构都曾经出版过朱子的书法集。据我所知，这些出版物大多是据故宫藏品而编集的。但是在民间依然流传着大量的朱子遗墨，这包括摩崖石刻、拓本、雕版和匾额等。朱江先生重建紫阳书院后即发愿要编一本朱子的书法全集。经过几年的努力，尤其是经过仁正小姐奇迹般上天入地的发掘、采访，这本"全集"终于可以与大家见面了。

当然，书名曰"全集"，我们依然不敢自诩为已"全"，谁知道什么时候又会冒出一幅朱子的墨宝呢？所以此"全"者，姑且而已，发掘、收罗之事，依然不敢稍有怠慢也。再者，此所谓"全"，是说我们只是尽力把目前为止被称作朱子的墨迹各种文本收罗殆尽，毫无保留地呈献给读者而已，至于真伪，则只能请诸位高明自己判而断之了。

---

① ［明］赵琦美编：《赵氏铁网珊瑚》卷四，影文渊阁《四库全书》第815册，上海古籍出版社，1987年，第48页下。
② ［明］汪砢玉：《珊瑚网》卷七，影文渊阁《四库全书》第818册，第14页下、第15页上。

值此朱子诞辰888周年,我们敬献此书,以示我们对这位伟大先贤的无限敬仰和怀念之情。

是为序。

2018年8月29日于海上桑榆匪晚斋

《十三经汉魏古注丛书》序

儒学的发生和发展,是与儒家经典的确认与被诠释、被解读相始终的。东汉和帝永元十四年(102),司空徐防"以《五经》久远,圣意难明,宜为章句,以悟后学",上疏曰:"臣闻《诗》、《书》、《礼》、《乐》,定自孔子;发明章句,始于子夏。其后诸家分析,各有异说。汉承乱秦,经典废绝,本文略存,或无章句。收拾缺遗,建立明经,博征儒术,开置太学。"(《后汉书》卷四四)于今而言,永元离孔圣时代未远(孔子逝于前479年,至永元十四年,凡581年),然徐防已然谓"《五经》久远,圣意难明",而强调"章句"之学的重要性。所谓"章句",实即对经典的训释。从徐防的奏疏看,汉人认同子夏是对儒家经典进行训释的"发明"者。但也承认秦乱以后,儒家的经典只有本文流传了下来,而"章句"已经失传。西汉武帝即位不久,董仲舒上《天人三策》,确立了以儒学作为国家主流意识形态。自此,对儒家经典的研究与注释出现了百花齐放的局面,章句之学成为一时之显学。汉人讲经,重师法和家法。皮锡瑞曰:"前汉重师法,后汉重家法。先有师法,而后能成一家之言。师法者,溯其源;家法者,衍其流也。"(《经学历史》四《经学极盛时代》)既溯其源,则两汉经学几乎一出于子夏。即其"流",大抵也流出不远。汉章帝建初四年(79),诏群儒会讲白虎观,论《五经》异同,诏曰:"盖三代导人,教学为本。汉承暴秦,褒显儒术,建立《五经》,为置博士。其后学者精进,虽曰承师,亦别名家。孝宣皇帝以为去圣久远,学不厌博,故遂立大、小夏侯《尚书》,后又立京氏《易》。至建武中,复置颜氏、严氏《春秋》,大、小戴《礼》博士。此皆所以扶进微学,尊广道艺也。"(《后汉书》卷三)汉章帝的诏书肯定了师法与家法在传承儒家经典过程中不可或缺的作用,并认为收罗和整理濒临失传的师法、家法之遗存,可以"扶进微学,尊广道艺"。

严正先生认为两汉经学家们"注重师法和家法是为了证明自己学说的权威性,他们可以列出从孔子以至汉初经师的传承谱系,这就表明自己的学说确实是孔子真传"(《中国经学思想史》第二十四章《汉代经学的确立与演变》)。这种风气,客观上为两汉时代经学的发展提供了一个可控而不至失范的学术环境,有利于经学的传播和发展(当然,师法、家法的流弊是束缚了经学获得新的生命力,那是问题的另一个方面)。汉代的这种学风,一直影响到魏、晋、唐。孔颖达奉旨修《五经正义》,马嘉运"以颖达所撰《正义》颇多繁杂,每掎摭之,诸儒亦称为允当"(《旧唐书》卷七三)。所谓"颇多繁杂",实即不谨师法。史载,孔颖达的《五经正义》,编定以后因受到马嘉运等的批评并未立即颁行,而是"诏更令详定"。直至高宗永徽四年(653),才正式诏颁于天下,令每岁明经科以此考试。此时离孔颖达去世已五年之久。可见,初唐朝野对儒家经典训释的慎重和谨严。这种谨慎态度的背后,显然是受到自汉以来章句之学传统的影响。

正因为汉魏至唐,儒家学者们对自己学术传统的坚守和捍卫，给我们留下了一份弥足珍贵的遗产，那就是一系列关于儒家经典的训释——所谓"章句"，或类似于章句的释读经典的著作。我们今天依然可以见到的如：《周易》王弼注，《诗经》毛亨故训、郑玄笺，《尚书》伪孔安国传，《三礼》郑玄注，《春秋左传》杜预注，《春秋公羊传》何休解诂，《春秋谷梁传》范宁集解，《论语》何晏注，《孟子》赵岐注，《孝经》李隆基注，《尔雅》郭璞注等。这些书，我们姑且把它们称作"古注"。

惠栋作《九经古义序》曰："汉人通经有家法，故有五经师。训诂之学，皆师所口授，其后乃著竹帛。所以汉经师之说立于学官，与经并行。五经出于屋壁，多古字古言，非经师不能辨，经之义存乎训，识字审音乃知其义，是故古训不可改也、经师不可废也。"惠氏之说，点出了不能废"古注"的根本原因，可谓中肯。

对儒家经典的解读，到了宋代发生一个巨大的变化："章句之学"（实质上是章句之学中的训诂）被冷落，"义理之学"代之而起。由此又导出汉学、宋学之别，与汉学、宋学之争。

王应麟说："自汉儒至于庆历间，说经者守训故而不凿。《七经小传》出而稍尚新奇矣。至《三经义》行，视汉儒之学若土梗。"（《困学纪闻》卷八《经说》）按：《七经小传》刘敞撰，《三经义》即王安石《三经新义》。然则，王应麟认为宋代经学风气之变始于刘、王。清人批评宋学："非独科举文字蹈空而已，说经之书，亦多空衍义理，横发议论，与汉、唐注疏全异。"（《经学历史》九《经学积衰时代》）惠栋甚至引用其父惠士奇的话说："宋人不好古而好臆说，故其解经皆燕相之说书也。"(《九曜斋笔记》卷二《本朝经学》)其实，宋学的这些弊端，宋代人自己就批评过。神宗熙宁二年（1069）司马光上《论风俗札子》曰："窃见近岁公卿大夫好为尚奇之论，喜诵老庄之言，流及科场，亦相习尚。新进后生，未知臧否，口传耳剽，翕然成风。至有读《易》未识卦爻，已谓《十翼》非孔子之言；读《礼》未知篇数，已谓《周官》为战国之书；读《诗》未尽《周南》《召南》，已谓毛、郑为章句之学；读《春秋》未知十二公，已谓《三传》可束之高阁。循守注疏者，谓之腐儒；穿凿臆说者，谓之精义。"(《司马文正公传家集》卷四二)可见，此种学风确为当时的一种风气。但清人的批评指向却是宋代的理学，好像宋代的理学家们都是些凭空臆说之徒。这种批评成了理学躲不开的梦魇，也成了汉学、宋学天然的划界标准。

遗憾的是，这其实是一种被误导了的"常识"。

理学家并不拒斥章句之学，更不轻视汉魏古注。恰恰相反，理学家的义理之论正是建立在对古注的充分尊重与理解之上才得以成立，即使对古注持不同意见，也必以翔实的考据和缜密的论证为依据。而这正是汉学之精髓所在。试以理学的经典《四书章句集注》为例，其训诂文字基本上采自汉唐古注。据台湾学者陈逢源《朱熹与四书章句集注》援引日本学者大槻信良的统计："《论语集注》援取汉宋诸儒注解有九百四十九条，采用当朝儒者说法有六百八十条；《孟子集注》援取汉宋诸儒注解一千零六十九条，采用当朝儒者说法也有二百五十五条。"这一统计说明，朱子的注释是"厚古"而"薄今"的。

朱子非常重视古注，推尊汉儒："古注有不可易处。"

"诸儒说多不明，却是古注是。"(《朱子语类》卷六四)"东汉诸儒煞好。""康成也可谓大儒。"(《朱子语类》卷八七)甚至对汉人解经之家法，朱子亦予以肯定："其治经必专家法者，天下之理固不外于人之一心，然圣贤之言则有渊奥尔雅而不可以臆断者，其制度、名物、行事本末又非今日之见闻所能及也，故治经者必因先儒已成之说而推之。借曰未必尽是，亦当究其所以得失之故，而后可以反求诸心而正其缪。此汉之诸儒所以专门名家，各守师说，而不敢轻有变焉者也……近年以来，习俗苟偷，学无宗主，治经者不复读其经之本文与夫先儒之传注，但取近时科举中选之文讽诵摹仿，择取经中可为题目之句以意扭捏，妄作主张，明知不是经意，但取便于行文，不暇恤也……主司不惟不知其缪，乃反以为工而置之高等。习以成风，转相祖述，慢侮圣言，日以益盛。名为治经而实为经学之贼，号为作文而实为文字之妖，不可坐视而不之正也。"(《晦庵先生朱文公文集》卷六九《学校贡举私议》)这段文字明白无误地指出，汉人家法之不可无，治经必不可丢弃先儒已成之说。

这段文字还对当时治经者抛弃先儒成说而肆意臆说的学风提出了严厉的批评。认为这不是治经，而是经学之贼。他对他的学生说："传注，惟古注不作文，却好看。只随经句分说，不离经意，最好。疏亦然。今人解书，且图要作文，又加辨说，百般生疑。故其文虽可读，而经意殊远。"(《朱子语类》卷一一)他认为守注疏而后论道是正道："祖宗以来，学者但守注疏，其后便论道，如二苏直是要论道，但注疏如何弃得？"(《朱子语类》卷一二九)他提倡训诂、经义不相离："汉儒可谓善说经者，不过只说训诂，使人以此训诂玩索经文，训诂、经文不相离异，只做一道看了，直是意味深长也。"（《晦庵先生朱文公文集》卷三一《答张敬夫十二月》）

钱穆先生论朱子之辨《禹贡》，论其考据功夫之深，而有一叹曰："清儒穷经稽古，以《禹贡》专门名家者颇不乏人。惜乎汉宋门户牢不可破，先横一偏私之见，未能直承朱子，进而益求其真是之所在，而仍不脱于迁就穿凿，所谓巧愈甚而谬愈彰，此则大可遗憾也。"（《朱子新学案》五七《朱子之考据学》）

上个世纪二十年代，商务印书馆曾经出过一套深受学界好评的丛书《四部丛刊》。丛刊以精选善本为胜，赢得口碑。经部典籍则以汉魏之著、宋元之刊为主，一时古籍之最几乎被一网打尽。但《四部丛刊》以表现古籍原貌为宗旨，故呈现方式为影印。它的好处是使藏之深阁的元明刻本走入了普通学者和读者的家庭，故甫一问世，便广受好评，直至今日依然是研究中国学术文化的学者们不可或缺的基本图书。但是，它的缺点是曲高和寡而价格不菲，不利于普及与流通。鉴于当下持续不断的国学热、传统文化热，人们研读经典已从一般的阅读向深层的需求发展，商务印书馆决定启动一项与时俱进的大工程：编辑一套经过整理的儒家经典古注本。选目以《四部丛刊》所收汉魏古注为基础。为了适应现代人的阅读习惯，这套丛书改直排为横排，但为了保持古籍的原貌而用繁体字，并严格遵循古籍整理的规范，有句读（点），用专名线（标）。参与整理的，都是国内各高校和研究机构学有专长的中青年学者。

另外，本次整理还首次使用了刚刚开发成功的 Source Han（开源思源宋体）。这种字体也许可以使读者们有一种更舒适的阅读体验。

2019 年 2 月 7 日于海上桑榆匪晚斋

朱茂男《走在朱子之路上》序

世界朱氏联合会有一个奇怪的现象：领导者都属鸡。创会会长朱昌均属鸡，马来西亚的副会长朱祥南（第二任会长）属鸡，菲律宾的副会长朱新富属鸡，第三任会长中国台湾的朱茂男属鸡，我是第一任秘书长，后为副会长，也属鸡。昌均大我们两轮，祥南、新富、茂男和我同庚。茂男比我大几个月，但在我的心目中，他始终是我的兄长。

《韩诗外传》卷二中有一段关于鸡的论说："君独不见鸡乎？头戴冠者文也，足搏距者武也，敌在前敢斗者勇也，见食相呼者仁也，守夜不失时者信也。"我的一个朋友用这几句话为我做了一张藏书票。我很喜欢，茂男兄见了也非常喜欢，常常引用、称道。我想，我们这些属鸡的人喜欢这段话，是因为它写出了我们这些鸡仔的性格。茂男兄喜欢，一点也不意外，他就是一只既文又武、有勇有仁、从不失信的大公鸡。

世界朱氏联合会，朱昌均创会，定章立规，确定了联合会的宗旨、方向、行动准则、基本架构及组织原则。朱祥南继任，萧规曹随，发展和壮大了联合会，使联合会一跃而成为了一个享誉国际的民间社团。茂男是第三任会长，他在任期大展拳脚，把昌均、祥南想做而没有做成的大事——大力推动朱子学在联合会会内及世界各地的传播与发展，并做到了极致。在他的领导下，朱子学得到了空前的拓展，在学界成为显学，在民间成为时尚。这本回忆录性质的大著，就是茂男20年来从认识朱子学，到推动朱子学，再到引领朱子学的心路历程的纪实。

在这个世界上，可以大言不惭地说，我是最了解和理解茂男的。他当了一任会长，做成了几任会长也不可能做成的事。所耗费的精力、金钱、时间，所作出的贡献并不为大家所了解和理解。也许他的步伐太快了，有些人跟不上，就对他产生了误解。这是至今都让我感到无奈的事情。他不愧是个勇者，不因别人的不理解而退却，而是开辟新的战场，继续战斗！在为先祖的事业而奋斗的路上，他是铁了心一直往前走的汉子。好在，还是有人理解他的，比如黄俊杰，比如杨儒宾，比如陈来，比如朱杰人……

朱子之路，是两岸朱子学学者共同闯出来的一条大路，茂男和杨儒宾是首创者，我是积极的推动和组织者。我们一向合作得很好，中间有一些波折，但一经沟通，误解和不快涣然冰释。朱子之路走十年是不够的，在今年第十二届朱子之路研习营的结业式上，我说：朱子之路我会一直走下去，我走不动了，还有我的学生，他们会继续往下走，这是一条永远走不完、也不应该完的路。

我想，作为兄弟，这也许是茂男最希望看到的。

是为序。

2019年7月31日于海上桑榆匪晚斋

尤溪的朱子学担当
——《千秋文脉——朱子文化集萃》序

乾道九年（1173）九月，尤溪县的县令石𡼖将已经毁败的县学修复。竣工之日，他写信给朱子，希望他能为新的学校写一篇"记"。

朱子与石𡼖是老朋友、好朋友，他们在学问上互相砥砺、切磋，在私交上亲密无间、相得至深。加上朱子的父亲曾任过尤溪县尉，朱子又出生在尤溪，所以朱子说这件事情是只能承命而不能推辞的。于是就有了《南剑州尤溪县学记》（《晦庵先生朱文公文集》卷七十七，《朱子全书》第24册）。

朱子的这篇记，用很简洁的语言表彰了石𡼖修复县学的盛举，他说这是可以载入史册的。接着，他赞赏石𡼖"其所以学者，盖皆古人为己之学"，而"其所以教者，又皆深造自得之余"。他认为，石𡼖的这些思想和实践，其意义是"有大于此役者"，就是说石𡼖的教育、教学理念，其意义远大于建一所新学校。并说，他要借这件事"推本而备论之"——他要借题发挥，讲一讲其中的大道理。

于是就有了下文的长篇大论。

文章很长，不便引用，我想把它的主要意思归纳一下。

朱子认为，我们的古先圣王之所以要办学校，是为了"教其民"，使老百姓"敬恭朝夕，修其孝弟忠信而无违"，然后再教他们格物致知，使他们"知所以自身及家、自家及国而达之天下"。这样，国家才能做到"化行俗美，黎民醇厚"。可是很遗憾，我们现在把先圣的教诲都忘得一干二净了，现在的学校变成了"干时取宠"之地。而石𡒃的可敬之处，正在于他"将以尊严国家教化之宫而变其学者之耳目，使之有以养于外而齐其内，非徒以夸壮观、饰游声而已也"。朱子说，他写这篇文章不但是为了要把石子的思想讲明白，"以厉其学者"，而且是为了"以风天下之凡为郡县者，使其皆以石君之心为心焉"，唯其如此，那么"圣人之道、圣人之化，将不忧其不明于天下矣"。

很清楚，朱子激赏石𡒃，根本着眼点就在于"化行俗美，黎民醇厚"。

这不能不使我想到今天的尤溪。尤溪的历任领导都很重视朱子文化的建设。石𡒃只是修复了一个县学，可是我们尤溪的领导们气魄要比他大得多，请看一个"朱子文化园"，就足以使古人望而兴叹。而眼前的这一本小书，也正是他们试图用朱子的学说和思想教化民众的有益尝试。感谢尤溪县领导的信任和厚爱，聘我为南溪书院的山长。我总在想，南溪书院应该继承朱子和石子的理想和传统，我这个山长应该当仁不让地承担起"化行俗美，黎民醇厚"的责任来。因为现在我们体制内的大、中、小学，都已经变成了"干时取宠"的"高考工厂"，如何"敬恭朝夕，修其孝弟忠信而无违"，"知所以自身及家、自家及国而达之天下"的责任无疑是我们这些体制外的民间教育机构应该承担的责任了。可是，我这个山长无能，做不到，也做不好。每思及此，不能不以深深的自责而扼腕！

是为序。

2019年9月20日匆匆于海上桑榆匪晚斋

《朱子诗经学考论》序

记得当年在陈才博士学位论文答辩会结束以后,我曾经对他说了这么一段话:"答辩委员会的老师们对你的论文打了高分,说明大家认可了你的研究。但是,你的论文其实只是一个开始,我希望你沿着这条路继续走下去,走深、走远,把你的论文做成一部研究《诗集传》的专著。"我没有把话讲完,我的意思是,他的研究其实开辟了一条研究朱子《诗》学的新路,如果半途而废,就可惜了。

现在,摆在大家面前的这本《朱子诗经学考论》,就是陈才博士毕业以后继续"走路"的结果。

朱子的《诗集传》在《诗经》研究史上的地位虽然有争议,但是它的划时代意义是无论褒者还是贬者都不否认的。从《诗集传》问世以来,研究的著作就不断出现,可谓汗牛充栋了。这些研究固然有很多精彩之处,其中不乏传世之作,但是深入考察一下,还是有些令人不满足的地方。我以为,研究《诗集传》不能只就《诗集传》而《诗集传》,应该把它放到一个更广阔的时代和学术背景下加以考察,更重要的是要把它放在朱子整个理学建构和对儒学的改造与重建的大视野下加以考察。

朱子儒学重建的一个重要环节是对儒学经典的再造。再造的目的是要改变儒家传统经典的繁琐化、复杂化、学究化,以及历代经师们解经的牵强、附会、泥古不化。《四书章句集注》就是朱子改造儒家经典的最重要成果。《四书章句集注》标志着儒家经典后经典化的成功和完成（当然还有《近思录》）。《四书章句集注》首次刊刻在淳熙九年（1182），《诗集传》淳熙十三年（1186）刻板于建安。当然，《诗集传》的成书过程时间很长，但是，在《四书章句集注》完成以后，朱子就迫不及待地推出《诗集传》，显然是为了尽快把他心目中的儒家"新经典"构建完成。《四书章句集注》的一个重要特点是使广大读者有了一本可供阅读的、大大简化了的儒家的经典。而《诗集传》的特色也正在于它是一本大大简化了的经典。对照一下孔颖达的《毛诗正义》，你就可以感受到《诗集传》的受欢迎并在元代就被列为科举考试的教科书和标准答案，绝不是偶然的事了。当然，《四书章句集注》和《诗集传》在发挥理学义理上的成就也是它们成功的重要秘诀。不过，这又是另外一个话题了。

自从有人提出《诗集传》是第一个用文学的眼光解诗的观点后，这一见解立即被放大和固定。固然，朱子解诗突破前人之窠臼，多有振聋发聩之见。后人视之为"文学的眼光"大概也不能说是错误。但是，朱子解《诗》，恐怕绝不是用"文学的眼光"可以一概而论的。朱子的着眼点应该还是"经学"。只是他的经学眼光和前儒不一样而已。以"尊《序》"与"废《序》"为例，很多人做过统计，发现朱子的《诗集传》"尊《序》"与"废《序》"几乎并存。有的统计甚至说《诗集传》中尊《序》要远多于废《序》。这里，我不想讨论这些统计的是非曲直，我只想说在《诗经》的开篇之作《关雎》，朱子的观点就全盘认可了《序》意。但是，《关雎》不就是一首"情歌"吗？这些现象，用简单的"文学眼光"是找不到答案的,还需要回到经学去、回到理学去。

朱子的《诗集传》是他整个《诗》学体系的浓缩,研究《诗集传》必须要把研究的目光从《诗集传》移开,投向朱子《诗》学思想和体系的广阔视域。比如,陈才的专著中有一节关于朱子对旧说的自我完善,讨论了朱子从《诗集解》到《诗集传》的心路历程。这其实是一个非常重要的值得好好研究的问题,可惜长期以来被忽视。陈才的研究不能说已经给出了"定论",但至少开了一个好的头。诸如此类,通读全书,可见著者的视野已经跳出了局促和早已成为研究套路的"成见"。

陈才是我的学生,我不想也不应该把他的研究往高处拔。但是有一点我是不能不说的:在以上我所关注的这些问题上,他确实给出了值得肯定的、有启发意义的思考。我为他高兴。

另外,很多年以前,我写过一篇讨论《诗集传》八卷本与二十卷本孰是孰非的文章。文章发表以后引发了一些争论。我自以为我的"八卷本非朱子原帙"的结论是确定的。之所以会引起争论,在于我的文章的"证据"还需要在语言学、音韵学、统计学、版本目录学上作进一步的充实。可是囿于学养和时间上的短缺,我没有继续深入。陈才是我的观点的坚定支持者,他把我没有来得及做的事情补做了。在这里我要说一声谢谢。

陈才是个名如其人的人,但是有才的人往往会恃才傲物。陈才就有这个毛病。我一直劝他,要把时间和精力放在做有意义的研究上,那是大事,而不要去计较那些鸡毛蒜皮的"小事"。可是他喜好和别人去争"是非",虽然大多数时候他是对的,但耗时伤神,"遍打天下英雄",得罪了不少人。

当然，朱子说，血气之怒不可有，义理之怒不可无。学问上的"义理"不能不辨个一清二楚。但是人非圣贤孰能无过，没有哪一个学者敢保证自己的文章不会有错误。我研究朱子，一直把"沧洲精舍"写成"沧州精舍"。我的《朱子学论集》出版以后，川大的粟品孝兄给我发微信告诉我"沧州精舍"错了。到那时我都还不知道错在哪里。直到有一天我再读《沧洲精舍释菜仪》才突然领悟我把"洲"错成了"州"。人们可以批评我治学不严谨，我不能不接受这样的批评。但是仔细推敲，这样的错误其实是一种惯性思维惹的祸，想当然了，谁知并不"当然"。这里，我不想为自己的错误开脱，"想当然"就是不严谨！我举一个自己的例子说给陈才听，是为了告诉他，纠缠于别人的错误是容易的，但是对学人尤其是前辈学者和比自己年轻的学人，多一点包涵和宽容是一种美德。比如粟教授就没有抓住我的错误做文章，我至今都对他感念不尽！

文章离题了，可是这又是我非常想说的话，没有时间对他讲，私下里讲又担心他听不进，而这却是他此生必须跨过去的坎。正好，他要我为他的书写序，所以就"以身说法"，露丑也顾不上了。我相信，迈过这道坎，陈才的学术之路前途无量。

是为序。

2019 年 11 月 9 日
写于收到一个非常让我高兴的信息以后

《朱子一百句》（修订本）序

这本小书写于十多年前。原来是复旦大学出版社"一百句"系列中的一种，当时他们的社长贺圣遂要我写朱子，我觉得这是我当仁不让的事，就匆匆忙忙地弄了出来。本以为是充数的，不想书出版以后竟然很受欢迎，重印了几次，再版了一次。但是，书里有错误，有些是排版印刷的错误，也有我自己不慎的错误。一直想改，但没有机会。这次我把版权收回来，交给我曾经服务过的华东师范大学出版社出版，正好来一次彻底的纠错。

当年写"一百句"除为了"充数"外，还有一个缘由，就是想借此书做一点朱子学的普及与传播工作，让更多人的人了解朱子，解除对朱子的误解和误读。

十几年前，传统文化的地位是远不能和今天同日而语的，那时候讲朱子还是有很大的阻力和困难的。我做朱子学的研究和组织工作三十余年，艰难跋涉，举步维艰，直到习主席任了总书记以后，才迎来了春天。但是，春天也有春天的麻烦，各种各样的花都开了，让人眼花缭乱，看走了眼，竟至于什么是真正的"国学"也闹不清了。朱子及其思想，就是一朵有被杂花掩没可能的花。所以，今天，朱子依然需要普及、传播，依然有消除误解、误读和去魅、去蔽的需要。这就是今天这本小书还值得再一次印刷的价值所在。

这本书和我的另一本《朱教授讲朱子》可说是姐妹篇。

"一百句"是按照朱子学的基本逻辑逐项展开，给读者展示了朱子学术和思想的大致面貌，是个入门的手册吧。"讲朱子"则是选取朱子精彩的话语加以串讲、阐释，算是入门以后的深入体味。总之，都是"小儿科"，卑之无甚高论。但我自己却很看重这种"卑之"之作——朱子的思想学术不能老是局限在学者的案头、大学的讲堂、学术会议的论坛，他应该走到普通老百姓的生活中去，这样他的生命力才会强大到足以战胜任何困厄。这也是这本小书还值得再一次印刷的价值所在吧。

写于2019年严冬即将来临之时

《苏颂文集》序

绍兴十八年（1148），年仅十九岁的朱子殿试中举，进士及第。三年后（绍兴二十一年），被任命为泉州同安县主簿，二十三年（1153）到任。这是朱子的第一份官差，用文雅一点的话说，曰"朱子首仕同安"。"首仕"，对朱子来说意义重大。在此之前，朱子还是一个书生，他对国家和社会的认识主要还是在书本上，最多也就是在以五夫里为轴心的这么一片有限天地里。可是到了同安就不同了，他肩负主簿之责，看社会、看人群、看风俗、看朝政，对中国的国情有了深切而深入的体认和了解。在同安任上，他做了很多好事，受到同安人民的爱戴。其中一件事情就是为苏颂立祠。

苏颂，字子容，泉州同安人，与欧阳修、王安石、文彦博等同时。历仁宗、英宗、神宗、哲宗、徽宗五朝，哲宗元祐七年拜相。《宋史》在评论苏颂一生的功过时说"颂有德量"，"相于母后垂帘听政之秋，而能使元祐之治比隆嘉佑，其功岂易致哉！"苏颂卒年八十二，历任五朝而能全身以退，故时人有"明哲保身"之论。《宋史》论曰："颂独岿然高年，未尝为奸邪所污。"同时特别拈出他处理张仲宣枉法事，"犯颜辨其情罪重轻，又陈刑不上大夫之义，卒免仲宣于黥。自是宋世命官犯赃抵死者，例不加刑，岂非所为多雅德君子之事，造物者自有以相之哉？"今天看来，有宋一代，有对知识分子（士大夫阶层）尊重的传统，恐怕与这件事有关。

绍兴二十五年（1155），朱子上《代同安县学职事乞立苏丞相祠堂状》，要求为苏颂建立祠堂。状曰：苏颂"道德博闻，号称贤相，立朝一节，终始不亏"，"而后生晚学不复讲闻前贤风节、学问源流，是致士风日就凋敝。"所以他要求在县学空闲之地"架造祠堂一所，不惟增修故事，永前烈之风声，庶以激厉将来，俾后生之竦饬"。在《苏丞相祠记》中他又说，他从小就从长辈们那里听说过苏颂的为人："以为博洽古今，通知典故，伟然君子长者也。"他说，苏颂能坚持原则，抵制宰相不按规矩提拔官员而被贬官，但是他"不自悔，守益坚"。后来读了他的传记，"又知公始终大节，盖章章如是，以是心每慕其为人"。但是，他到了同安以后，发现同安人竟然不知道有这样一位了不起的乡贤，"虽其族家子不能言"。更让他不安的是，当时的同安人对那些奸臣如蔡確、吕惠卿之流却津津乐道。他说："予不能识其何说也，然尝伏思之，士患不学耳，而世之学者或有所怵于外，则眩而失其守。如公学至矣，又能守之，终其身一不变，此士君子之所难，而学者所宜师也。"这就是他要建祠的目的。在《奉安苏丞相祠告先圣文》中他又强调："故相苏公颂，同安人也，其道学渊深，履行纯固，天下学士大夫之所宗仰。而邑子后生闻见单浅，弗克究知，父兄闵焉。用告有司，请即学宫岁时奉祠，以建遗烈，使学者有所兴起。"

苏颂死后没有受到应有的重视，他的家乡人甚至都不知道有这个人。这当然与苏颂早年随父迁居丹阳（今江苏省镇江市）有关，但更重要的是，这是因为当时人们的价值观发生了偏差。朱子认为，这是一件必须引起重视的大事，必须用实际行动予以纠偏的要事。他在县学中立祠并以时祭祀，从此苏颂深深地镌刻在同安人的心中,他的祠堂至今保存完好。

近现代以来,苏颂渐渐受到人们的重视,这是因为他还是一位在世界科技史上都排得上重要座次的科学家。李约瑟说他"是中国古代和中世纪最伟大的博物学家和科学家之一"。他最为人所称道的是他领衔制作的铜浑天仪。《宋史》这样描绘:浑天仪"为台三层,上设浑仪,中设浑象,下设司辰,贯以一机,激水转轮,不假人力。时至刻临,则司辰出告。星辰躔度所次,占候测验,不差晷刻,昼夜晦明,皆可推见,前此未有也"。《曲洧旧闻》则曰:"大如人体,人居其中,有如篝象。因星凿窍,依窍加星,以备激轮旋转之势。中星昏晓应时,皆见于窍中。星官历翁聚观骇叹,盖古未尝有也。"

笔者多次拜访同安,每次都会去苏公祠堂瞻仰。现在的祠堂已经变成了苏颂的纪念馆,主要是介绍苏颂的科学成就。我还记得在介绍浑天仪的运动原理时,解说词说这是制作钟表的基本原理。我不懂科学,但是我知道苏颂是大科学家,不仅在天文学上有精深的研究,在博物学、药物学上也贡献卓著。同安区政府近年来大力开发本土著名历史人物,朱子之外,苏颂是他们着力的又一位先贤。有意思的是,朱子是一位思想家,苏颂是他的前辈,他来同安为官,对这位前辈倾注了极大的崇敬之情。于是,历史就把这两位伟人牵连在了一起。朱子是思想家,也是历史学家,他在《三朝名臣言行录》中专章撰述"丞相苏公颂",详细记录了苏颂的生平、事迹、行实、言论,当然也记录了他的科学成就。但他最注重的始终是他的道学纯固、风节高峻、进退无苟。

今年，是苏颂诞辰1 000周年，同安区的领导为了表彰和纪念苏颂，邀请海内著名的文献学家收辑、整理了苏颂的全部著述，编次而成《苏颂全集》。这应该是一部最完备和最可靠的苏颂著作的大全集了。主其事者在大功告成之际要我为文集写一个序。我想这是一件大事、好事，参与编修整理的又多有我的朋友和学生，他们的学术素养和严谨学风保证了这部全集的质量，我相信，这是一部可以传世之作。高兴之余写了一些自己的感想，权充书序吧。

2020年4月13日，人类对决新冠肺炎之际，写于海上桑榆匪晚斋

《阮刻〈毛诗注疏〉研究》序

李慧玲的大作《阮刻〈毛诗注疏〉研究》要出版了,她要我给她的书写一个序。我知道,这事我是推脱不掉的。

《阮刻〈毛诗注疏〉研究》是由她的博士论文演化而来的。她的博士论文的一个重大发现是指出了阮元的《十三经注疏》中的《毛诗注疏》所据版本并不是宋本。我们共同完成了《毛诗注疏》的点校工作后,她把研究的重点转向了对阮刻《毛诗注疏》的研究。我以为,她是找到了一个正确的研究方向。

阮元的《毛诗注疏》在《诗经》研究史上具有举足轻重的影响。阮刻面世以后,研究《毛诗》几乎必须从阮刻再出发。阮元位高权重,又是学问大家,后学一般不敢轻议他的学术是非,所以阮刻《十三经注疏》成了"十三经"之定本。阮元在经典整理上所作的贡献当然是不容否定的。他的《十三经注疏》也确实可以范本、范式立世。但这不等于他的整理本无瑕可击。尤其是因为时代的局限,他无法看到我们今天可以看到的诸多新材料、新版本、新研究成果,所以,差错、误判在所难免。《毛诗注疏》就是一个典型的例子。

阮刻《十三经注疏》成书于嘉庆二十一年(1816),距今已有二百余年。两个世纪以来,对这部巨著的研究不乏其人,论文不计其数。即以《毛诗注疏》而言,研究者、研究成果亦可谓蔚为大观。但是对这部巨著整体的、系统的研究依然乏力。其中原由，我以为是因为对十三部经典的专书研究尚欠深入。李慧玲的著作从整体上对《毛诗注疏》进行系统性的研究，填补了这一缺憾。

李慧玲的研究从宏大的学术背景出发，论证了阮刻《毛诗注疏》产生的必然性和可能性，指出了阮刻的学术贡献及其深远影响。同时她又客观地指出，阮刻中出现的一些问题，大多与当时的历史条件有关，并非阮元个人学术水准的原因。这就使我们认识到今人既不能苛求古人，也必须在古人已经取得成果的基础上再进一步。

于是我们在李慧玲的书中看到了她再进一步的跋涉。

整理古籍，底本的选用是非常重要的问题，有时候它可以决定整理本的成败。作者用比勘、对校的方法比较分析了阮元时代的几种重要刻本，发现了当时最佳的版本应该是汲古阁，它明显优于闽本和明监本，也优于阮本用作底本的十行本。当然，阮元把十行本当作宋刻是他决定把十行本用作底本的决定性原因。如上所言，这不能苛求于阮氏，因为，他无法看到藏于日本的足利本。

李慧玲的"再进一步"从足利本开始。她不厌其烦地将足利本与单疏本、十行本进行对校，证实了足利本与单疏本的校勘价值，论证了将足利本作为《毛诗注疏》的底本、将单疏本作为通校本的合理性。为学术界不再迷信阮刻、为产生能够代表我们时代最高学术水准的《毛诗注疏》的新版本提供了可行的方案。

对于阮元的《十三经注疏校勘记》，人们使用得多，而对这种新出现的校勘方法并未引起理论上的重视。李著认为，阮元的"校勘记"开创了中国校勘学历史上的一个新的时代，即从"雌黄法"到"考异法"而进入了"校勘记法"。作者对阮元的校勘记进行了细致、深入的研究，对阮氏提出的"《正义》自为文"命题予以高度评价，认为这是对"'疏不破注'校勘理论的重要突破"。在此基础上，作者又从《毛诗注疏》中归纳出《毛诗》之例、毛传之例、郑笺之例、孔疏之例。这些"例"大大裨益于读者的阅读理解。阮元的校勘有很多"理校"。这种校勘法，仁者见仁，智者见智，争议很大。一般人恐怕不敢或者也不该轻易使用此法。但阮元是一个大学问家，他在"十三经"的校勘中大量地使用了理校。如何评价阮氏的理校？阮氏的理校得失如何？李慧玲对这些问题作出了自己的研究结论。她的结论建立在大量的比对与再校的基础之上，客观而实事求是。此外，本著的研究并不局限于阮氏一家，她把阮刻放在清代朴学兴盛、校勘大家辈出的大环境之中，进行集中研究，具有一定的学术价值，也开辟了一个新的研究领域。

当年我把李慧玲招来上海攻读博士，有一个"初衷"，就是希望她能把程俊英先生的衣钵传承下去，以为我这个不肖之生补过。她默默无闻地在《诗经》这个领域耕耘，不争名利，不求闻达，终成正果。这本著作就是一个证明。厚积而薄发，我相信她会有更多令人眼睛一亮的成果面世，程先生地下有知，也应该放心了。今年是程先生诞辰120周年，也是她去世第28年，我的这篇序文，也算是对她的一个纪念吧。

2021年10月10日

朱岳中字序

阳羡朱岳中,业商,善制壶,而有志于儒道,其为人也好学而有治国平天下之志,常怀忧国忧民之情者也。十年前遇予于武夷山,屡请为学先祖之道。予念其向学而勤勉,又能自学而有悟,遂收以为弟子焉。夫岳中者,五岳之中也,谓太室也。五岳以太室为尊,以其居中,中乃常道,先圣所谓"人心惟危,道心惟微,惟精惟一,允执其中"也。岳中好学,然其学驳杂,不免夫人异端而迷失,故当谨记"惟精惟一"之教,而恪守"允执其中"之训。然则字之曰"执之"庶几为可也。乾道二年三月,先祖文公为林用中命字曰:"子不观于子思之《中庸》耶?《中庸》之书上言舜,下言颜子。用其中者,舜也。择乎中庸,得一善则拳拳服膺而弗失者,颜子也。夫颜子之学所以求为舜者,亦在乎精择而敬守之耳。盖择之不精,则中不可得;守不以敬,则虽欲其一日而有诸己且将不能,尚何用之可致哉!今子必将道颜而之舜,则亦自夫择者始而敬以终之,无他事矣。"先文公之谆谆,其为岳中所发耶?此序。桑榆匪晚斋主人戊戌年正月初三日于富阳山居。

王元声字序

《大戴记》曰："阳德出礼，礼出刑，刑出虑，虑则节事于近，而扬声于远。"此言声致远者必先于虑也。虞世南诗曰："居高声自远，非是藉秋风。"此曰声致远者非以外力而自身以高也。故古人曰："不鼓而鸣者，其声远；不言而信者，其分深。故自然之声，无假于烦手；特达之分，不资于滕口。"盖言欲声之远，无它，必自强而自励也。吾友王仁定兄将于戊戌年八月十二日冠其子。吾念其爱子心切，又感其名子曰"元声"。噫！声之元者，善也，大也。然余更欲其善之声大之声远而长也，故字之曰"子远"。戊戌年七月十九日桑榆匪晚斋主人朱杰人识。

李芳芳字序

始予得婺源李生芳芳，爱其通悟修谨、干练笃实，而有嗜学向道之心，因属意焉。己亥年，紫阳书院成，董事长朱江先生礼贤下士，三顾而命予为山长。予有一请曰："必得芳芳为书院襄理。"董事长曰："诺。"不意芳芳如鱼得水，其才得以展露，其学有以日进。一日，芳芳请曰："亟欲先生命字。"予观夫芳芳，虽出自农家，而自有其清溧脱俗之气，所谓芳者也。乃思屈子曰："故荼荠不同亩兮，兰茞幽而独芳。"朱子注曰："盖荼荠甘苦不能同生，而兰茞虽更幽僻而能自芳，亦其情之不可盖者，而非有虚伪之饰也。"屈子又曰："昔三后之纯粹兮，固众芳之所在。"朱子注曰："众芳，喻群贤。"芳芳者，贤德之众也。乃录此遗之，而字之曰"兰茞"。愿其齐贤之德虽幽而独芳也。庚子年惊蛰后四日朱杰人于海上桑榆匪晚斋，时有大小疫战，方炽也。

朱丁丁字序

朱丁丁者，宗兄天才之孙女也。天才以太极名，一门习武，威震四海，乃国家认颁非物质文化遗产陈式太极拳之传人。天才兄习武之余雅爱书法，其书柔中见刚，盖太极之余韵也。丁丁幼承庭训，而爱书胜于拳术，髫龀之年其书即已远闻于乡里。及长，考入艺术学院深造，然终不得申其志也。辛丑年春，求斋号并字于余，曰：学书有年，求形而得形，然某志在道也。怎奈所谓师者恳恳然以诲术为要务，求道之难，难何及焉？余应曰：书有形，而书道无形。老子所谓"道可道，非常道"也。然道可及也，道可求也，故曰"可道"。乃欣然以"可道"题其斋。丁丁生而聪颖，悟性过人，特与书有不解之缘。吾祖文公尝曰："《老子》中有仙意。"王弼曰："可道之道，可名之名，指事造形，非其常也。"然则"指事造形"，其谓书乎？"非其常也"，其谓仙乎？余不得而知，而丁丁可也。故字之曰"可也"。辛丑年二月初十杰人记于海上桑榆匪晚斋。

朱海虹字序

温州朱海虹，一名慧，丁酉岁杪以字来请。余识海虹于杭城桂客山庄，时余受邀讲学朱子，听者盈座而专心致志者唯海虹一人。是日，海虹谓余曰：听先生课，有茅塞顿开之悟，愿拜师焉。余视海虹翩翩然嫣嫣然一美女子也，心有戚戚而不忍拒之也，曰：美女而向学，世之所鲜久矣。尔好学，吾当教也。然海虹之志趣杂而驳也，释道方技无不痴迷，书画射御堕而忘返，唯于儒道若即若离、浅尝辄止。余因叹其名海虹曰：呜呼！海之大也，无边无垠；海之深也，莫测其底；唯架虹可为坦途而达彼岸。假虹以度，可谓之慧。若海虹者，其有慧乎？不知海之广而漫游，未知彼岸何在而鹘突，其危可知矣，其不慧可见矣。故海虹当求虹之当空，度而达道也。道者，孔孟之经典，朱子之天理也。此之为慧——人生大智慧也。因字之曰"姝明"，取"大学之道在明明德"而美也。朱子曰："明德者，人之所得乎天，而虚灵不昧，以具众理而应万事者也。但为气禀所拘，人欲所蔽，则有时而昏。然其本体之明，则有未尝息者。故学者当因其所发而遂明之，以复其初也。"海虹其勉旃！丁酉年十有二月十七日桑榆匪晚斋主人序。

在程俊英先生追悼会上的讲话

今天，我们怀着极其沉痛的心情悼念我们的恩师程俊英先生。

我，不是代表我个人，在我的身后，是成百上千接受过先生的教诲、承受过先生的恩惠、得到过先生的关怀和帮助的她的学生。

先生是与世纪同龄的人，她的一生整整跨越了两个时代，这个世纪的沧海桑田她是最好的见证。无论是在"五四"时代还是在"文化大革命"中，先生始终怀抱着一颗追求真理、追求民主、追求社会公正和社会进步的赤子之心，即便在她步入垂暮、身体非常虚弱的几年中，她依然一往情深地关注着祖国的前途、民族的命运。她为改革开放的每一个进步高兴，也为社会的各种腐败现象痛心。这三四年来先生和我们谈得最多的除了学问，就是国家大事。先生忧国一生，先生忧民一生。

先生毕生从事教育事业，她以慈母般的博大胸怀深爱着她的每一个学生。解放前，她冒着生命危险抢护过从事革命活动的学生；抗战期间，在生活极其艰难的情况下，她慷慨资助过失学的青年。她关心学生，胜过关心自己的子女；她爱护学生，胜过爱护自己的身体。"四人帮"粉碎以后，先生已是七十九岁高龄的老人，加上行走不便，已很难亲自为学生授课。但是，为了培养古籍整理与研究的人才，为了祖国传统文化的研究后继有人，先生毅然担起了亲自为我们授课的重任。

先生关心学生，更尊重学生，尤其是在学术研究中，她从不把自己的观点强加给学生。几年前，我写过一篇与先生观点不尽相同的论文，怀着忐忑不安的心情送给先生过目，原以为会遭到先生的批评，谁知，先生看了文章以后不但不生气，还亲自写信推荐给学报发表。先生这种虚怀若谷的胸怀，先生这种对后进提携奖掖的精神，使我看到了一位真正的学者的伟大人格。先生关心我们的学业，更关心我们的思想，甚至我们的衣食住行、家庭子女。我，就是由于先生的影响和介绍，参加了中国共产党；我，也是由于先生的关怀和帮助，度过了人生最艰难、最痛苦的劫难。先生是我们学习上的导师，更是我们为人处世的楷模。我，和我的同学们都这样说：程先生对我们恩重如山。

如今，先生走了。但是，她将永远活在她的事业中，永远活在她的每一篇论文、每一部著作中！先生将永远永远地活在她的每一个学生的心中！

敬爱的程先生，安息吧！

1993 年 3 月 2 日

在纪念琴人汪双池先生诞辰325周年系列活动上的讲话

很有幸来参加这个研讨会,非常感谢朱江董事长。

参加这个会,我的心情很复杂。一方面,确实感到朱江能够有这样一种情怀来开这个会,使我对他肃然起敬。另一方面,感到心里非常愧疚。为什么?作为一个研究朱子学的学者,作为一个研究中国儒学的学者,其实这个会我们也应该开,而且早就应该开了,但是我们却没有开,而是让我们艺术界的朋友、音乐界的朋友走在了前面,所以我感到非常愧疚。

我们今天这个会议把汪双池定义为琴人,当然很确切,一点也没有问题。但是,刚才很多的专家学者讲了他的生平以后,大家可以发现,汪双池恐怕首先还是一个思想家、哲学家、理学家。

其实琴和音乐在汪双池的整个人生和学术体系中,是一个非常小的部分,他的大宗是理学。可惜这个人,我们以前对他的认识太不够了。清代有一个很著名的学者叫夏炘,他在谈论清代学术的时候,说过这么一句话,他说:"清代的学术思想有三个人物是非常重要的,第一个人姓张,叫张履祥,第二个人姓陆,叫陆陇其,第三个人就是汪双池。"这三个人物共同的特点是什么?他们共同的特点就是捍卫朱子学,继承发扬朱子学,使朱子在整个清代的学术发展中能够延续,能够发扬光大。他讲得非常对。前面两个人物中第一个人物张履祥大家知道得更少一些，因为他确实非常低调，而且影响力不是很大。陆陇其影响力很大，他在上海办过一个书院，叫做当湖书院，就在嘉定。至于汪双池，正像前几位学者说的，大家对他的了解还很不够，但是他确实是一个非常重要的人物。我认为，在清代的整个学术史上，他和陆陇其两个人就是中流砥柱式的人物。清代的学术尤其是清代儒学的发展，发生了很大的变化。首先，朱子学受到了来自佛、道两方面的夹击、挑战，当时很多所谓的儒家学者，用佛教和道教的思想来解释和阐述朱子学、儒学，所谓"阳儒阴释"：表面上是讲儒家的学术，实际上讲的是佛教、道教。另一方面，在儒学界、朱子学界的内部，也有一些人批评朱子，攻击朱子，甚至于说朱子的理学是以理杀人。就是在这样一种学术氛围下，汪双池挺身而出。刚才罗艺峰老师讲到，他在30岁的时候做了一个决定，要把他30岁以前的作品全部烧毁。为什么呢？汪双池从20岁开始就著书立说，到了30岁以后，他把所有的作品全部烧了，为什么？他说了一句话，他说到了30岁他才发现中国的学术要"一以朱子为归"——中国的学术、儒学一定要以朱子的学问为它的出发点和归宿。他说他以前没有认识到这个问题，到30岁认识到这个问题了，所以从现在开始就要自觉地当起一个捍卫朱子学的学者。他当时对自己的要求是什么呢？就是要批判异端，"反经卫道"。所谓"反经"，不是反对经典，而是要返回儒家的经典；所谓"卫道"，即是要卫儒家之道。而卫儒家之道最重要的就是要继续捍卫和弘扬朱子的思想、学说。所以他30岁以后遍注群经——把儒家所有的经典都注了一遍。刚才大家讲了，他是个通儒，了不得，他还是一个医学家，他的医学著作也不得了。他除了把所有的儒家经典都做了注释，还有两部很重要的著作，一部是《读近思录》，还有一部是《理学逢源》，这两部著作非常集中地体现了他捍卫朱子学、弘扬理学的整个学术思想。所以后人评价这两部书，说朱子的《近思录》是"四子之阶梯"，而汪双池的这两部著作是进入《近思录》的阶梯，也就是说我们要进入理学的殿堂，恐怕这两部书是必须要读的。

因为时间关系，我不能讲得太多，但是我觉得我们在讲汪双池的时候，恐怕还有一些事情万万不能忘记，就是汪双池一生中有三个女人，这三个女人我们是绝对不能忘记的。第一个女人是他的妈妈。汪双池没有师承，没有老师，他的老师就是他的妈妈，3岁的时候他妈妈就教他读书，这个妈妈是个了不起的人物。这个妈妈出身于书香之家，从小就接受了儒家的教育，能够把儒家的经典背得很熟。但是这个妈妈最了不起的地方是什么？她不学辞章之学。就是说，那些诗呀词呀之类的东西她不学，她学的是道，用现在的话来说，她学的是哲学，是治国平天下的大学问。所以，她在教她儿子读书的时候是从"四书五经"开始的。汪双池在6岁的时候，四子之书就已经能够背了，所谓的四子之书就是《四书》。而且，这个母亲对儿子教育的时候非常严格，要求他按照儒家的经典做事，按照儒家的经典做人，这就奠定了汪双池朱子学的根本和基础。所以这个女人是非常重要的，我们不能忘记。

第二个女人我们也不能忘记，那就是汪双池的太太。很巧，汪双池的妈妈姓江，汪双池的太太也姓江，我们知道江是婺源的大姓。汪双池家里很穷，小时候是他们家里给他定了一个娃娃亲，汪双池大概比他的夫人大近10岁，所以订婚的时候，他的夫人还是个小娃娃。但是汪双池因为家里很穷，所以从小他就要外出打工谋生，非常困难，一直没有成婚。他太太的家里就想叫女儿改嫁，不能跟着这个穷书生。但是这个姑娘非常执着，以死抗争，你们要我改嫁我就死，所以家里没有办法，最后在汪双池30多岁的时候和他成婚，这时候这个女孩子也已经是20多岁了。成婚以后，他们两个人相敬如宾。我想汪双池之所以能够后来取得那么大的学术成就，和他有个贤内助、没有后顾之忧是有关系的。

第三个女人是汪双池的媳妇。汪双池在病重的时候，他的媳妇割下了自己大腿上的肉给公公吃，希望公公能够好，但是公公还是去世了。他去世以后，他的儿子也因为伤心过度而去世了。他的媳妇在她的丈夫去世之前，因为汪双池的孙子也没有了，家里没人了，断了后了，这个媳妇做了一个我现在看来是个了不起的决定：自杀。她认为整个世界坍塌了，她的人生已经没有意义了，所以她赶在她丈夫去世以前离开了这个世界。

这三个女人我觉得了不起，我看了不能不动容，要想流泪。我觉得我们今天讲汪双池，他的故事真的很多。我想我们朱子学界、朱子学的学者，恐怕应该要专门来研讨汪双池和他的思想、学术。

最后，我有一个小小的建议，朱江董事长做了非常好的事情，我们都非常感谢，我想汪双池的著作不能仅仅停留在搜集上，我希望汪双池的著作能够尽早整理出来。当然，我昨天已经看到了，《汪双池文集》已经有了影印版，30多册的影印版。但是我觉得影印是不够的，因为它不利于普及和流传。我希望紫阳书院成立以后，把整理出版汪双池的著作作为一个书院的重点工作来做，尽早让汪双池的著作能够和广大的学者、广大的民众见面。

谢谢大家！

2017年冬

在祁儿婚礼上的讲话

今天是朱家的大喜日子，有这么多亲朋好友的光临，我感到特别激动。

作为新郎的爸爸，我有很多的话要说，但是我想说的第一句话是，感谢钟明的妈妈，感谢钟氏家族和袁氏家族，感谢你们同意将你们的宝贝女儿嫁给朱祁。

我也要感谢钟明，她在那么多的追求者中选择了我的儿子，这是她对我们全家的信任和爱。当然，我也要借此机会告诉钟明，你的选择是正确的，因为你选择了一个优秀的、有责任心的，而且很英俊又有儒雅之气的伴侣——你选择了一只"绩优股"。

我这一辈子，最大的成功是生了一个争气的儿子。而我最大的失败是，没有女儿。我特别希望有一个女儿，一个聪明、漂亮的女儿。可是我没有。今天，我的儿子为我娶回了一个聪明、漂亮、活泼、开朗，又善解人意的女儿。所以我要特别感谢我的儿子。

为了儿子的婚事，近一年多来，我多次把我们的先祖朱文公的《家训》和《家礼》拿出来学习、研究，有了很多重要的发现和心得。

我发现，对于婚姻，中国人和西方人有着完全不同的理解。西方人认为，婚姻就是一个男人和一个女人两个人自己的事。所以，他们的选择是神圣而不可侵犯的，所以，他们可以不结婚而同居，他们可以结婚而不生孩子，他们也可以随便离婚。

但是，我们的传统却不同。先祖在《朱子家礼·昏礼》中说："夫昏姻者，所以合二姓之好，上以事宗庙，下以继后世也。"这句话，不是文公发明的，它是中国儒家的原始经典《礼记·昏义》中的话，原文是："昏礼者，将合二姓之好，上以事宗庙，而下以继后世也，故君子重之。"所以，在我们的传统中，婚姻不仅仅是一对男女（当然，在西方，现在已经可以同性结婚了——但是我怎么也想不明白，这也能叫婚姻？）两个人的事，它还是宗族的事，家族的事，社会的事。也就是说，结婚意味着你必须承担起相应的责任。所以，我们有"不孝有三，无后为大"之说，这是说，你对天地自然和家族的生存延续和可持续性发展负有责任；所以，我们有"父母在，不远游"之说，这是说，你对赡养父母长辈负有责任；所以，我们有"慈母手中线，游子身上衣"之说，这是说，你对子女有养育的责任。大家已经看到，今天举行的"朱子婚礼"中，为什么必须要有告祖宗、拜父母、拜天地的仪式，这是为了让那些走入婚姻殿堂的人明白他们的责任，让他们当众宣示对天地、自然，对家族，对祖宗、父母和对社会的责任。

多少年来，我们一直把自己的传统当作糟粕批判。但是一场金融危机彻底地暴露了西方价值观的弊端和危害，我们这才发现，美国并不是样样都值得我们效仿，我们自己的传统其实很好，它可以有效地避免西方病和现代病。

这就是为什么我坚持要在青年人喜欢模仿的西式婚礼之前办一场"朱子婚礼"。因为我要理直气壮地弘扬中国式的礼仪和价值观。

这也就是为什么我对钟明说欢迎你成为我们家的成员，我对你只有一个要求：按照《朱子家训》做人，按照《朱子家礼》办婚事。令我欣慰的是，她非常乐意地接受了我这个几近苛刻的要求。我相信，她会是朱家的好媳妇。

不过话要说回来，走进了这个家庭，其实是给自己背上了一个包袱。因为这是一个有点不一样的家庭。我打一个比方吧：如果我们有了钱，不会去买金，不会去买银，也不会去买地产、买房子；我们会去买书、买字、买画、买CD。

所以，我要感谢我的母亲，她嫁到了朱家，哪怕穷得揭不开锅，她也毫不动摇地捍卫和坚持朱家的价值观。我们兄妹四人，能有今天，各有所成，是她自觉履行朱家的价值观的结果。她是一个伟大的母亲。

所以，我要特别感谢我的妻子，她认同和理解我的价值观，跟我一起窘困而无怨言，与我一起奋斗而不自矜。有了一点钱，首先想到的是让我买书，是让我的书有地方放。她是真正理解我和我们这个家族的遗传密码的人。

今天，在这样一个场合，我怎么也不能不提起一个人，那就是我的父亲。可惜，他不能坚持到今天，他离开我们已经三个年头了。我感谢他给了我和我的儿子一个朱氏的血统，感谢他把文公的家训和朱氏家族的家风传给了我们。

其实，我真正认识自己的父亲是在他去世以后。父亲在弥留之际，留下的最后一句话不是关于自己的，也不是关于妻子、儿女的，更不是关于财产、金钱的，而是"台湾"两个字。当时我的大弟弟杰夫在他的身边，他清晰地听见了父亲生命最后时刻的那一声呼喊。当弟弟把这件事告诉我的时候,我受到了极大的震撼。我突然一下子明白了,为什么在他年轻的时候会冒着生命危险要想偷偷地跑到苏北去投奔新四军;为什么他经历了那么多的苦难却从来不怨恨,而把一家人的苦扛在自己一个人的肩上;为什么他愿意毫不犹豫地把自己的三个孩子送到黑龙江、吉林去插队落户;为什么他穷得没钱吃饭却愿意把钱交给儿子去买书。我也才明白,为什么我看小说、电影从不会动容,而看到五星红旗高高升起,看到解放军整齐的队列时却会流泪;我也才明白,为什么我从小就有一个教授梦;我也才明白,为什么我的儿子才初中二年级就会带着同学走上街头;为什么他在美国八年,最终还是选择回国;为什么他放弃了去大企业、大公司的机会而选择教书。

我们都会背南宋大诗人陆游的名句:"王师北定中原日,家祭无忘告乃翁。"万万想不到的是,我竟然见到了一个现实版的陆游。在我的有生之年也许无法见到国家的一统,但是我的儿子、媳妇一定能见到。今天我把这个任务交给你们:当台湾回归祖国的那一天,不要忘了到你们爷爷的坟前去敬一炷香,把这个消息告诉他,让他在九泉之下可以毫无遗憾地安眠。

所有这一切,也许就是朱家人天生就有的一种与生俱来的莫名其妙。用我的好朋友、复旦大学出版社社长贺圣遂的话来说:"如果遇到不平之事,第一个跳出来与人打架的一定是朱杰人。"这句话未免有点夸张,但确实是知我之言。

很抱歉,今天是一个大喜的日子,我却讲了这么多沉重的话,是不是有点煞风景。但是,这些话憋在心里太久了,总要找个机会说出来,与其说给钟明和朱祁两个人听,还不如说给大家听,让钟明和她的家族对朱祁和我们这个家族有一个更深的了解,也让我的朋友们、亲人们对我们这个家族和我们这个家族的人有一个更深的了解。

最后,我必须对我的儿子说几句话:你把钟明娶回了家,你就要对她负责,好好地爱她、呵护她,要像爱自己的生命一样爱自己的妻子,她就是你生命的一部分。在这一点上,你不能学你的父亲,他不是一个合格的丈夫,他不懂得爱护和照顾你的妈妈,否则将来你是要后悔的。

再次感谢各位的光临,愿大家度过一个美好愉快的夜晚。

2009年12月5日上海西郊宾馆

在严子徽、孙默然婚礼上的讲话

尊敬的严氏、孙氏家族的各位亲友，尊敬的各位嘉宾：

《礼记·昏义》曰："昏礼者，将合二姓之好，上以事宗庙，而下以继后世也，故君子重之。"

今天，我们有幸见证了一对青年才俊、两个幸福家庭、严孙二姓的隆重婚礼，感受到一种特别庄重的仪式感与特别喜庆的温馨感。我们为他们高兴和骄傲。

古人用"郎才女貌"来形容最美丽、最有内涵的佳偶。但是真正配得上这句话的新郎新娘恐怕很少。因为这四个字的本义是说：女，要有貌也要有才；郎，要有才也要有貌。也就是说，男女双方都要才貌双全才能当得起这四个字。在座的各位有幸，今天我们在这里见到了这样的一对新人。

子徽姑娘，是我的同学、同事、同道严佐之的宝贝女儿。我看着她从牙牙学语到亭亭玉立、到雍容华贵。子徽天生丽质，聪颖而善解人意，从小就是个乖乖女和优等生。华东师大日语系毕业后东渡日本深造，归国以后进入跨国公司，步步升迁，身居要职。所以，怎么说也当得上"郎才女貌"这四个字。

我认识默然贤侄很晚，但是初次见面即被他儒雅而英俊的气质所吸引。我知道，他毕业于美国名校，学成归来，即进入一家著名的美国大公司任业务主管，备受器重，前程似锦。但是，当他的妈妈对他发出征召，希望他能担负起家族企业的管理重任时，他毅然放弃一己之私利而回归家族之公利。和他交谈，我能感受到，这是一位食洋能化，循古礼而能与时俱进的有为青年。所以，怎么说也当得上"郎才女貌"这四个字。

故，子徽与默然的结合可谓天作之合、嘉耦天成！

中国人讲婚嫁，最看重"门当户对"。严家以诗书传代，孙家以礼乐继嗣，两家都以高学历、高门第名世，可谓门当而户对！

在这里，我想向这对新人讲几句话。

孟子说："不孝有三，无后为大。"这句话被批判了上百年。但这可是一句金玉良言啊。人无法长命百岁，可是我们不都是希望爸爸妈妈能万寿无疆吗？那就为他们生个孩子吧，孩子就是爸爸妈妈生命的延续。这不是最大的孝吗？从大处说，家族香火的延续，人类的可持续发展，都依赖于人类的生殖。所以我希望你们能赶紧生孩子，一个太少，两个不多，多多益善，善莫大焉！我们等着吃你们的红蛋。

《诗》曰：关关雎鸠，在河之洲。窈窕淑女，君子好逑……琴瑟友之……钟鼓乐之。

再曰：之子于归，宜其室家。

又曰：执子之手，与子偕老！

再次恭贺严、孙联姻！

再次祝愿子徽、默然幸福美满！

谢谢大家！

2017年6月4日

祭先祖侍讲待制徽国文公墓文

维公元二〇二〇年一月廿五日,岁次庚子正元,裔孙杰人谨率内子殷殷,以酒果告于先祖侍讲待制徽国文公之墓。惟昔显祖,绍熙羲、轩、孔、孟、程之道统,集厥大成,述古垂训,开儒学之新途,筑中华民族精神文化之基业。其功显赫,如日月之普照,乾坤而朗朗。杰人不才,悟道迟晚。中年而一旦豁朗,即以传吾祖之道为职志,竭忠竭诚,百折不回,历时三十余载,终有所成。然世事难料,天运无常。近年来,朱子学之研究弘扬、朱子之路之赓续、朱子后裔各色团体之健康发展,均危机重重,前路艰难;杰人已越不逾矩之年,精力充沛,踌躇满志,继《朱子全书》、《朱子全书外编》后将有《朱子四书集释》之作,不意二竖为虐,危及生命。今乃祭告,乞先祖之神灵,赋我以力,假我以年。杰人不孝,但当竭尽心力,奋发前行,挽狂澜于既倒,申遗志于未晚!伏惟恩灵如在,鉴此哀诚,则杰人感激涕零,不胜千万幸甚!

谨告。

紫阳书院第一期朱子思想学术读书班结业告先师文

维公元二〇二一年五月五日，岁次辛丑三月廿四日，后学杰人敢昭告于先师朝奉大夫华文阁待制赠宝谟阁直学士通议大夫谥文朱先生：

恭维道统，远自羲轩。述古垂训，允属元圣。逮思及舆，益以光大。自时厥后，口耳失真。千有余年，乃曰有继。周程授受，万理一源。及吾先师，集厥大成。万世作程，如夜复旦。

杰人凡陋，幸逢盛世。逮兹退老，同好鼎来。落于山庄，正博作援。探原推本，敢昧厥初。日以孜孜，夜则拳拳。一字是求，一句是研。二易寒暑，更历瘟灾。今乃结业，奠以告虔。尚其昭格，陟降庭止。惠我光明，传之方来。

今以吉日，谨率诸生，恭修释菜之礼，以告其成。

尚飨！

哭朱公祥南文

呜呼哀哉！天之妒才兮，摧我精英；神之不淑兮，折我栋梁；朱门不幸兮，失我大人。惟公之生，才英气豪。弱冠而学，有志四方。少年英发，远渡南洋。筚路蓝缕，至于巨商。捐资办学，扶贫兴邦。声誉鹊起，名重庙堂。年届不惑，为吾族谋，追随昌公，汉城树帜。世界朱氏，联合称会。首倡诸贤，公居其一。昌公退隐，遗谋属公。众所归心，拥戴而立。主政十载，族务大兴。学界推尊，国际名闻。呜呼哀哉！公于朱氏，可谓功臣！公于文公，可谓贤孙！杰人怀公，且涕且泣。订交首尔，相知武夷。念昔交情，兄胶我漆。更功互磨，兄玉我石。兄实高明，卒鉴此心。公今往矣，谁复吾与？呜呼哀哉！人生百年，谁则不死？公有令名，亦既寿祉。全而生之，全而归之，公实奚憾？后人思之，歌而颂之。

呜呼哀哉！尚飨！

丙申年癸巳月甲午日（公历 2016 年 5 月 12 日）
愚弟杰人哭祭

和语文教师谈谈文字学（一）
提倡学一点文字学

文字学是研究文字的起源，发展，性质，体系，形、音、义的关系，正字法以及个别文字演变情况的一门科学。早在汉朝，我国就有了文字学的研究，而且十分受重视，大文字学家许慎说："《周礼》八岁入小学，保氏教国子，先以六书。"儿童入小学先学文字，识字成为启蒙教育的第一课。所以，文字学又称为小学。

作为语言文字科学的一个重要分支，文字学是一门很重要的基础科学，与中小学语文教学的关系十分密切。中小学语文教学中字、词、句、篇的教学占着很大比例，而这几个方面都与文字学有关。懂一点文字学，会使语文教学更合乎科学，更生动，而且能做到深入浅出，融会贯通。拿小学识字教学来说，很多有经验的教师善于从分析字的形体来讲解字义，帮助学生理解并掌握。比如，教"臭"字时，有个教师把它拆成"自"、"大"和"丶"三部分："自"、"大"多一"点"，人就要变"臭"了。这种说法，虽则有趣，但不合科学。假如这位教师懂得一点文字学，他就会知道，"臭"是个会意字，由"自"与"犬"这两个字组成。"自"是个象形字，象鼻子（古文"鼻"就写作"自"）。"自"和"犬"合在一起，其意思是狗的鼻子最尖，对于各种气味嗅觉最灵敏。所以"臭"的本义不是香臭的臭，而是表示某种气味。只是到后来，这个字才变成专指腐臭的臭。这样的讲解，不但科学性强，学生容易接受，而且使学生了解到这个字的本义，为今后进一步学习古汉语打下了基础。北京景山学校的马淑珍老师就比较注意从文字学的角度讲解字形。她教一个"跳"字，先在黑板上写上学生已学过的"兆"字，然后加上"⻊"旁，告诉学生"跳"是"跳高"的"跳"，"跳绳"的"跳"，为什么用"⻊"旁呢？因为是用脚跳。接着，她又用同样的方法教"挑"、"眺"，效果很好。可见同样是拆字、析字，其教学效果是大不一样的。懂得一点汉字造字法的教师，她的教学就合乎科学，效果也较显著。小学识字教学主要是讲字的形、音、义，而这些正是文字学的主要内容，作为语文教师，尤其是小学低年级的启蒙老师，更应该提倡学一点文字学。

学生写字出现一些错别字，这是正常的现象。但教师下了很多功夫，而往往纠正不了学生，不免感到头痛。假如我们能从文字学的角度讲清一个字的构造原理，就可以在很大程度上减少学生的错别字。比如"步"字，学生往往容易误写成"步"。因为"步"字下面是个"少"（tà），学生会很自然地加上一点，写成"少"（shǎo）。其实，"步"是个会意字，由"止"和"少"这两个字组成。"止"即"趾"，就是足。"少"是"止"的反文，也是足。两字相迭，表示两脚相承而动，成为"步"。讲清了这一点，学生不但不会把"少"写成"少"，而且懂得了古代的一步，实际上是举足两次，即左右两脚相随向前挪动一次。《荀子·劝学篇》中有"不积跬步，无以至千里"，对"跬步"解释为半步，学生往往难以理解。其实这里的关键还是个"步"字。因为古人

"步"的含义与我们不一样,我们今天的一步恰恰是古人的半步。由此可见,学一点文字学还有助于加深对文章的理解。

文字学是一门很精深的学问,要求中小学语文教师花很大的气力去学习是不可能的。提倡学一点文字学,是说结合教学读几本关于文字学的书,学一些最基本的知识。这样,既不占很多的时间,又能提高课堂教学的效率。

(原载于《上海教育》1979第12期)

和语文教师谈谈文字学（二）
仓颉作书的传说
——中国文字的源流

仓颉（又作苍颉），相传是黄帝的史官，汉字的创造者。《太平御览》引《春秋演孔图》载："仓颉四目，是为并明。"说仓颉有"四目"，崇之为"圣人"，这仅是一种传说。鲁迅说得好："要之文字成就，所当绵历岁时，且由众手，全群共喻，乃得流行，谁为作者，殊难确指，归功一圣，亦凭臆之说也。"文字是人民群众创造的，只是有人有心加以整理综合罢了。仓颉很可能就是这种有心人。荀子说："好书者众矣，而仓颉独传者，壹也。"可见，早在战国时，就有人持这样的观点了。

文字是历史演变的结果，绝不是哪一个人所能创造的。汉字的形成也是这样。《易·系辞》："上古结绳而治，后世圣人易之以书契。"这里所谓"圣人"，是指庖牺氏画八卦，造书契，代结绳之政。后来神农氏"复重之为六十四爻"。但这都是传说，不足为凭。现在可考的最古汉字是1899年发现于河南安阳小屯村的甲骨文。据专家考证，那是殷代盘庚至帝辛时的卜辞和记事文字。值得注意的是，从现已出土的甲骨文看，同一个字往往有各种不同的写法，笔画和部位也无一定之规。由于地域、习惯、语音的不同，表达同一个意思的文字，就有不同的写法。可见，文字的创造，绝非出于一人之手。

统一中国文字的是秦始皇。秦统一中国以前,"车涂异轨,律令异法,衣冠异制,言语异声,文字异形。"当时比较通行的文字是大篆,因著录于周宣王的太史籀所作的《史籀篇》中,故又称籀文。现存故宫博物院的石鼓文,就是这种字体。这种文字笔画繁重,字体多重叠,不便书写。另外,东方诸国如鲁、齐,则流行另一种文字,汉朝人称之为古文或孔壁古文。秦始皇统一中国以后,采纳李斯的意见,推行统一文字的政策。这种统一的文字,主要依据籀文和古文的形体变化而来,笔画力求简省划一,称为小篆或秦篆。李斯作的《仓颉篇》、赵高作的《爱历篇》、胡母敬作的《博学篇》都是用小篆写的学童课本。现存的《琅琊台刻石》和《泰山刻石》残石代表了这种字体的风格。小篆虽较大篆有进步,但仍不能快速书写。于是,隶书便应运而生。据说狱吏程邈得罪被拘于狱中,专心研究十年,把小篆加以简化,又把小篆匀圆的线条变成平直方正的笔画,使之易于书写。这种字被秦始皇发现,受到了肯定和赞扬,并与小篆同行。隶书的产生是汉字演变的一个转折点,为汉字向楷、行、草书发展打下了基础。

汉兴,又有草书和楷书。草书较通行的是草隶(草率的隶书)。传说为张芝所创,实际上在他之前已有这种字体。草书虽然书写便捷,但漫无标准,难于辨认。到了东汉,出现了楷书。楷书避免了草书的弊病,同时又减省了汉隶的波磔,既利于书写,又便于辨认,于是流行至今。

汉字从甲骨文到篆、隶、楷乃至现用简化字的发展,经历了几千年的历史。纵观这段历史,可以发现,汉字在形体上的演变是由图形变为笔画，象形变为象征，复杂变为简单。在造字方法上则从表形、表意到形声。这种演变过程正和世界上其他文明国家文字发展的历史相似。事物总是在不断变化中逐渐趋于完善的。现用的汉字绝非十全十美的文字，还有待进一步发展。继续简化汉字和推广汉语拼音正代表了这一发展的方向。作为一个语文教师，了解一些汉字发展的历史知识，就可以在促进汉字改革、推广普通话的教育宣传中发挥更大的作用。

（原载于《上海教育》1980年第1期）

和语文教师谈谈文字学（三）
目中之形与意中之形
——象形与指事

　　研究造字法及字的形、音、义之间的关系是文字学的主要内容。"六书"，归纳了六种造字方法，是我国文字学研究的传统之说。所谓"六书"，指：象形、指事、会意、形声、转注、假借。

　　象形，就是描摹事物的形状。许慎说："象形者，画成其物，随体诘诎，日月是也。"鲁迅认为这是中国文字的基础。马叙伦说："造字之初，不殊作画，图写物象，务以其真。"看到太阳，便画个 ⊙；看到月亮，便描个 ☽；山则画成 ⛰；水则描成 ⟅⟅。这恐怕是一种最简便、最切实可行的造字法。但是，世界上的事物是多种多样的，有看得到的"物"，也有无法看到的"事"。怎样解决这个矛盾呢？这就用得着指事的办法了。指事也是一种象形，非指目中之形，而是意中之形。正如许慎所说："指事者，视而可识，察而见意。"指事和象形的区别在于：后者是绘有形之物，前者是识无形之事；象形是图画，而指事为表识。象形只象一个具体而特殊的事物，指事则赅括一些抽象而普遍的概念。比如，表示"上"的概念，则在一长画上面加一短画"⊥"，表示在上面。反之，"⊤"则表示在下面。又比如，在勺字上加一点成"勻"，以示刀锋所在，则为"刃"字。这种方法，颇似我们现在的交通路标，商品的包装箱上的标志符号。象形字，一看便可知意，而指事字，则必须想一想才能明白意思。不妨说，指事"指示"、"提示"，即指点、示意、标志的意思。

象形和指事，是两种最基本的造字法。汉字多如牛毛，但如仔细分析，几乎全都是象形字或指事字的各种巧妙组合。了解这两种造字法，可较易于掌握字的本义，对语文教学是大有好处的。比如一个"向"字，《诗·豳风·七月》："塞向墐户。"学生往往把这个向字理解为方向的意思，这是把"向"的引申义理解为本义之误。"向"是一个象形字。《说文解字》："向，北出牖也。"就是说，向是朝北的窗口。篆文写作向，⌒表示房子，房子开一个口就是窗。甲骨文写作 向，这就更说明问题了。所以"向"的本义是"北出牖"，由朝北的窗口这个本义，引申为"朝"、"对"，再引申为方向的"向"。这样，"塞向墐户"就可以理解了。

再说指事。由于这种造字方法比较灵活，往往可以表达一些抽象的概念。掌握了这种造字原理，可以举一反三，触类旁通，使一些本来很不好懂的字变得一目了然。比如"居心叵测"这个成语，"叵"字很不好理解。但是假如知道了这是一个指事字，是把"可"字反过来写，反可即不可，而把"不可"这两个字连起来急读，则成了 pǒ。这样既读准了字音，又理解了词义。

学习汉语，尤其是学习古汉语，了解字的本义是十分重要的。抓住了字的本义，就好像抓住了这个字的纲，任何纷繁复杂的词义都变得简单而有条理了。比如，"引"字，"弓"象弓架，"丨"象弓弦。显然这个字的本义与射箭有关。《说文解字》："引，开弓也。"可见"引"的本义是开弓。于是"引而不发"就很好理解了。因为开弓一定要把弓弦拉长,又产生了延长、拉长的意思,于是便又有了"引吭高歌"(放开嗓子大声歌唱)、"引领而望"(伸长脖子朝前看),有了"引桥"(正桥的延长)。又因为开弓是把箭导向后方,所以又引申出"导"和"退"的意思,于是《史记·项羽本记》中"项羽乃悉引兵渡河,皆沉船,破釜甑……以示士卒必死,无一还心"和《战国策·赵策》中"秦兵引而去",这两句中的"引"字就好交代了。所以,语文教师学点文字学,对疑难的字从分析形体、构造入手,来辨字析义,可以收到事半功倍之效。

(原载于《上海教育》1980年第2期)

和语文教师谈谈文字学（四）
"波者水之皮"之谬
——形声与会意

宋代的王安石写过一本文字学的专著《字说》，在解说"波"字时闹了个大笑话。他荒谬地说："波者，水之皮。"苏东坡讥笑他说："然则滑者水之骨乎？"王安石把形声误认为会意，这就是他自作聪明之谬。

什么是形声？许慎说："以事为名，取譬相成"，并举"江河"二字为例。后人对许慎所作的定义有过各种解释，其中以段玉裁的说法较为大家所接受。他说："形声者，其字半主义，半主声。半主义者，取其义而形之；半主声者，取其声而形之。不言义者，不待言也。"他认为形声字由两部分组成，一部分主字之义，一部分主字之声（现代文字学家把这主声的部分叫做声符，主义的部分叫做意符）。如"江河"字，"氵"主其义，说明这个字与水有关，"工"、"可"主其声，说明这个字的读音与"工"、"可"相同或相近。当然也有人不同意这种把声与义截然分开的说法，认为声符不仅主声，实质上也表示了这个字的意义。这种说法也有一定道理。尽管说法有分歧，形声字包含着主声与主义这两部分，这一点还是一致的。

形声字结构简单清楚，且有表音成分，能更好地依附于语言，所以成了一种最主要的造字方法。汉字中形声字占了绝大多数。《说文解字》共9 353字，形声字有8 000多，约近90%。后世新制之字，大多是形声字。《康熙字典》收42 174字，其中形声字40 000余；《中华大字典》收44 908字，其中形声字近40 000余。至于现代科学中新造的化学原素的名字如铀、钨、氖、氢之类，则几乎全是形声字。

事物总是一分为二的。形声字因为有表音成分，所以较易于认读。但人们也往往因此而读别字，造成所谓"半边字秀才"。拿中小学生常常读错的一些字来分析一下，就可以发现，往往是由于不懂形声字的规律所致。古人造形声字，声符与字的读音的关系有几种情况。一是同音，就是声符与字的读音完全一样。如沐、理、惜、梧、桐等等，这些字尽可以读半边而不会错。但是，还有一种情况，音符与字的读音仅是声母相同或相近（音韵学上叫做双声）。如鳃、腮、鰓等字读若sāi，而声旁"思"则读若sī，这些字的声母相同。第三种情况叫叠韵，就是声符与字的读音韵母相同或相近。如娠，读若shēn，而辰读若chén；同属真韵；枢读若shū，而区读若qū，同在虞韵。所以，见到后两种字假如不加分析地读半边，那就要被人笑为别字先生了。还有一种情况叫省声。所谓省声，就是省略了声符的某些部分。如"蹇"字，读若jiǎn，声符不是"足"，也不是"寒"，而是"寒"（hán），省去"冫"。这就是省声。又如"棨"字，读若qǐ，声符是"启"，省去"口"。不懂这个道理就可能把"蹇"读成"足"（zú），把"棨"读成"木"（mù）。

另外，由于古今声音变化很大，有些字的发音与今天不一样了，假如用现在的音去读某些形声字也是要闹笑话的。如"愎"（bì）字，学生总喜欢读成"复"（fù）字。为什么这个形声字的读音与声符的差距这样大呢？这是由于语音变化了的缘故。据清代学者考证，古代是没有轻唇音的，而复（fù）字现在读轻唇音。可以推知，愎、复二字在古代是双声。

形声字还有一种情况必须引起注意：有些字本来就有两种读音，当这种字成为形声字的声符时，就必须研究一下应该读哪一个音。比如，"台"在古代有两种读音，一读 tái，与今音同；一读 yí，这种读音现已不用，只留存在声符中。学生不知道后一种读音，所以很容易把怡、诒、贻、饴这些字读成 tái。又如，"会"字，通常读作 huì，有一读为 kuài（如会计），这一读音不常使用，学生不甚了了，所以往往把侩、脍读成 huì。遇到这一类字，就要稍加审谛，假如自以为是，望文生"音"，那就要闹笑话了。

知道了形声字的构造，可以发现，形声字在形体上区别于象形、指事的主要之点在于后者是独体，而前者是合体。在这一方面与形声字相同的还有会意字。只是形声之合体主要的作用在于声，而会意之合体主要作用在于义。许慎说："会意者，比类合谊，见指㧑，武信是也。"理解"会意"关键在个"会"字。会者，会合之会，并非领会之会。段玉裁说："会者合也，合二体之意。一体不足以见其意，故必合二体之意以成字"，"会意者，合文之谓也"。比如，双手（廾）玩玉（王）为弄（弄），人关在笼子（囗）里是囚，等等。

会意字的构造是由意义的配合，所以了解这种造字方法可以加深对词义的理解。《荀子·劝学篇》中有句云："虽有槁暴,不复挺者,輮使之然也。"这里的"暴"(曓)字是个会意字,意思是太阳(日)出(出)来了,双手(𠬞)把米(米)拿出来,意为晒。这样的分析无疑会使学生加深对这个字的理解。又比如,"比翼齐飞"、"天涯若比邻"的"比",学生容易理解为比赛之比。如果教师讲清楚这是个会意字,意思是两个人站在一起(从),那么这个字"并列"的意思就清楚了,由"并列"而引申为"靠得很近"的意思和"比赛"的意思也都清楚了。

形声和会意是汉字中表意能力最强的,可以比象形、指事表示更多的抽象概念。因为形声字和会意字都是由两个或两个以上的象形或会意字组合而成,所以便带来了汉字的另一个特点:有了偏旁。第一个注意到这一特点的是许慎。他把篆文的形体构造加以分析和归类,从中概括出540个偏旁字作为部首,凡同一偏旁的字都分属其下,形成了按部首编排的体系。许慎的这一创造具有很重大的意义。部首的建立使纷繁复杂的汉字有了一定的条理性和系统性。从《说文解字》以后,我国的很多字典,都按照部首排列和编成检字。某一部首统辖下的字,往往与这个部首所标示的事物或动作有关。例如木部的字如桃、李、松、桂、杨、末、本、朱等都和树木有关;而属贝部的字如财、货、贿、资、赠、赏、赐、贷等都和财物有关。懂得这个道理,使用部首检字的字典就可以减少很多盲目翻检之劳,因为代表这个字主要意思的偏旁,往往就是这个字所属的部首,虽然也有例外。

仔细研究形声字和会意字还可以发现一个有趣的现象:有些形声字的意符或某些会意字的偏旁,由于所表示的意义范畴关系密切，常常可以变换或通用。例如：徯与蹊、徧与遍、嘆与歎、詠与咏、䜣与欣、鶵与雏等。这种现象对于认识异体字及其产生的原因，也是不无用处的。

（原载于《上海教育》1980年第4期）

和语文教师谈谈文字学（五）
叔来与拾麦
——假借与转注

假如有一位语文教师对学生说，"叔来"不是叔叔来，而是拾起麦穗的意思。我想，他一定会受到大多数学生的反对。因为"叔来"与"拾麦"是不相干的。可是，"叔来"的本义恰恰是"拾麦"的意思。"叔"是个会意字。《说文解字》："叔，拾也，从朩（shū，豆也）从又（yòu，手也）"。"来（來）"是个象形字，象麦穗芒束之形。《诗·豳风·七月》："九月叔苴。""叔"解释为拾取。《诗·周颂·思文》："贻我来牟。""来"解释为小麦（牟是大麦）。可见"叔来"解释为"拾麦"是顺理成章的。可是又怎么变成了叔叔来的呢？原来古时，"叔伯"之"叔"与"叔苴"之"叔"，"来去"之"来"与"来牟"之"来"音同。而表示前两种意思又没有现成的字可用，于是古人便把"叔苴"之"叔"借来当"叔伯"之"叔"，把"来牟"之"来"借来当"来去"之"来"。这样既可以很好地表达思想，也不必再去造两个新字（况且这两个字也实在难造）。这正是古人聪明之处。试想，天下的事物，情态应有尽有，无穷无尽，假如每一事、每一物都造一个字，那还得了？现在用"以声托事"的方法，这个无穷之事与有穷之字之间的矛盾便解决了。这就叫假借。

许慎说:"假借者,本无其字,依声托事,令长是也。"比如,"令"本来是发号施令的"令",后来借用来作"县令"的"令"。"长"本来是长远的长,后来借用来作"县长"的"长"。假借是语言文字发展的一个必然结果。语言文字发展的客观规律告诉我们,声音与文字相比较,总是声音在先的,文字仅仅是声音的符号而已。出于某种原因,人们发出了某种声音,又要把声音记录下来,于是便产生了文字。可是,世界上的事物如此之多,而造字的方法仅那么几种,而且又有很多事物、现象、情状是无法用象形、指事、会意这一类方法表达的。为了解决这些矛盾,假借便产生了。正因为如此,假借字中语词(虚词)占了大多数。如,"之乎者也"的"之(㞢)",原是个象形字,象幼苗往上长;"而且"的"而(而)",原意是颊毛,象毛之形;"而且"的"且",原意是砧板;"虽(雖)"原来是一种似蜥蜴的虫;"然"原来是火烧的意思;"为(爲)"原来是母猴。

当然,假借而来的实词也是不少的。如"萬",原意是一种虫,假借为"千萬"的"萬"字;"夏"原意是中国人,假借为"春夏"的"夏"字;"斤"原意是砍木头的斧子,假借为"斤两"的"斤"字,等等。

懂得假借这一造字特点,遇到一些虚词(或实词)以本义出现时,就不会迷惑不解。如庄子庖丁解牛的故事中有一句"技经肯綮之未尝"。这是一句很难解的话,其中又以"肯"字最费解。因为人们往往把肯的假借义"可以"当作了本义,而不知"肯"字的本义是附着在骨上的骨间肉,"肯綮"就是筋骨结合处。"肯"字篆文写作月,里面是块肉,外面是骨头。字书上"肯"字在肉部,就是这个道理。

理解了"肯"字的本义,另一个颇费解的词"中肯"也好讲了。这是一个比喻,意为不偏不差,切中骨间肉,即恰到好处。又如,古文中常常出现"要斩"这一类的词,"要"在这里用的本义:"身中也"(即"腰"字)。假如仍然用"要"的假借义,必然会百思不得其解。又如,"败北"也是一个常用的词,"东南西北"之"北"是"北"的假借义,其本义为"二人相背(ᾏ)",即"背"的本字。因为打了败仗逃跑时必然背对敌方,所以产生了"败北"这个词。假如用"北"的假借义去看"败北",那就不得要领了。

在古代汉语中,有一种与假借相似而实异的语言现象,叫做通假。所谓通假,就是用声音相同或相近的字来代替另一个字。如白居易的《卖炭翁》中有"半匹红绡一丈绫,系向牛头充炭直","直"与"值"同音通假。又比如中学语文课本第二册《卓越的科学家竺可桢》一文中有"翔实"一词,"翔"即为"详"。通假在古汉语中大量出现,但是通假与假借是有区别的。简要地说,假借是造字之法,而通假则是用字之权。二者的区别在于假借本无其字,依声托事,而通假则本有其字,或因偶忘,或为取便而假一个同音字来代替。

最后谈谈转注。转注一书,按班固的排列顺序当在假借之前。但因为这个问题二千多年来众说纷纭,至今尚无定论。且转注字为数极少,所以放在最后略论。

许慎说:"转注者,建类一首,同意相受,考老是也。"后代的学者对转注的解释,争论最多。要而言之,可概括为"形转"、"音转"、"义转"三种。主张"形转"说的人认为:建类一首,就是指字形上的同一部首,如,"考"、"老"同在老部,而转注字形则必反转倒侧,如考字左回,老字右转。这种说法为多数学者所摒斥。主张"音转"说的人认为：类，是指的声类，转注就是展转其声注释他字。这种说法有一定道理，但不全面。主张"义转"说的人则把转注视为同义词的互训。这种说法也欠妥当。当代文字学家中，有人从分析转注字的特点入手，把以上诸家之说加以综合，博取众长，作出了较有说服力的解释。他认为转注是一种造字法，一定要严守许君界说。转注字必定是形声字，而且必以原字为部首，转注字必定与原字含义相同，而且与原字的读音相同或相近（如双声、叠韵、同音）。比如，"考"是"老"的转注字。因为：其一，这是一个形声字，耂（老的省声）是意符，丂（kǎo）是声符，考属老部；其二，考的字义与老相同；其三，考、老叠韵。其他的转注字，如走与趋、民与氓、改与更等等都具备以上特点。当然，这种说法仅仅是一家之说，是否正确还得受时间和实践的检验。

总而言之，转注是一个比较复杂的问题，因为这一类字为数不多，所以只了解个大意也无妨大局。限于篇幅本文不打算详述了。

"六书"是研究文字学的一个重要问题，也是一个很复杂的问题。自来文字学家在这个研究领域中形成了各种学说、流派，有的争论了两千多年也没有定论。比如有些学者就不同意"六书"为造字法，认为前四者（象形、指事、会意、形声）是造字之法，而后二者（转注、假借）则是用字之法。本文所述"六书"仅仅是自己学习的初步体会，既无法概全，也不能无错。好在本文的目的在抛砖引玉，所以也就不辞疏陋了。

（原载于《上海教育》1980年第5期）

和语文教师谈谈文字学（六）
许慎与《说文解字》

许慎，东汉经学家、文字学家，字叔重，汝南召陵（今河南郾城）人，曾任洨（xiáo，地名）长、太尉南阁祭酒等职。许慎受业于大经学家贾逵，年轻时即博通经籍，被时人誉为"五经无双许叔重"。《说文解字》是许慎最重要的著作，成书于东汉和帝永元十二年。全书凡十五卷（包括叙录一卷），五百四十部，九千三百五十三字，重文一千一百六十三字。《说文解字》开创了我国的文字学研究，是我国古代语言文字学的宝库。《说文解字》的字体以小篆为主，古文、籀文等异体则列为重文。每一个字的解释，一般先说字义，再说形体构造及读音，严格地依据"六书"解说文字，是我国首创的系统完整、体例谨严的字书。

《说文解字》是后人研究古汉字的依据。许慎生活在东汉中叶，离古代还不很远，能够比较准确地把古汉字的形、音、义保存下来，这样就为后人研究古汉字建起了一座宏伟的桥梁。通过这部分，人们才有可能研究古汉语。更难能可贵的是许本人又是一个博学多闻的经学大师，他的《说文解字》实际上是集古文经学训诂之大成。所以他解释字义、分析字形、发明字音往往能贯通今古，有根有据。至于他首创的部首分类法，则更是一个伟大的创造。当然《说文解字》也有弊病和谬误。比如，由于许慎过分拘泥于"六书"，有时不惜死扣字形,据形立说,使很多字的解释牵强附会。又因许慎所处的时代,反切注音尚未发明,所以《说文解字》对字音的说明往往不够准确。至于书中表现出的封建伦理观念和一些迷信的说法,那更是无法避免的时代局限。

后代研究文字学成就比较大的,有清代的段玉裁。他是清代杰出的唯物主义哲学家、音韵学家、文字训诂学家戴震的学生。段玉裁字若膺,号茂堂,江苏金坛人。他的《说文解字注》是清代研究文字学的最重要著作之一。这一著作花去了他三十多年的功夫。段玉裁根据《说文解字》体例和宋代以前群书所引《说文解字》的词句,校正了书中的讹误,引古书上所用的字义,来阐明《说文解字》的说解和一字多义的由来。由于时代的进步和段的博学,他能把文字学与训诂、音韵学联系起来研究,所以多有发明,实在是一部不可多得的学习和研究文字学的参考书。当然,段玉裁改动原文,增删篆文,有时也失之武断。

近代学者如章太炎、刘师培、杨树达、郭沫若等对文字学的研究造诣很深,成就甚高,读一点这些学者的著作,可以得到很多精辟的见解,学到不少研究的方法,大有裨益。

作者附记:拙作《和语文教师谈谈文字学》连载完了。这里,我要特别向胡邦彦先生表示衷心的感谢。胡先生潜心研究"小学"多年,深有造诣,且在师院、师大为研究生授文字学课。这篇习作是在胡先生指导下学习的心得之一。文章写成后,胡先生又在百忙中做了修改,更使我得益匪浅,感动尤深。

文字学是一门很复杂的学问,我的这篇习作仅就几个方面的问题,做了一些简略的介绍,既不能概全,更不无疏漏。希望广大读者提出宝贵意见。

(原载于《上海教育》1980年第6期)

今天我们为什么要读朱熹?
——《新民晚报》记者姜燕在武夷山与朱杰人教授谈朱子学说的价值

2015年11月15日至16日,第六届海峡两岸朱子文化节在福建武夷山举行,海峡两岸朱子研究知名学者、朱子后裔齐聚朱子故里,纪念朱子诞辰885周年,研讨朱子学说,弘扬朱子文化。

朱子(1130-1200年),即朱熹,中国历史上著名的理学家,他重新校注儒学经典,编纂《四书集注》,将北宋四大理学名家的学说择其精华辑录成《近思录》,创立了新儒学,是中国传统文化的集大成者。但是,他的学说后来成为官方哲学,一些言论被统治者利用,成为禁锢人性的工具,"存天理,灭人欲""饿死事小,失节事大"等言论成为民间约束女性的道德枷锁,朱子也因此受到一些负面的评价。

这些是朱熹的本意吗?为此,本报记者专访了华东师范大学研究朱子学说三十余年的朱杰人教授,听他谈谈今天我们应该如何看待与认识朱子与他的学说。

记者(姜燕):很多人不了解朱子对中国传统文化的贡献,甚至有不少负面看法,您能否解释一下?

朱杰人:朱子在中国的文化、思想和学统、道统等方面,都有重要影响,但长期以来,他的价值没有被大家认识。他曾经说过"世不生仲尼,万古如长夜",意思是如果没有孔子，我们还生活在黑暗中。我认为，如果没有朱子，孔子的思想可能就不会这样被传承下来。

在朱子和他以前的时代，佛教思想盛行，孔子的儒学已经被边缘化，这是因为孔子儒学没有解决"人和宇宙是什么"这一根本问题。孔子说"未知生，焉知死"，即"死"他不研究，《论语·述而》里还有"子不语怪、力、乱、神"一句，即他不谈论怪异、暴力和鬼神这些事，这使他的哲学留下很大的空档。人来到世界上一定会面临死亡，会追问死为何物，佛教恰恰解决了这个问题，所以很快填补了这个空白，成为中国思想的主流，再加上儒学典籍繁琐难懂，慢慢被边缘化是必然趋势。

当时知识分子都信仰佛教，朱子早年也是一个虔诚的佛教徒。他十几岁参加乡试时，就是写了一篇佛教理论的文章，考了第一名。后来，他的老师认识到佛教思想与儒学思想的差异，给朱子留下《易经》里的三个字"不远复"，意为人犯了错误，在没有走远的时候赶紧回来，劝他重归儒学。但那时的朱子是过耳不入。等他拜李侗为师后，才深受教益，重新学习儒学经典，并潜心研究，对一部部经书重新注解，将深奥的儒学解释得深入浅出，并结合北宋理学，汲取佛教、道教的精华思想，构建了自己的学说，即"新儒学"。严格说来，我们现在理解的儒学，已经不是孔子的儒学，而是经朱子重新解释过的新儒学。

朱子53岁时，将《大学章句》、《中庸章句》、《论语集注》、《孟子集注》四书合刊，经学史上的"四书"之名才第一次出现。元朝起至明清，《四书集注》成为历代科举考试的标准答案。他与吕祖谦精取周敦颐、张载、程颢、程颐

"北宋四子"的思想622条，辑成《近思录》，"近思"二字取自《论语》"博学而笃志，切问而近思，仁在其中矣"，这部书成为儒学的新经典。他以自己宏博的著述和精邃的思想、学术体系成为理学的集大成者。

记者：不少人都知道"鹅湖之会"这场中国思想史上的著名论辩，看起来当时学术讨论风气非常兴盛，朱子是不是一个好辩手？

朱杰人：当时学术讨论氛围非常浓厚。朱熹的学说形成过程中，有两场著名的争论，一次就是与陆九渊"心学"的"鹅湖之会"，这次的中心议题是对《中庸》里的一句话"尊德性而道问学"的理解。"尊德性"是指人的本性都是善的，具备全部认知功能，只要将人性全部发挥出来，就能掌握认识世界的规律。朱子同意"尊德性"，但他强调还要"道问学"，即必须通过"问"和"学"。他认为人生到世界上，除了"天命之性"（即本性），还有"气质之性"。这是说人受到外界影响，本性会发生改变，如果外界影响是"清"的，本性发展就是好的，如果不幸为"浊"，本性便会受到蒙蔽，所以必须通过"问"和"学"才能回归本性。

陆九渊的心学则认为，心明则万事万物的道理自然贯通，不必多读书，也不必忙于考察外界事物，去此心之蔽，就可以通晓事理，所以"尊德性"，养心神最重要。并说，尧舜时期世无圣贤书，而两人照样成为圣人。朱子驳斥说，那时的确没有书，但尧舜是圣人，绝大多数人并不具备这种能力。现在圣人已经给了我们这么多书，为何不读？

这场辩论持续了五六天，不欢而散。但在中国学术史上影响非常大，影响了整个中国哲学思想的走向。

他的另一场大辩论是和浙东学派的"义利之辩",义指义理,利即利益,这场辩论对当下浮躁的社会也有启示意义。浙东学派的代表人物叫陈亮,他比朱子小十几岁,也非常聪明,学问很好,但他的思想是功利主义哲学,认为凡事不必讲过程,只要看结果。他引用了唐太宗的例子,说他上位虽然手段残酷,但结果是好的。朱子非常反对,认为宣扬这样的思想会把人引向歧途,他引用汉代董仲舒说的一句话"正其义,不谋其利;明其道,不计其功",功就是最后的结果。首先是要正直公道,凡事不能以利为先,要把过程做正确,不能违背道义,在讲求功利的时候,不能不择手段。

这场辩论同样意义深远,朱子的很多观点在今天依然适用,习近平总书记在谈到国家关系、企业发展和做人做事时,也提出"义利之辩",不能只讲利不讲义。

有趣的是,鹅湖之会时,他和陆九渊虽是论敌,却惺惺相惜,友情深笃。两人在义利上的认识一致,朱子恢复白鹿洞书院后,请陆去讲《论语》,陆选择了义利这一章。陆举了很多切中时弊的例子,听得满座热血沸腾,虽是冬天却汗流浃背,有的人甚至泪流满面。朱子对陆的这次讲学大为赞赏,亲手记录并刻立成碑,可惜现世仅存手稿,碑已无存。

记者:前面提到对朱子其人,普遍认识倾向负面,特别是对妇女的禁锢,甚至把他看成过去迫害妇女的罪魁祸首,这是朱子的本意吗?

朱杰人:最近央视"百家讲坛"终于讲朱子了,请的是厦门大学的傅小凡教授。也有人叫我去讲,我说我讲不好,因为到电视台去讲还是要有本领的。他不讲朱子的学术思想,他讲的是为朱子正名。比如"存天理,灭人欲",这是对朱子产生误解最多的一句话,说他禁欲主义,泯灭人性。正确解读这句话,关键在于对"人欲"的定义,朱子的意思是指"过度的欲望",他还讲过一句话叫"饮食者,天理也;要求美味,人欲也",可见他反对的只是过度的欲望。儒家向来认为人的欲望需要节制,认为无限膨胀的欲望一定会带来可怕的后果。他讲这话还有一个背景,就是当时官场贪污严重,让官员要限制过度的欲望。他的理论不但不错,是不是还有很强的现实意义?

还有迫害妇女的问题。你如果乘竹筏漂流九曲溪,经过天游峰时,筏工会让你看崖壁上一个白色的像佛龛一样的小建筑,这就是所谓的狐狸洞和胡丽娘的故事。这个故事讲朱熹与一个狐仙的传说,它还曾经被拍成过黄梅戏电视连续剧,叫《朱熹与丽娘》。还有人说里面的人物原型就是南宋女词人严蕊,她曾经写过一首《卜算子》(不是爱风尘,似被前缘误)。这个故事被改编成小说、戏剧,里面完全把朱熹塑造成坏人,还说朱看上了严蕊,她誓死不从,被屈打成招。这些文艺作品的传播力很强,朱子的形象就在人们心中被定了型。

朱子确实反对女子丧夫改嫁,但首先他只是针对士大夫阶层,并非对所有的人;第二,他有非常深的社会用心,因为宋代虽然经济发达,但没有社会保障体系,女子改嫁后,留下公婆和孩子没人抚养,整个家庭就会陷入困境,造成社会问题。所以,朱子在做地方官的时候明确规定,寡妇可以改嫁,但绝不可以带走夫家的财产。这个思想从理学代表人物程颢和程颐而来,但理学从没有强迫人不能改嫁,在宋代也并不歧视再嫁妇,大家熟知的就有李清照改嫁张汝舟、唐婉再嫁赵士程,程颐自己的妹妹也改嫁。

但是，朱熹的思想在他去世后成了官方哲学，这有利有弊，有利于思想的传播，但会被统治者利用而误导、走偏。统治者使这些言论成为一种严苛的道德标准，尤其明代以后，朱子思想被引向极端，这也是他被误解的重要原因。

对儒家的价值观，我的观点也许你觉得是错的，也许有点偏激。首先，在我看来，孔子、孟子和朱子的观点，都是正确的，而是我们不理解，或者我们对其深刻内涵不理解；第二，就是有些东西和现在不一致的地方，也不能说他错，而是应该重新解释他。比如孟子讲的"不孝有三，无后为大"，一直被批判到现在。当时那个生活条件和医疗条件和现在不一样，男子能活到生育，小孩能够顺利生产、成年，并不是一件非常容易的事。孟子早就看到这个问题，这关系到人类的发展。现在的情况不也是这样吗？那时候是没条件，现在是有条件不肯生，同样危及到人类的可持续发展。从这个角度看，他们的观点一点都不错，是我们对古人的智慧不了解就擅下结论。

我从事朱子学研究三十多年。在二十年前，对朱子思想的否定还是占上风的，说他是客观唯心主义，是封建意识形态的维护者。现在经过这么多年，99%的人对他持充分肯定态度，有不同意见也是学术上的不同意见。

记者：听说你组织了一个"朱子之路"文化研习营，还给儿子做过一场朱氏家族的传统婚礼，是吗？

朱杰人：这条"朱子之路"我们已经走了七年，每年利用暑假，召集世界各地研究朱子学的硕士和博士，从朱子的出生地福建尤溪出发，一路追寻朱子的足迹，体验他的思想理论体系形成过程。在鹅湖书院，学生们可以感受朱子与心学派的辩论；在武夷精舍，可以想象朱子的讲学。一路上知名学者如大陆的陈来、朱汉民、蔡方鹿，台湾的杨儒宾、潘朝阳等授课，学生互动交流。所有参加过的人都非常推崇这个活动，感到对学术提高非常有帮助。福建省政府对这个活动也非常支持。

儿子的婚礼是我对《朱子家礼·婚礼》的现代演绎，拿他们做了"实验品"。当时我想，中国现在的许多婚礼都是西式的或不中不西的，中国的婚礼是什么样子，很多人根本不知道。我研究了《朱子家礼·婚礼》的规程，写好脚本，交给婚庆公司去做。婚礼现场典雅美观，我认为西方的婚礼根本没法和我们的传统婚礼比。美国学者田浩教授专门研究了我的这场婚礼，并以此为题写了五篇文章，认为由此看到中国儒学复兴的势头。现在很多婚庆公司用的都是我那个模板。

中国很久以来对朱子学说持批判态度，朱子学说能有今天很不容易。最早要归功于一个美籍华人陈荣捷，他上世纪四五十年代第一个将朱子经典翻译到美国，八十年代又在夏威夷召开了一次国际朱子学研讨会，朱子学的捍卫者冯友兰也参加了。这次会议影响了国内，福建、江西的高校陆续召开朱子学研究会，武夷山成立了闽北朱子学研究中心，福建省也召开了第一次大型的朱子学研讨会。那次会议上，韩国的朱子后裔也来了，并到朱子墓前祭扫，之后便有了世界朱氏联合会，为弘扬以朱子文化为主的中国传统文化做了大量工作，这个联合会每年都要召开一次国际研讨会，推动朱子学术研究的发展。

记者：您怎样看待现在的国学热，我们应该怎样去学习和继承传统文化？

朱杰人：现在国学热一方面是好的，是民间对传统自发的回归，但是也正因为来自民间，必然会鱼龙混杂，参差不齐，有些还会借国学谋利。我现在是上海市儒学研究会会长，担任这个职务就是想用这个平台，把真正的儒家哲学、儒家价值观、真正的国学告诉大家，让大家不要再被卖狗皮膏药的人欺骗。我们明年有个中小学国学教师的培训计划，现在国学教师缺口太大。国学、儒学要从孩子教起，朱子编的《童蒙须知》里就讲到小孩的行为规范，包括在公共场合不能大声说话，大人长辈讲话时不能插嘴，不能背着人说话，不能斜视，走路时如果前面有师长，不能超越只能跟随，不得不超时，要打招呼，跟师长走路时要走外侧，把内侧留给师长，等等。按这个教育，中国人出去旅游恐怕就不再会因为说话大声被外国人侧目。他编的《小学》第一章就讲了人生观，不但有理论，还有事例，对培养健全的人格也很有帮助。当然，他的《朱子家训》更是一篇具有普世价值的重要文献，对于践行社会主义核心价值观具有极其现实的意义。

我们现在呼唤传统文化的回归或认同，任重道远。要看到国内国学学术和教育机构十分欠缺，就拿上海这样的城市来说，连一个国学院也没有，在儒学研究会成立以前，也没有一个国学、儒学学术团体。弘扬国学很重要的一件事就是要树立对自己文化的自信，要认识到我们的文化是优秀的，几千年来，中华民族就是靠这个文化在世界上立足的。

（原载于《新民晚报》2015年11月21日）

下编 出版论文

拥抱时代机遇　提高人才竞争力

随着"入世"一步步走近，越来越多的国内出版人有了危机感，这种危机感的潜台词即是认为"入世"带来的更多是压迫和威胁。这种心态既反映了国内出版界人士的紧迫感，似乎又表现出了几分无奈。到底是挑战大于机遇，还是机遇大于挑战？我认为，"入世"以后，外资流入带来的市场竞争，肯定会给国内出版社造成不小的冲击。但同时，新的观念、新的机制、现代企业的管理模式等也会随之跟着进来，而这恰恰是给了我们推进出版改革的极好机遇，是改变旧有的机制和管理模式的一个良好契机。

传统出版业的转型已是无法扭转的趋势，关键在于我们不能被动接受转变，而必须主动求变，尽早培养并增强自身的竞争能力，只有这样，我们才能抓住时代带来的机遇，变危机为机遇。

因此，改革出版社的运作机制、管理模式，成为"入世"前国内出版社必须要解决的问题。在机制改革的诸多层面中，我认为，最重要的是人才问题。出版社是知识型企业，优秀人才对企业的重要性，绝不亚于人才在高新技术产业所起的作用，说到底，出版社提高国际竞争力的关键是提高人才的竞争力。

要提高人才的竞争力，目前仍存在两大障碍。其一，我们现在的用人机制仍然停留在计划经济的水平，存在诸多问题：人才流通的渠道不够畅通，论资排辈仍然是选拔年轻优秀人才的最大障碍，无法完全按照工作实绩作为评判人才的标准，分配机制的僵化与保守，等等。这种机制不适应优秀人才的培养、冒尖、稳定。我们必须尽快确立起一套能够吸引与留住第一流人才的管理机制。否则，我们现有的人才也将流失，成为我们自己的对手。

其二，我们现有的人员素质存在种种的不适应。首先，是观念上的不适应。市场机制的核心是竞争，要求从事出版的人员具有强烈的市场意识，既熟悉市场的基本运行规律，又懂得如何适应市场。长期计划经济的束缚，导致现有出版社人员的大锅饭思想仍然很严重，无法在市场机制中从容应对。其次，是知识结构的不适应，表现为两方面：一方面是外语能力的欠缺，另一方面是新兴知识的欠缺。随着"入世"的逼近，经济全球化的趋势，出版社对外交流的机会越来越多，外语能力已成为未来出版界人才必不可少的素质之一，是参与国际竞争的通行证。同时，高新技术对出版的影响在多方面、多层次中日益凸显，不了解新技术发展的趋势，就有可能丧失发展的良机，只能步他人的后尘。第三，是综合能力的不适应。未来出版业要求从事出版的人员不仅具有专业技能，还应具有一定的经营管理能力。从目前国内出版业的现状来看，绝大部分编辑不懂经营，即便在经营管理岗位上的人员，也有相当一部分不具备经营管理的素质，而在国外，编辑不懂经营或经营管理人员不懂编辑业务，随时有可能被淘汰。

要扫除这两大障碍，当务之急是建立一套管理人才和培训人才的机制。我们应当建立一种透明、平等的引进与管理人才的新机制，以人为本，尊重和满足每一个员工要求上进和积极创新的愿望，破除论资排辈的陈规陋习，激发员工自主的积极性和创造性，建立科学的激励机制，使员工的良好表现和创造性劳动得到充分的肯定和回报。我们还应当建立一种有计划、有目的的培训人才的机制，做到不断更新员工的观念，打开他们的视野，培养他们的综合素质。如能切切实实地做好这两方面的工作，抓好人才问题，我相信，我们不仅不会错过"入世"带来的机遇，还能继续在国际竞争中占据优势的地位。

让我们做好准备，拥抱机遇。

（原载于《出版参考》2000年12月1日）

好的装帧　书的灵魂

图书的装帧设计，是一项美丽的事业。

俗话说：佛靠金装，人要衣装。装帧可以使书变得亮丽光彩，可以使书平添几多成熟和潇洒。它是书的脸面，是书的通行证和介绍信，也是一个出版社的形象大使。好的装帧甚至可以成为图书内容的活的灵魂。

笔者寡闻，不知道世界上第一本书是如何装帧设计的。但我可以断言，书一定是和装帧一起诞生的。不可想象，没有装帧过的"东西"怎么可以叫做"书"？据我所知，中国的书一向是讲究装帧的。我们的古书有所谓"墨香纸润，秀雅古劲"，"展卷便有惊人之处"的说法。即以版式设计而言，版框有单边，有双边；版心有鱼尾，鱼尾有单有双，双者还有顺鱼尾、对鱼尾。装订则有卷子装、蝴蝶装、旋风装、毛装等，可谓丰富多彩。到了近现代，图书的装帧因科技的发展而得到长足的进步，尤其是电脑的出现使图书的面貌发生了令人耳目一新的变化，也为图书的装帧设计工作者们提供了更广阔的空间。

图书的装帧设计是一项创造性的事业。需要知识、需要实践、需要积累、需要才能、需要灵感、需要创新。一个好的图书装帧设计工作者，绝不亚于一个好的时装设计师。一幅精美的封面设计图，绝对可以和一幅能够传世的艺术画相媲美。图书装帧本身就是艺术——一种特殊的、综合的、实用性很强的艺术。所以,我们的图书装帧设计工作者们完全不必妄自菲薄,我们完全有理由为自己所从事的事业而骄傲,并为之献身。

(原载于《中国新闻出版报》2001年1月9日)

不当"刘姥姥"

中国的大学出版已经跨过了新世纪的门槛。面对着这个令人眼花缭乱又让人捉摸不定的新世纪,中国的大学出版应该何去何从?

我想起了大观园里的刘姥姥,当她一脚踏进那个朱门深院,面对那么多见所未见、闻所未闻的摆设、礼数和菜肴等,自恃见多识广的她虽尽力保持一种矜持与自尊,但终究还是出尽了洋相。刘姥姥的可悲有二:一则,思想准备不足——自以为见多识广,什么场面没见过?殊不知大观园是另外一个世界,它的礼数——游戏规则——和外面的完全不一样,结果是弄了个措手不及,狼狈不堪。二则,她毕竟太老了。其实,刘姥姥是个绝顶聪明的人,凭她的智商和好学精神,只要假以时日,她也会变,甚至变得比王熙凤更有能耐。可惜,时间对她不公平——她太老了,没时间学,也学不进了。

所以古人有言:识时务者为俊杰。这句话有两层含义,一是说,要认识"时务",了解"时务",在新的"时务"到来之前有充分的思想准备。那么,对中国的大学出版来说什么是新时代的"时务"呢?尽管"眼花缭乱"、尽管"捉摸不定",但有两点是可以肯定的,一曰经济全球化,二曰经济知识化,在我们马上要进入全球经济大观园的时候,我们绝不能做刘姥姥。我们要问一下自己,你知道"经济全球化"是什么吗?你对"经济知识化"的内涵有多少了解?一言以蔽之，你有思想准备吗？

这句话的第二层意思是"识"。"识"当然有"认识"、"了解"的意思，但韩愈说它还有"识时知变"的意义。我想这恐怕是这个字更关键的含义。认识、了解还只是停留在"准备"的阶段，"变"——顺应时代的潮流，应时而变，就进入了行动的阶段。刘姥姥的可悲在于她的不知变，没时间变，所以她只能被淘汰。现在我们也要进大观园了，我们不是刘姥姥，我们要变，要抓紧时间变，我们不老，我们还有时间。

问题是变什么？如何变？

首先，我们要使自己变得更有竞争力。这应该是一种能够在国际市场上摸爬滚打、呼风唤雨的能力，也就是说，这是一种国际竞争力，而不仅仅是在一省一市一个地区之内的竞争能力。这就是全球经济一体化的要求。它的到来是必然的，由不得你的好恶。所以我们要抓紧时间发展自己，使自己变得更强壮，更有力，变得能够经得起大风大浪的侵袭。

其次，我们要尽快改变保守的、封闭的、僵化的机制，使它变得有进取性、变得开放、变得更有活力。我们的现行体制要变，它是计划经济的产物，是政策保护下的弱婴。一旦进入开放性的大市场，只有被淘汰的份。所以，我们的体制必须要变，要变得明晰，变得真正能激励人，能留得住人才，能使人的智慧和才能变成财富。

第三，我们要下大力气改变传统的生产方式，使小农经济变成工业化大生产，使一家一户式的小作坊变成社会化的大生产。小农经济只能小打小闹，它绝对应付不了西方列强的坚船利炮。要做大做强，不改变生产方式，不改变传统的思维与行动模式,只能是痴人说梦。

中国的大学出版社正年轻,我们不老。但,我们的心千万不能老。

我们还有时间,但我们的时间并不多。好在中国的大学出版人已经崛起。

(原载于《中国图书商报》2001年2月6日)

你的名字叫"智慧"

"给您一个智慧的人生"——这是华东师范大学出版社的广告语，也是出版社孜孜以求的办社理念。

"智慧"一词源出佛典，一曰："决断为智，拣择为慧"；再曰："知俗谛曰智，照真谛曰慧"；又曰："转识为智（慧）"。总之，它是人生的至高境界，它代表着人类思维和能力的无所不知和无所不能，它象征着人类对真理的不断追求和把握，人类社会由混沌进入蒙昧，由蒙昧进入开明，由开明进入文明。二十一世纪了，人类将迈入智慧的时代。所以，我们把"智慧"献给新世纪，我们把新世纪叫做"智慧"。

新时代的经济叫"知识经济"。不管对这个新名词有多少种见仁见智的解释，有多少种五花八门的定义，有一点是可以肯定的——它是智慧的产物，也必须用智慧去应对。

新时代的宠儿是"高新技术"。一方面，它是时代的产物，另一方面，它又推动着时代以更快更强的势头前进。毋庸讳言，它只能是智慧的结晶。

新时代的向度是"全球一体化"：经济的加速融通和互补，文化的频繁交流与会通。毫无疑问，这需要智慧的导引和维护。

……

我不知道新时代还会以怎样的姿态和面貌出现在我们的

眼前，但是，我相信，它一定会使我们惊喜，使我们震动，使我们大开眼界。问题是惊喜和震动会不会使我们目瞪口呆？大开眼界会不会使我们不知所措？这里的关键在于，我们是不是已经做好了准备，我们以一种什么样的态度去迎接新时代。所以，新时代永恒的主题是学习。这里用得着一句老话：学习，学习，再学习。学习而后成智成慧，大学习方能得大智大慧。有智慧，才能面对新世纪挑战。有大智慧，才能在新世纪的长河中如鱼得水。

出版是智慧的总结者、传播者和助产士，出版物是智慧的载体和催化剂。由此，我们可以预料，新世纪将赋予出版更新、更高、更重的使命。也由此，我们可以毫不夸张地说，新世纪将是出版业大有作为的世纪。在新世纪，出版与高科技的结合将更加紧密，依托科技的支撑，出版业将发生革命性的变化，无论是生产方式还是传播形态都会产生新的变革。在新世纪，出版将面临媒体整合的冲击，但这同时也会带来更快捷、更方便、更丰富、更低成本的出版形态和运营方式的诞生。在新世纪，出版业的组织机构将发生结构性的变异，更具个性化的、更贴近读者和市场的出版组织必将取代传统意义上的出版物机构。在新世纪，出版物将不可避免地出现载体的多元化，将会冲击和影响人们的阅读习惯和阅读心理。但是，当我们在不得不面对无数变数的同时，我们却可以肯定地说，万变不离其宗，书——作为纸介质的出版物，不会被淘汰，但它会向更高级的境界提升。

新世纪要求出版业有所作为，那么作为出版业者，尤其是中国出版人应该怎么做？

我想，首先，要抓紧时机发展。发展是硬道理，只有自已有了长足的发展，才可能面对挑战。中国的出版业还处在初级阶段，在完成原始积累和基本的自我建设之前，是无法在国际竞争的大海中游泳的。所以，加快发展，使我们的体格变得壮实起来，变得可以去碰撞、可以去厮打，就是一道非常紧迫的考题了。其次，要学习。学习是为了尽快调整我们的知识结构，学习是为了尽快改变我们的观念。我们要承认我们的知识已经陈旧了，我们的知识结构已经缺损了。我们要看到我们的观念已经滞后了，我们对这个世界的理解已经隔膜了，我们要用新的智慧武装自己，用新的理念支撑起继续进取的精神。再次，我们要求变。要主动地变，变我们的体制，变我们的机制，变我们的生产方式，变我们的经营模式，变我们的交往习惯，使我们有足够宽阔的胸怀，去拥抱国际的大市场和全球的大舞台。总之，我们要做好准备。因为新世纪是一个充满了机会的世纪，而机会只属于有准备的人。

新世纪已经大驾光临，他的旗帜上写着"智慧"。让我们把智慧奉献给他，让我们做一个智慧的二十一世纪出版人。

（原载于《出版参考》2001年5月1日）

给您一个智慧的人生

"给您一个智慧的人生",这是华东师范大学出版社的广告语。

1997年7月,我奉调出版社。从教学、科研第一线来到一个全新的工作岗位,我感到一种莫名的兴奋,同时也产生了一种莫名的冲动。很快,我感受到了工作的压力,感受到了竞争的残酷。

这一年的12月,在西安举行了一年一度的大学出版社图书订货会。开幕当晚,西北地区大学版协宴请来自全国各地的大学出版社社长,我与杭大出版社的副社长朱绍秦同座。他出示了两张名片,这两张名片有一个共同的特点:背面都印有广告语。他评论说:"这一张(指某重点大学)的广告语设计得简洁、响亮。相比之下,你们的(指华东师大)就相形见绌了。"言者无意,听者有心,这对我这个新任社长无疑是个刺激。我很感谢朱绍秦,他使我十分感性地认识了企业自我包装、自我推销的重要性,也促成了我决心从抓品牌入手,以自我形象塑造为切入点的治社方略。

我决心要设计出华东师范大学出版社自己响亮而富于个性的广告语。这个广告语必须是响亮的——它要琅琅上口;这个广告语必须是富于个性的——它要独一无二且切合自己出版社的特点;更重要的是,这个广告语必须是有深刻内涵的——它要体现我们的办社理念。紧接着是连续两个星期的冥思苦想，我调动了我所有的知识和创造力，挤出了我几乎所有可以用来思考的时间，包括在睡梦中。突然，灵感在一次莲蓬头喷洒而出的热水冲淋下产生了："华东师范大学出版社——给您一个智慧的人生。"

这就是我们的广告语。

它是响亮的。平仄相间，仄起平收，可说得上琅琅上口。

它是富于个性的。"智慧"一词源于佛典，《大智度论》曰："般若者，一切诸智慧中最为第一，无上，无比，无等，更无胜者，穷尽到边。""般若"是梵语，"智慧"是它的中文意译。在佛典里，智慧是破除迷惑、认识真理的力量，是学习知识、掌握真理的能力。我们是师范大学出版社，师范大学是培养教师的，教师不正是智慧种子的播撒者和智慧之花的护养者吗？

它是有深刻内涵的。作为文化学术机构的出版社，它给予人们的应该是什么呢？是精神食粮，而且是精神食粮的最高产品——智慧。智慧是人生的至高境界，它代表着人类思维和能力的无所不知和无所不能，它象征着人类对真理的不断追求和把握。给人们以智慧，塑造中国人的智慧人生，这就是华东师范大学出版社的责任和追求，这就是我们的办社理念。

正是在这种理念的支配下，我们开始了新的创业和新的长征。

二十世纪九十年代的下半叶，中国图书市场的一大奇观是教辅图书大行其道。教辅图书的热销，给出版社带来了码洋，带来了利润。"要想富，做教辅"，尽管教育行政部门一再下达减负令，尽管出版管理部门不断出台各种条条框框限制教辅的出版，但是教辅却像癌细胞一样，不断地扩散、扩散。华东师范大学出版社对教辅的"功能"是后知后觉者，我们真正介入教辅市场时，面对的是一个早已被瓜分完了的市场。但，即使这样，我们依然感受到了教辅的威力，尝到了教辅的甜头。《一课一练》是我们自己开发的针对上海市中小学的教辅。由于它定位准确，设计合理，所以一上市就取得了很好的业绩。但是，这套书有着先天的缺陷——编写质量不高。最初的策划者认为，教辅书就是二三年的寿命，赚到一票是一票，不必当真。

这时，我们不得不思考这样一些问题：如何看教辅？如何看教辅市场？如何看出版社的社会责任与经济利益？

我们认为：有社会责任心的出版社必须始终把社会效益放在第一位。教辅客观上是赚钱的手段，但赚钱绝不是做教辅的目的。教辅市场鱼龙混杂、良莠不齐，粗制滥造的东西充斥市场，是出版社追逐利润、见利忘义结出的恶果。要改变这种状况，正需要那些有责任心，又具有做教辅实力和能力的出版社出来，用真正好的、高质量的教辅来占领市场，引导市场。从长远看，市场最终会做出优胜劣汰的选择。华东师范大学具有国内首屈一指的教育理论和教育实践的研究机构和专家，华东师范大学出版社依托这样的学科优势和人才优势，完全有理由、有条件做出最好的教辅，完全有资格引领教辅读物的正确方向。我们决定，拿《一课一练》开刀，全面提升华东师大版教辅的品位和质量。从1997到2001的四年中，我们对《一课一练》做了两次全面修订，四次局部修订，使《一课一练》彻底地"改头换面"，成为我们社的王牌产品、名牌产品。销售量逐年提高，2001年，仅此一个品种,销售码洋就达到三千多万元。

与此同时,我们又针对教辅图书题海汪洋,应试类读物充斥市场的情况提出了"二十一世纪新概念教辅"的理念,努力打造减负型教辅和素质教育类教辅。1999年,我们推出了《读题与做题》的新教辅,第一次提出了"读题"的概念。我们认为,所谓"新概念"教辅,应该具备以下几种品格:一、它应该具有较高的科技含量,应该能反映最新的教育科研成果。二、它应该符合学生学习的规律,有利于培养和提高学生解决问题和分析问题的能力。三、在形式上它应该是生动活泼的、为学生们喜闻乐见的。《读题与做题》是我们的第一次尝试,书一上市即受到广泛的欢迎和好评。紧接着,我们又开发成功"奥林匹克"系列的素质教育型教辅,首发即达到了十万册。

"新概念"是一个完整的概念,它除了要求内容的创新外,还要求有切实的质量保证体系。为了抓好教辅读物的质量,我们在严格把好三审、三校关的同时,自我加压,要求:凡是题目,责任编辑必须自己做一遍,同时再请三位大学生分头做。我们坚持对每一本教辅书都进行质检,而且质检在付印样之前进行。这一系列措施,有力地保证了教辅书的质量。华东师大版的教辅还努力做到形式的创新,我们对教辅书的版式和装帧设计进行了大胆的改革,并做到不断出新。为了保护学生的视力,我们还和印刷厂联合开发了华东师大版教辅的专用纸。

功夫不负有心人,经过几年不懈的努力,我们的教辅图书已经在市场上站稳了脚跟,市场占有率不断攀升。更重要的是,我们终于找到了一条做教辅的正确道路,为今后的发展开辟了通途。

教辅图书可以给出版社带来可观的经济效益。但是，在取得成功时我们绝不能头脑发热。作为一家重点师范大学的出版社，他必须保持他一流的学术品味和高度的文化含金量。所以，我们在大力开发教辅时，始终坚持本社图书品种的合理结构，即：教材教辅、学术著作和一般图书各占三分之一。

华东师范大学的教育和心理学科在国内处于领先地位，校内集中了一大批知名的教授和学者。这是最好的出版资源。在专家教授的支持下，我们策划了"当代心理科学名著译丛"和"当代教育理论译丛"。这两套译丛以跟踪当代心理和教育学科的最新发展与最前沿的学术成果为目标，把国外自二十世纪八十年代以来第一流的学术经典引入中国。丛书第一批1999年问世，至今已出版了二十余种，受到广泛的欢迎。不仅心理、教育界的专家学者喜欢，广大的中小学教师，甚至学生家长也表现出异乎寻常的购买热情。我们策划这套书的初衷是为中国的学术发展作贡献，原准备赔钱。但意想不到的是，书一面世即销售一空，不得不一再加印。结果不但不赔钱，还取得了很好的经济效益。今年我们将推出另一套译丛——"特殊教育名著译丛"，这套译丛将填补国内同类读物的空白。

经过几年的努力，华东师大出版社的学术著作已经形成一定的规模。我们的教育、心理类学术著作有译著、有原创，其门类已经涵盖了这两个学科的绝大多数分支领域。此外，在文、史、哲方面我们的做法是保证一流，出精品，只要是真正一流的学术著作，我们赔钱出版。1999年，为纪念朱熹诞辰870周年、逝世800周年，我们出版了陈来教授的《朱子哲学研究》。这是一本高质量的学术专著，被专家誉为朱子哲学研究的划时代之作。但是曲高和寡，这样的书不可能有很好的市场前景。我们不为经济上的损失所动摇，不但决定出版，而且决心要把它做成一本印装精美的图书。我们还主动提出，希望作者补做人名索引和书名索引，以利于读者的使用和检索。新书在当年纪念朱子的国际学术研讨会上面世，与会学者看到如此精美的图书都表示惊讶，他们不相信"学术书可以做得这样漂亮"。《朱子哲学研究》不负众望，一举夺得第五届国家图书奖提名奖。今年，我们又有一本填补空白的学术著作问世——《中国姓氏——群体遗传与人口分布》。这是一本独特的学术专著，书还在制作过程中就已经引起社会的关注，《人民日报》、《光明日报》等传媒发表了多篇专访和评论，介绍这本书的内容和作者。

为学术服务、为学者服务，这是出版社的天职，更是大学出版社不可推卸的责任。大学出版社应该为繁荣学术、传播先进文化多作贡献。他们应该是知识的传道士、真理的捍卫者和引领先进文化的急先锋。

高品位的学术著作是为一些特定的对象服务的，它们是阳春白雪，它们的读者群毕竟是有限的。一家有社会责任感的大学出版社，还应该面向最广大的人民群众，为提升全民族的文化素养尽责尽力。我们的图书结构中除了教材教辅和学术著作，还有一般图书。如何做好这三分之一的文章，也是我们一直在思考的问题。经常有一些书商来向我们买书号，他们开出的条件非常诱惑人；也经常有作者拿来一些非常有"卖点"的书稿要求我们合作出版；还经常会有人建议我们跟风、模仿，以赶上赚钱的潮流。但是，我们决不为一时的利益所动,我们要坚持自己的理念,那就是我们要给人以智慧,而不是垃圾。我们要为人民群众生产代表先进文化的精神产品,而不是一味的媚俗。我们也做畅销书,但我们的畅销书必须具有丰富的文化和科学含量。我们也赶"潮流",但我们总是希望高屋建瓴地帮助人们解读"潮流"。1998年的世界杯,我们赶制了一本追逐潮流的书——《看穿世界杯》,这是一本从文化的角度解读世界杯的书。这本书的最大特点是它透过了世界杯、透过了全球范围内的足球热,看到了它们背后的文化背景和不同文化、不同种族在足球这个焦点上的冲突和融合。1999年暑假,轰动一时的埃及文物展在上海举行,我们不失时机地推出了《失落的文明——埃及》一书,一本以通俗的笔调普及历史知识的图书。由于它文笔生动又通俗易懂,一出版就受到广大青少年读者的喜爱,很快登上了上海图书销售的排行榜,而且连续几个月下不了榜。"埃及"的热销使我们受到鼓舞,我们立即组织专家撰写"失落的文明"系列图书,出一本火一本,至今已经出了八种之多。有一位中学生读者给我们写信说:"这样的历史比教科书上的好看。"2000年,上海有一个大型的航天展。我们觉得这是一个对青少年进行科学教育的好机会,于是请科学家写了一本面向中学生的科普图书——《走出地球》。在心理学和教育学领域,我们也注重出版一些普及型的大众心理类图书,帮助家长们了解教育学基本知识,掌握教育子女的正确方法。比如:"问心系列丛书"、独生子女教育类图书、考试心理调适类图书,都取得了社会效益和经济效益的双丰收。

时下,在文化艺术领域有一种论调,认为高雅的东西找不到市场，越是低俗的东西越卖得出好价钱。但我们不信这个邪。我们的经验告诉我们，只要是真正的好书，就一定会有读者。再说，办出版社需要赚钱，但是办出版社绝不是为了赚钱，它还有更重要、更崇高的使命。不朽的出版社不是钱多的出版社，而是有很多好书的出版社。

这就是华东师范大学出版社的理念，我们将追寻着智慧之路，不倦地探索下去。

（原载于《出版广角》2002年第4期）

刹刹出版跟风之风

某著名大学"著名教授"的抄袭事件,前一阵子在中国的学术界引起了轩然大波。中国一流大学里的一流学者也在抄袭,这个无情现实终于使人们看到了问题的严重和解决问题的刻不容缓。使人们感到遗憾的是,与抄袭事件有不可推卸的关联责任的另一方——出版界,却至今保持了惊人的冷静,似乎这件事与他们并没有什么关系。诚然,文责应自负,抄袭是作者个人的事,出版社并没有直接的责任。但是,如果我们联系出版界的现状,恐怕我们不能不说,对抄袭行为的空前冷漠,与出版界一些人对抄袭行为的认识有关。这绝不是责难出版人,愈演愈烈的出版物"跟风"现象是最好的注脚。

时下,中国的出版界盛刮"跟风"。只要有一家出版社的"奶酪"好吃,或者"富爸爸穷爸爸"好销,或者"哈佛上学经"好念,长则几个月,短则几个星期(甚至更短),大伙儿就会像得了流行病,蜂拥而上,争相模仿,生怕误了"车"。把"跟风"与抄袭等量齐观,当然有欠公允,但是恶意的跟风,如把别人的书名拿来为我所用,把别人的创意拿来自己组稿,其实与抄袭是没有质的区别的。懂出版的人都知道,书名是图书最重要的标识,它是通向读者的护照,一个好的书名可以使一本优秀著作锦上添花,一个不好的书名也可以使一本好书向隅而泣;懂出版的人也都知道,创意是出版的生命，一个好的创意可以催生一本乃至一批好书。如果一个好的书名被别人窃取了，一个好的创意被别人克隆了，大家却习以为常，见怪不怪，请问，我们又如何来面对抄袭呢？当然只有冷漠。

我们现在看抄袭，仅仅停留在两个层面上：从道德的层面，我们认为这是不道德；从法律的层面，我们认为这是侵犯了他人的知识产权。这当然是毫无异议的。但是，抄袭问题的严重危害，绝不仅仅如此而已。抄袭是一种不作为，是"不劳动"、"不研究"、"不创造"、"不思考"的可耻行为，是思想的懒汉和行动的懦夫，它与创新和开拓精神背道而驰。抄袭如果不加以禁止，不予以谴责，那么，谁还会去"废寝忘食"，还会去"为伊消得人憔悴"呢？

由此我们不能不联想到出版界的跟风。跟风就是照抄，或者是"巧妙"的照抄。反正它不需要创造，不需要开拓。别人的成功就是我的成功，别人的市场就是我的市场，何乐而不为？如果中国的出版业跟风成风，如果跟风可以给大家带来"实实在在"的经济利益，而又无需承担任何责任和风险，甚至连道义上的不光彩都不存在，那么还有哪一家出版社愿意去创新选题和开拓市场呢？跟风成风，必将带来图书出版的泡沫化和平庸化倾向，这恐怕已经不是危言耸听了。跟风，正在侵蚀着中国出版业的创新能力，消弭着中国出版人的开拓精神，这恐怕也不是什么杞人忧天了。

中国的出版界正面临着加入 WTO 后的巨大压力。如何应对"入世"，是当下出版人经常挂在嘴边的话题。应对挑战，竞争力是最主要的。出版行业的竞争力固然体现在资金、规模、设备、人才、品牌等各个方面,但是最主要的还是体现在它的精神状态上。如果我们对跟风之下的那些选题的模仿、内容的复制、创意的克隆、书名的抄袭和演绎行为不加以制止的话,中国出版界的竞争力何在?

中国出版界跟风之风的形成与发展,其原因是非常复杂的。除了本身的因素外,法制的不健全也是一个很重要的原因。目前的著作权法虽然保护著作者的权益,但这一权益却未包括书名;目前的反不正当竞争法,注意了对著名商品的名誉保护,但对利用著名品牌的图书书名进行不正当竞争,并没有明确的界定。这种情况给跟风的出版人留出了足够的"操作"空间。这就对中国出版业的创新精神和竞争能力埋下了祸根,而最终受破坏的却将是整个国家和民族的创新精神和创新能力。

所以,我们不能等闲视之。

(原载于《文汇报》2002年8月20日)

学术出版的春天是否来临？让我们真诚地期待

学术出版，永远是系在中国出版人心头的一个解不开的结。它是出版人的追求，又是出版人的疼痛；它是出版人的骄傲，又是出版人的无奈；它是出版人的资本，又是出版人的伤口。从去年底到今年初，一场关于学术出版的讨论又在业内引起关注，讨论的一个焦点是：在中国，学术出版的春天是否已经来临？有一种观点认为，春天已经到了，该是我们大干一场、大显身手的时候了。但是也有人认为，春天还远着呢。更有极端的观点：学术出版的春天永远不会有了。

我参加了这场讨论，我持第二种观点。我认为，中国学术出版的春天远没有到来，中国的出版人依然在学术出版的严寒中煎熬。时过境迁，在这场讨论已经过去了差不多又快半年的时候，回过头来想一想，恐怕有必要再做一番梳理。因为，我们所讨论的是一个大问题，是一个关系到中国出版未来走向和前途的问题，也是一个关系到中国出版人的社会责任的大问题。

下面就是我梳理的结果，贡献出来，就教于海内方家。

（一）

何为学术出版？学术出版与出版到底是一种什么样的

关系?

对这个问题,不必做学究式的考据,我们考察古今中外的出版史,都向我们揭示,出版的最初动力几乎都指向传播学术。所以,我们可以说,学术传播的需要催生了出版,出版又反过来促进了学术的传播。学术与出版是一对情侣的结合,而商业的需求恰恰是这种结合所孕育出的"硕果"。使人始料不及的是,男女双方结婚了,他们的儿子却越长越大,最后要把自己的爸爸妈妈一口吞掉。当然,这是后话。

由此,我认为,传播学术(请注意,这里的"学术"是一种广泛意义上的学术,它包括思想与技术)应该是出版最基本和最重要的职能。也就是说,学术出版本来就应该是出版的题中应有之义。如果出版脱离了学术,如果出版抛弃了学术,那么,出版还有什么存在的意义呢?那么,我们用什么来推动科技的发展与社会的进步呢?

在这里,我想把"学术出版"的语序做一番调整——"出版学术",我认为,这就是出版的基本要义所在,这就是出版人必须承载的道德重负。

(二)

学术催生了出版,而出版的诞生却与生俱来地带来了它的另外两个功能:娱乐性与工具性。于是,出版的商业化也就不可遏制了,资本主义则把这种商业化的倾向发挥到了极致,以致出版就成了"商"。

出版成商其实并没有什么不好,它极大地推动了出版业,使出版成为一种重要的产业,使出版有可能以一种以前从来也没有想到过的速度和规模得到扩张和发展。同时，它也引发了出版技术的革命，极大地提升了出版物的品质和丰富了出版物的品类。这是商业化为出版带来的正面效应。但是，它也同时带来了负面的效应：学术出版因其经济收益的不理想而被边缘化，甚至被遗弃。

学术出版被边缘化的现象在世界各国普遍存在，即使经济发达如美国也不能例外。但是，发达国家自有他们的应对之策，那就是：一、学术研究基金和学术出版基金的资助；二、学术出版物的高定价。国外大学出版社对学术著作出版的资助属于第一类，商业出版社的高定价学术类图书属于第二类。事实证明，他们的策略是成功的，这一机制有效地保证了学术出版在出版商业化的大潮中觅得自己的席位而不被淹没。

反观我国，由于还没有有效的保证和促进学术出版的制度和法规，学术出版无法得到资金的保证，使出版社视此类出版物为鸡肋——弃之可惜，食之无味。更要命的是，国人对扶持和资助学术出版的观念滞后，或者说，中国人到目前为止还没有对学术出版予以关注并给以帮助的意识，所以，我们的企业家可以大把大把地花钱吃喝，大把大把地把钱丢在球场上、丢在舞台上，而不屑出一点小钱来资助一本学术著作的出版。当然，这里有一个制度上的缺漏问题——我们的法律对公益性的捐助并不保护，我们的税收制度更不鼓励公益性的捐助，所以，民间的资金很难进入学术出版，更谈不上建立学术出版的基金和基金会，所有的资助只来自一个方向——政府。可是政府的财力是有限的，杯水车薪，它无法从根本上解决学术出版的资金问题。

那么，高定价行得通吗？这里有个购买力的问题。发达国家的高定价基于他们的高购买力。如果出版社要按照收回成本的方法以小印数高定价来给学术图书定价，那么，绝大多数的学者无力购买。而他们可以接受的定价又无法做到小印数。所以，这同样是一道解不开的方程式。

社会把学术出版的责任全部交给了出版行业，殊不知，出版行业的肩膀根本担不起这副担子。

（三）

学术出版的不景气还与读者群的萎缩有关。据最新的调查，中国人的阅读指数连年走低，2006年走到了历年来的最低点。阅读指数只是统计的人们的阅读量，还没有统计人们的阅读类型，如果再加以细分，我可以肯定，学术类图书的阅读指数一定更低。有一项调查还指出，我国的大学生没有良好的阅读习惯，他们基本上不读书（不读与学业无关的书）。我所供职的大学可以印证这项调查：我们在学校的新校区开了一家书店，一年下来，除了专业书和英语四、六级考试的书，其他的书基本无人问津。

读者群的萎缩和阅读指数的低下，和我们的教育有关。长期以来，我们的教育人文素养的缺失使我们的学生成了工具而不是人。孔子说："君子不器。"就是说，人不能只是一种工具。人之所以是人，是因为他具有人文精神，是因为他具有丰富的精神世界。可是，我们的教育只注重知识与技能的训练，而缺乏人文精神的关怀，于是人被训练成了"器"。

在我国的历史上曾经出现过学术出版的夏天（我的意思

是它比春天还热)——"四人帮"粉碎以后,学术出版被人们的求知热所追逐而不断升温,那时学术图书只要出一本就售罄一本,出版人成了最受欢迎的人。这是人们对"文化大革命"中读书无用论的反攻,是对蔑视知识、仇视文化、打击学术的一种否定。一旦条件成熟,读书无用论立刻烟消云散。所以,我认为"文化大革命"中的读书无用论只是伤及我们的皮肉。可是,在经济大潮的裹挟下,新的读书无用论却要伤及我们的筋骨。

如果说那是人们被迫的无用论,那么,这是人们出自内心的无用论呀!

这,就是阅读指数连年下滑的症结所在。

治疗新的读书无用论,最有效的办法是加强人文精神的教育和培养,让我们的学生知道人之所以为人,使他们的精神得到充实和提升,令他们的视野得以拓展和延伸,给他们的生活涂上色彩和趣味,这样,读书才能成为他们生活的一部分,阅读才能成为他们一生的习惯。

那样,学术出版的春天才会真正到来。

(四)

有人说学术出版是一种小众的出版,意思是说,学术出版面对的只能是一小部分精英阶层。

这话有一定的道理。纯而又纯的学术书,高端、专门的学术读物,它的读者对象范围一般都比较窄。但是这并不是说学术出版只有小众这一条死胡同。设计得好,策划得到位,学术读物同样可以成为大众的出版。把一部《胡云翼文集》

拆散成《胡云翼说诗》、《胡云翼说词》、《胡云翼选词》、《胡云翼重写文学史》，小众就成了大众。在这方面，广西师大出版社有很多成功的案例，值得我们认真地总结。

在目前学术出版困难重重的情况下，如何使学术出版走出小众的困境是一个值得探索的大课题。

（五）

根据我的经验，好书是不怕找不到市场的。真正的好书，一定可以赚钱。可惜的是，我们的好书实在太少。

已经有很长的时间了，我们的出版，尤其是学术出版，引进版的书一直在唱主角。我同意这样一种观点：书，一旦被引进，用中文出版了，它也就成了我们文化的一部分，我们不必过于拘泥于它是不是引进版。用这种眼光来看问题无疑显示出我们的胸怀，和一个大国、一个雍容大度的民族的巨大包容精神。但是这并不能代替我们自主的创新，和我们民族的原创。大量引进版学术著作的长期垄断市场，只能说明我们自主原创能力的低下和自主创新产品的匮乏。

这与弥漫在我们空气中的学术浮躁有关，而学术浮躁又与我们的评价机制有关。请想一想，要求一位教授每年必须有三本以上的著作出版，这样的著作可能是有质量的吗？我们的评价体系把量化当作唯一的法宝，必然导致浮躁。请看看那些不断出现的"著作等身"的学者、教授们的大作，有几本是可以藏之名山、传之后世的呢？学者们不潜心于学问，为职称和金钱劳碌，出版人到哪里去寻求好书呢？

一方面是学术出版的困难重重，一方面又找不到好的学术书出版，于是中国的学术出版陷入了恶性循环。无奈的出版人，只能把目光投向海外。

（六）

写到这里，似乎可以作一个总结了：

我们企盼学术出版的春天，可是它离我们还很远。我们企盼学术出版的春天，可是这春天绝不是单靠我们出版人就可以唤来的，它有赖于全社会的努力。只要我们的教育不改变，只要我们的种种不利于学术发展和公益事业发展的机制不改变，学术出版的困境就不会改变。

但是，这同样不能成为出版人无所作为的借口。出版人的社会责任感要求我们克服困难，不折不挠地为学术出版的繁荣做出自己的努力。我们可以用自己的出版物来培养读者，我们应该有这样的雄心：让出版来锻造我们的民族精神。这也许很难，也许需要很长很长的时间，但只要我们持之以恒，只要我们不知难而退，我们也许就能够成功。

中国的出版人努力呀！

（原载于《中国新闻出版报》2006年5月30日）

改制　大学社的历史拐点

改革是不可改变的趋势

自从党的"十六大"提出文化体制改革的重大决策以来，出版社的体制改革就提上了议事日程，地方出版社相继进行了改革试点并取得成果。在全国文化体制改革的热潮中，大学出版社始终处于被边缘化的状态，大学社的改革老是"只听楼梯响，不见人下来"。

为什么？因为认识上还不完全一致。

2003年开始文化体制改革的试点，但是大学社如何改，其实从中央到地方都还没有统一意见，所以改革的试点并不涉及大学社。另一方面，大学社又表现出强烈的抵制情绪，甚至一些著名大学的校长也出来讲话，反对大学出版社的企业化改革。甚至还有趁工商登记的机会抢先以事业法人的身份注册，试图造成自己是公益性出版社的既成事实。

大学社反对体制改革的理由主要有这样几点：一、强调大学社的特殊性，自己是为科研和教学服务的机构，不能视为单纯的企业。二、强调所谓的国际惯例，要求如牛津大学出版社、剑桥大学出版社一样享受免税的待遇（其实这是一种误解，据我所知，无论是牛津社还是剑桥社，都是以企业注册和运营）。三、强调大学社是学术出版社，学术出版不能市场化。如此等等，还有很多理由。但是稍加分析就会发现，这些理由都是站不住脚的。其实，在一些大学社领导的内心里，反对改制的真正原因是希望脚踩两只船——既享受到企业的好处，又沾到事业单位的好处。事实上，目前中国的大学社在已有的轨道上已经运行得很得心应手、轻车熟路了，谁愿意折腾自己呢？所以，大学社没有改革的动力。

但是事情到今年的年初发生了变化。

2006年3月，中央又召开了深化文化体制改革的会议，李长春、陈至立、刘云山纷纷发表讲话，重申了深化文化体制改革的决心。会议第一次明确指出，大学社属于改革的对象。紧接着，教育部与新闻出版总署联合组成了调研组深入各高校调研，确定了第一批试点的出版社。

但是，反对改革的声音依然强烈。这一次，反对者们的武器是纷纷把自己定位为公益性的出版社。他们认为大学社不是经营性的出版社，而是公益性的出版社。与此同时，一些大社、名社（主要是北京地区）如：北京大学出版社、清华大学出版社、外语教学与研究出版社、中国人民大学出版社、北京师范大学出版社、北京大学医学出版社等则表现出极大的改革热情。之所以会发生这样大的变化，一个很重要的原因是，大家看到了改革是一个不可改变的趋势，既然都要改，那不如早改，早改还可以享受到试点单位的一系列优惠政策。

那么，到底应该如何来看待大学社的改制呢？我认为，出版社的改制，从所谓的事业单位企业化管理，改变为企业，是出版社本质属性的回归，有利于理顺出版社的经济关系、权属关系、人力资源关系，而这些关系是进入市场、驾驭市场、适应市场的必需和前提条件，除非你根本不想进入市场。

但是事实上，中国的出版业市场化的程度越来越高，随着教科书市场的不断规范和进步，市场外的"市场"会越来越萎缩。所以改制是顺应潮流。

另外，从中国大学社发展的历史来看，在市场化程度越来越高、集团化趋势越来越明显的形势下，大学社要继续保持高速的增长，改制是唯一的出路。

让我们用事实来说话：

中国的大学出版，作为一种出版现象，不仅在中国大陆备受关注，在中国港台地区也颇引人注目，即便在国际出版界也不能不说是一个常常被热议的话题。这当然与中国大学社的业绩及其迅猛膨胀的态势有关。但是，人们在关注这一出版群体的超常发展时却忽略了另一个事实：即中国的大学社，其历史实在是短得微乎其微。号称历史最悠久的两家大学社：中国人民大学社成立于1955年，华东师范大学社成立于1957年。但是实际上它们成立不到一年即关门大吉，直到"文革"结束后，华东师大社于1980年复社，中国人民大学社于1981年复社。所以它们的历史实际上只有二十几年。二十世纪七十年代末、八十年代初，中国大学社如"雨后春笋"般出土，最早的一批，如北大社、外研社、上海外语教育出版社成立于1979年，清华社、北师大社、复旦大学出版社、华中科技大学出版社成立于1980年。最晚的是中央音乐学院出版社，成立于2003年。

到目前为止，中国的大学社一共98家。如果要算平均年龄，20岁还不到。但是它们的发展速度却是惊人的。根据《中国高校出版社发展报告2001—2004》公布的数据（2005年的数据尚未公布，但是大致情况与2004年的出入不大，据

我所知,绝大多数的数据都好于2004年):

2003年全国大学社销售码洋110.33亿元。

2004年全国大学社销售码洋127.69亿元。

2003年全国图书定价总金额561.82亿元(《2004中国出版年鉴》第41页)。

2004年全国图书定价总金额592.89亿元(《2005中国图书年鉴》第207页)。

2003年大学社销售码洋占全国图书定价总金额的19.64%。

2004年大学社销售码洋占全国图书定价总金额的21.54%。

大学社销售码洋保持较快速度增长,高于同期GDP增长速度,更高于出版全行业的增长速度。

大学社销售码洋2001至2004年的数字分别为73、90、110、127亿元,年增长速度分别为23%、22%、15%,高于"十五"期间全国GDP年均9.5%的增长速度,更高于"十五"期间全国出版行业的3%~5%的缓慢增长速度。其中2004年全国大学社销售码洋比2003年增长15%,比全国图书定价总金额的增长率高9个百分点(2004年全国图书销售码洋增长率为6%)。

2005年全国五百余家出版社排名前10位的出版社中,大学社占据4席;在前20位中,大学社占据6席。

2004年全国大学社平均销售码洋为1.3亿元,高于全国530多家出版社(不含30多家副社)的平均销售码洋0.18亿元(全国平均销售码洋为1.12亿元)。

但大学社2004年销售码洋超过大学社平均销售码洋

（1.3亿元）的仅有12家。

在地区分布上，北京、上海两地以占全部大学社37%的数量，而占有55%以上的销售码洋。

2003年销售码洋排前5位的大学社占全部大学社销售码洋的比例为25.72%；2004年销售码洋排前5位的大学社占全部大学社销售码洋的比例为26.59%，比2003年提高了一个百分点；预计2005年这一比例还会有所提高，因为2005年销售码洋排前5位的大学社比2004年的销售码洋前5位增加7亿元，增幅达21%，显然这个增长幅度要远高于全部大学社销售码洋的增长幅度。

分析以上数据我们可以得出以下结论：

一、中国的大学社，以占全国出版社总数17%的份额，实现了占全国出版物销售22%的份额。

二、中国的大学社增长速度强劲，以2001至2004年三年的平均速度计，达到了20%，远远高于其他类出版社。

三、中国的大学社出现了一批非常优秀的大社、强社，在全国出版社前20名中占据较多席位。

四、当然，中国的大学社发展是不平衡的。数据显示，市场化程度高的出版社发展特别快，企业化运作越成功的出版社发展越迅速，相反则慢，甚至困难。

大学社"疯长"的秘诀是什么

人们在热议中国大学社快速发展的时候，不能不思考这样一个问题：是什么原因使中国的大学社能够以高于其他类出版社的速度发展？这是一种规律还是一种偶然？这里有什么秘密吗?

其实,对于大学社快速发展的原因,已经有很多人做过很多很有价值的探讨。归纳一下无非有以下几点:

一曰资源优势。大学社具有得天独厚的出版资源优势。这是不言而喻的,每一个大学社一定依托着一所大学,这是它的先天优势,只要利用好这一优势,就不愁没有好的选题。一些名牌大学社之所以发展得好,它所依托的那所大学的牌子帮了它的忙,这就是品牌的优势。

二曰人才优势。这也是不言而喻的。大学社背靠大学,它可以近水楼台先得月地物色到最优秀的人才。据统计,在全国出版社的人员结构中,大学社的学历层次最高。就我所知,全国出版社中,第一个具有硕士学位的发行科长就出在大学社。教授、博导出身的社长在大学社中也不是什么个别的现象。当然,并不是学历越高本事就越大,出版的成功与否更不能与高学历划等号。但是,有一个整体上学历层次较高的团队,总是一种人才结构上的优势。事实也证明,中国大学社的成功与它的团队素质高,尤其是领导层素质高有很大的关系。

三曰区位优势。大学社处于中国教育的最前沿,春江水暖鸭先知,它们是最早感知中国教育的春风、春雨和春潮的。中国的出版业,离不开教育,中国出版业的繁荣从某种意义上说,是教育造就的。而中国的大学社由于与教育的天然联系,使它们有可能把教育的优势转化为出版的优势,把教育的资源转化为出版的资源,把教育的机会转化为出版的机会。这些年,师范类的大学社发展速度特别快足可印证这一观点。

但是,如果我们再仔细地分析一下,再深入地思考一番,我们就可以发现,以上所谓的三个优势并不是大学社所独占的,它们其实是一种公共资源,大学社可以用,其他的社也同样可以用。要说大学社凭借这三点就可以取得超出一般出版社的发展业绩,其实是说服力不足的。人们还是要追问"为什么",也就是说,大学社究竟有没有发展的"秘密"?

我的回答是,如果硬要说"秘密",那确实是有的。只不过人们或者不愿意承认,或者不以为然,如此而已。

那么,什么是大学社发展的秘密呢?我认为有两点值得注意。

第一,大学社较早地直接面对市场、进入市场,并主动适应市场的需求进行了改革和运作。也就是说,市场化程度高,企业化运作能力强,是中国大学出版发展快的重要原因。

中国的出版有一个人所共知的现象,即对教育的依赖。中国的出版社有500余家,发展得特别好的也就是各地的教育社和那些与教育有着各种联系的社。而在计划经济体制下,出版的教育市场,主要依赖的是所谓的"系统",即计划体制和官方系统。如上所说,由于中国的大学社出生比较晚,所以当它们来到这个世界上时就痛苦地发现:教育出版的"系统市场"早已经被瓜分一空,它们连残羹剩饭都吃不上。大学出版人领悟到,与其临渊羡鱼,不如退而结网。生存的压力迫使它们在系统之外寻找生机,于是它们便不得不走向市场。

我们回想一下中国出版市场继"挂历热"之后掀起的"教辅热",主要是大学社(尤其是师大社)掀起的。取得了长足的市场经验以后,大学社又以市场的敏感和经验楔入系统,成功地拓展了系统的平台和领域,成为长袖善舞的经营者和竞争者。

遗憾的是，就在大学社在残酷的市场中摸爬滚打的时候，我们那些体制内的出版社却还躺在计划经济的摇篮里吃着"皇粮"。随着国家市场经济改革的不断深化，出版的市场化程度也在不断加大，于是，就出现了较早适应市场的大学社"疯长"的现象。所以，我一直认为，中国的大学社是被市场逼出来的，也是被市场培养出来的。

第二，中国的大学出版之所以可以"疯长"，还有一个重要的原因：它们享受了二十几年的免税待遇。我们的国家为了支持教育产业的发展，多年来一直对校办产业实行免除所得税政策。大学社作为一种特殊的教育产业有幸享受了这一政策。

此外，根据国家有关支持文教科技事业的相关政策，国家对教材（指高等学校的教材）、科技类图书实行营业税先征后退的优惠。在大学社的图书结构中这一类图书占据较大的份额，它们自然成为这一政策的最大受惠者。

综合以上两点，我认为中国的大学出版，第一命好，所谓生逢其时；第二争气，能够积极进取。换个角度来说，中国的大学社既是两种体制的混合物，也是两种体制的得益者。它们既拿到了事业的好处，也拿到了企业的好处。

但是，大学社的命并不是永远会好下去的，它们的危机已经来临。

以改革化解危机

2003年，根据中国经济发展的状况和进入WTO所做的承诺，国家取消了对校办产业的免税政策。大学社在进行了一系列苦苦的哀求与毫无意义的挣扎以后终于失去它们得天独厚的优势——它们必须交纳33%的企业所得税。

这一变革对大学社来说几乎是致命的，因为中国的大学社，除了极个别特别富的学校外，都承担着向学校上缴利润以补贴学校办学经费严重短缺的责任。据我所知，出版社向学校上缴利润少则20%、30%，最多的要上缴50%以上，如华东师大社、上海外教社等。几乎所有的学校，都把出版社当作钱袋子，尽其所能地向出版社索取，如果有哪一个社长敢于对校长说一个"不"字，那么，他就面临着下岗的命运。

平心而论，学校的做法也是迫不得已，国家对教育投入的严重不足，使校长们难为无米之炊，而出版社所赚来的是一大把一大把的真金实银，再开明的校长也不会把你放过。事实上，有些学校在做下一年度的预算时就已经把出版社的利润计划在内了，缺了这一块，第二年的预算就会出现问题。

但是，这对出版社来说却是一件可怕的事，因为他们还得上交33%的利税。这就是中国大学社面临的一个无法解开的结——它们要双重纳税。

就这样，历史与中国的大学社开了一个玩笑，它们从天之骄子一夜之间变成了沉重经济压力的担负者。在整个中国出版业的竞争大势中，它们从不公平竞争的得益者变成了不公平竞争的受难者。

更糟糕的是，这样的局面还远远看不到尽头。

在如此的经济压力之下，中国的大学出版之路究竟如何走？如何把发展经济规模与提升学术品位完美地结合起来？是走纯商业出版之路，还是继续走学术出版之路？大学出版在资金拮据的态势下如何实现体制、机制及产品与技术的转型？这些问题，已经成为中国大学出版人无法回避却又不知从何解决的困惑。

此外，中国出版的集团化趋势，也使中国的大学出版感受到了隐隐的压力。大学出版由于其与生俱来的"生理缺陷"，决定了它不可能与其他的大学社重组而实行集团经营。除了几家已经发展得足够强大的大学社外，绝大多数的大学社的实力还远不足以与那些大的集团抗衡。当下，中国的出版集团大多还处于整合期，它们的集团优势还看不出来。但是一旦这些集团度过了磨合期，那么很多大学社就将面临严重的压力。面对集团化，大学社如何应对？这又是一个不能回避的困惑。

从历史与现状来看，中国的大学社其实一直是在按企业规律运作，很多出版社的工商登记就是企业法人。那些发展很好的出版社正是因为企业化管理做得好。从这个事实出发，我认为，上级领导部门对大学出版发展的认识，实际上已经落后于大学社的发展实际。

再者，如果说，在2003年之前，大学社还沾到了事业单位的好处的话，那么免税优惠取消以后，大学社事实上已经得不到任何事业单位的好处（人员问题是个例外，但这只是一小部分人）。

此外，根据国家综合改革的步伐不断加快，对事业单位的改革已经提上了议事日程。如果，将来国家在管理公益性单位时严格按照国际上通行的对非营利性组织的管理办法，那么，那些所谓的公益性出版社就会受到税收、出书范围、经营范围、薪酬分配等的种种限制，不可能有大的发展。

当然，改革是有风险。

风险之一是如何控制改革的成本。改革是必须付出成本的，改革的成本究竟有多大呢？这是一个未知数，如果改革的成本超出了企业的承受能力，那么，这对企业将是致命的。所以，控制改革成本成了改革成败的关键。

风险之二是如何协调好各利益集团的关系。改革必定会触动某些既得利益者的利益，如何最大限度地保护好大多数人的利益又使那些利益受到侵害的少数人能够接受改革，这是一道如哥德巴赫猜想一样的难题，但这又是一道我们必须解开的题目。

风险之三是如何处理好改革与发展的关系。大学社这些年来的发展来之不易，但是改革却要求我们自己对自己动手术。怎样既搞好了改革又不影响生产，这同样是一道难题。

风险之四是来自我们的母体，也是我们的全额出资人——学校。学校是否能够开明地按照经济规律、出版规律办事，这将决定改革的最后归宿——成功抑或失败。

最后，这次改革的成败还与事业单位改革的路向与成败有关。如果事业单位改革的结果是使那些死抱着"公益性"事业单位不放的人能够在事业与企业间两头得利，或者政策和法律有足够的空间让它们游刃有余，那么，我们将会看到大学社改革的全面复辟。

所以，中国的大学社风风雨雨二十几载，现在真是到了一个历史的拐点。我希望改制能给中国的大学社带来新的动力和活力，让大学社的生产力得到进一步的解放。那么，假以时日，中国的牛津社和剑桥社就一定会出现。

（原载于《出版商务周报》2006年12月3日）

为大众构建亲近学术的平台

无论是从建立大学出版社的初衷来看,还是从大学出版社承载的社会责任来说,学术出版都应当是大学出版社产品结构中的主要板块。但是,学术出版利润比较低,致使其被束之高阁或者被当作装饰品,将之边缘化。因此,如何解决学术出版不赚反亏的尴尬境地,就成为大学社需要思考的现实问题。

现状:学术出版春天仍很远

一年前的春天,出版界曾经有过一场关于学术出版的讨论,讨论的主题是"学术出版,春天还有多远"。我当时就表示学术出版的春天还很远。现在,我仍然坚持此观点,原因有三方面。

首先,我们无法否认这是一个浮躁的社会,也不得不承认有太多功利性的东西在左右着出版行业,跟风、媚俗、粗制滥造,都有扩大化的趋向。一些出版社对于书的价值判断,不是遵守学术的、人文的、科学的、社会的标准,而是在不断地揣摩大众的心理和时尚,一味去迎合大众,盲目跟风,却不想着怎样创新,忘记了出版应引导健康、积极向上的阅读情趣和习惯的责任,结果是出版物流于低俗,甚至恶俗。这种浮躁风气传染开来,使学术著作出版深受其害。

其二，众所周知，当前学术出版的一大困境就是引进多于原创。这不仅是中国学术出版的深重危机，也是出版人的无奈，因为本土的、原创的、一流的著作太少了。这不是说我们没有优秀的写作人才，而是优秀人才的创造力被学术评价体制所窒息。现在，评价一个教授是否合格，基本的刚性条件是：每年必须有两本著作出版。试问，在如此短暂的时间里想要产生两本有真知灼见的学术专著有可能吗？因此，改革学术评价机制，给学者更多的自由空间和"坐冷板凳"潜心研究的时间，才是解决问题的关键所在。

第三，学术出版的困境与目前的教育现状也有直接关系。多年以来，教育领域人文精神的缺失使学术出版步履维艰。而在当今经济社会，除了出书人极度功利之外，读书人也普遍带有很强的功利性，浅阅读、庸俗阅读、实用阅读成为时尚，艰深严肃的学术著作令人望而生畏，学术著作的阅读圈越缩越小。在这种境遇下，奢谈学术出版的繁荣，岂非痴人说梦？一句话，只有重拾教育的人文精神，学术出版才有可能迎来春天。

对策：找准"小众"与大众的结合点

那么，在上述诸多内外因素影响下，大学社对于学术出版应采取什么样的策略，才能达到双效？以下四点是我的答案。

第一，贵在坚持。学术出版物不会像通常意义上的畅销书那样能在很短时间内给出版社带来巨大经济效益，但是，真正高质量的优秀学术著作，仍然有它的市场。时光流逝，岁月蹉跎，思想的光辉却永远不会磨灭，文化的积累因代代传承、长期沉淀而越发厚重。传播科学文化、繁荣学术思想是出版人的高贵使命，是社会和历史赋予我们的责任，我们一定要坚持住这个理念，坚守住这份责任。

第二，注重学术判断和学术质量，选择出版高水准的学术著作，这是保证学术书品质的根本，也是保证成功的条件。我认为，对于大学出版社来说，更重要的目标应是维持出版品的创见与卓越，而不是追求出版内容的包罗万象。大学出版社身处学术重镇，近水楼台先得月，在这一点上更有优势。和大学的密切关系使大学社能够最先掌握各种学术出版资源，及时跟进了解学术前沿动态。

第三，拓宽学术出版的思路，为普通大众构建亲近学术的平台。学术出版物一般比较艰深，专业性强，所以读者群小，发行量不大，仅限于在学院和研究机构流传，正所谓"阳春白雪"、"曲高和寡"。这也是学术出版的困难所在。但是，学术出版的最终目标应该是走出象牙塔，服务社会大众，大学出版社应该在重视知识传播深度的基础上，努力拓宽知识传播的广度。这一点随着精英教育的普及而日渐成为可能。随着社会的进步，高等教育普及程度越来越高，学术出版物也具有了越来越多的潜在读者。这些读者就属于大众精英，对于学术书有一定的爱好和阅读需求，但传统意义上的大部头艰深著作并不适合他们。对于出版社来说，单纯走"小众"路线也是行不通的。有些书出版得非常少，只能是专家学者去读，但是如果再动动脑筋，寻求更多的市场需求，进行更好的运作，将两者完美地结合起来不是没有可能的。

第四，加强编辑队伍建设，提升出版人的学术品位和素养。编辑对于出版的意义可谓举足轻重,他们直接决定了图书的品质和成败。对于学术编辑而言,提升学术敏感度,培养敏锐的学术眼光和学术鉴别力是非常关键的。我们不能要求所有的编辑都成为学者,但是对于学术编辑而言,却是应该"学者化"的。"学者化",其要义在于要求编辑不断提高自己的学术素养,具有学术责任感、学术敏感性和学术鉴别力,密切关注学术前沿动态,甚至可以参与到一些学术研究中去,应该是"家",而不是"匠"。学术著作在编辑手中把好关,就会大大减少学术垃圾产生的可能。具有较高学术素养的编辑,是保持出版社学术品格的中流砥柱。

第五,要把好书卖得好,还要有好的营销。学术出版的发行流通领域不畅通,发行流通的能力不强,手段不够,是至今仍然困扰大学社的难题。出版社的流通部门大都过多地依赖于教材教辅,养成了很大的惰性,使其不能够静下心来,认真钻研发行学术著作的技巧和门路。在今后的一段时间里,积极研究和探索学术出版的发行渠道将是大学社的重要课题。

(原载于《中国新闻出版报》2007年9月7日)

责任与激情的产物
——《惊天地　泣鬼神——汶川大地震诗钞》诞生记

2008年5月，中国西南的龙门山断裂带发生了撼动中国乃至亚洲的特大地震，随之，广袤的神州大地上演出了一场惊天地、泣鬼神的活剧。万众一心的中国人，用自己不屈的脊梁扛住了天崩地裂。

汶川！汶川！从5月12日14时28分起，我们泪水伴着热血呼喊，惊悸和着心跳入眠，十三亿中国人痛苦着、挣扎着、奋斗着、牺牲着，没有人被吓倒，没有人却步，没有人低头，没有人怯懦。这一切，令世界动容。

感谢你们用自己的笔和相机记录下了这一切。你们的文字是用热血和生命炼成，你们的画面是以心和赤诚织就。这岂止是诗，分明是中华民族精神意志的光华和史诗般的交响！

可是，我们并不认识您，我们不知道您是谁，更不知道您身处何方，有些作品，我们甚至连作者的名字都不知道。在这国殇之非常时期，我们冒昧地把您的作品采撷而来，编入这本诗与图组成的集子里，让它能以最快的速度到达灾区群众的手中，让你们的作品化成战胜灾难、重建家园的精神力量。

我们也希望能在最短的时间里，让你们的杰作传遍祖国大地，振奋起华夏儿女万众一心，同赴国艰。

一介书生，无以报国。我们能做的就是把激情凝聚成我们的出版物。

这本书，从创意策划到最后出书，只用了九天时间（不包括出版时间）。我们含着泪水夜以继日地工作，我们被你们所感动，我们被四川人民的坚强意志所感动，更被全国人民爆发出的空前的团结和凝聚力所感动。我们干粮充饥，我们通宵不眠，我们日夜兼程，只有一个目的——尽快把书编出来。

一介书生，无以报国。我们能做的就是把爱心融入我们的出版物。

所以，本书出版以后，一半将赠送给四川灾区，另一半上市销售，销售所得将全部捐献给灾区人民。

这是我为《惊天地　泣鬼神——汶川大地震诗钞》一书所作的"跋"——《致本书作者》中的主要内容。这本书从策划到出版，一共用了十二天。这个速度，在华东师范大学出版社的历史上不算创纪录——我们曾经用十天时间出过一本书。但这一次不一样：第一，这一次不是商业行为，我们完全是在"义务劳动"，是一次"义举"。第二，这不是一本"粗制滥造的应景之作"，而是一本高品质、高质量的作品，可以和任何畅销书或当下所谓的高端图书媲美。

汶川大地震发生以后，华东师范大学出版社的每一位员工都在思考着这样一个问题：国难当头，我们能为国家做些什么？

5月14日，出版社社长办公会做出决定，向灾区捐款50万元。同一天，我们举行了全社义捐大会，全社200余员工共募得善款3.9万余元。

但是，除了捐钱我们还能不能做得更多？因为，我们意识到了出版人的责任：我们应该用我们的出版物为国分忧，为民助力；为国担当，为民呐喊；为历史写华章，为文明留脚印。

就在这时，5月18日上午，我收到了一封来自灾区的一位小学校长发给我的手机短信。这是一位女校长，全国人大代表，她叫吴新春。短信是一首诗，诗题：《孩子，快抓紧妈妈的手》。好多年不读诗了，我厌恶现代诗歌的矫揉造作，我不屑当代诗人们的无病呻吟，但是，这首诗从一开始就紧紧地抓住了我，诗还没有读完，我就已经泪如泉涌了。我觉得，这样的好诗，不能一人独享，于是我把它群发给我的朋友和师长。很快，我就收到了我的老朋友——《文汇报》的党委书记吴谷平的回复，他说，他已经读过这首诗，很感人。他又说，这几天网上的诗非常多，都写得很好，建议我出一本地震诗集。

他的话给了我灵感，使我猛然悟到了一个出版人可以有所作为的契机与路径。我当即决定，组织力量出版一本诗集，并想好了书名——《惊天地　泣鬼神》。由于正逢周末，时间紧迫，如何迅速收集第一手资料呢？我想到了我的全体员工——我们的团队。于是我请社办通过社内集群短信通知每个员工，请大家共同努力，借助网络、报纸等媒体进行资料收集，交给总编办统一编排。众人拾柴火焰高，经过短短十几个小时，到5月19日早上，已经有近1 000首地震诗歌传到了总编办的信箱内。

为了使诗集具有权威性和号召力,我决定请著名诗人赵丽宏担任主编。为了使诗集更具震撼力,决定配以新闻照片,我觉得吴谷平书记可以当此大任。当我给他们打电话,希望他们出任本书的双主编时,他们异口同声地说,义不容辞。

星期一,我们组成了副总编阮光页、副社长王焰领衔的编辑班子,开始了集团作战。在策划会上,我给他们提了三个要求:一、选诗以民间的、草根的诗作为主,尽量少选文人的诗。二、一定要抢时间,争取在十天内成书。三、要做急书,更要做精品,不能粗制滥造。

与时间争分夺秒的战斗就此打响!当天下午,"5·12"大地震临时编辑部正式成立。整整一周,项目组的成员没有睡过一个好觉,一首首浸濡着人间挚爱的心曲,一张张惊心动魄的真实画面,令大家对灾区人民遭受的苦痛感同身受,难以释怀,忍不住流下热泪。既然不能到前线去为抗震救灾奔走,那就在后方用最高昂的斗志为灾区同胞尽心尽力吧。在这个信念的支持下,全社上下编、印、发各相关部门密切配合,同心协力,自愿加班加点,夜以继日,争取以最快的速度、最好的质量把书做出来。经过大家的共同努力,终于在5月30日下午看到了样书。

5月31日上午,我们在上海书城举行义卖和诗歌朗诵会,一千册新书在两个小时内即告售罄。

看到读者踊跃购书,我感到欣慰,因为我知道,我们收到的每一分钱都将会流到灾区,变为支持灾区重建的力量。看到人们捧着我们的书朗诵着、流着泪,我感到欣慰,因为我看到了诗集所凝聚的民族精神正在化作战胜一切艰难险阻的动力。我更感到欣慰的是，我终于看到了诗歌的回归，它已经离开我们很久很远了……

我常常说，做出版，一要有责任感，二要有激情，否则做不好出版工作，回顾《惊天地　泣鬼神》的出版历程，可以说它就是责任与激情的共同结晶。一方面，是一种文化企业应当具有的社会责任感在驱动我们为国担当。出版虽是商业行为，但出版社绝不等同于一般的企业，它担负着用优秀的文化产品扛起民族脊梁的重任。大难袭来，给国人造成了巨大的人员伤害和物质损失，也给灾区人民带来了巨大的心理创伤，同时深深地影响了整个民族的情绪。在这样的关键时刻，出版社应该有一种担当精神，担负起它的社会责任。否则，就出版不了好书佳作，也与整个出版原则相背离了。

另一方面，做出版还需要有激情，否则做不好快书。当地震的消息传来，惨烈的场面和痛苦的灾民深深打动了我们，一种油然而生的情愫激励大家要出版一本好书，来纪念这段历史性的灾难，纪念大难之大爱所带给我们的感动。我非常庆幸我们出版社拥有一个充满激情的团队。从二十世纪九十年代初的《永远的泰坦尼克号》到九十年代末的《失落的文明》，我们一直有做快书的传统，其神速和优质在业内传为佳话。就是这样一支过硬的编、印、发团队，在《惊天地　泣鬼神》诞生问世的过程中，同样表现优异。在资料收集阶段，我们发动了全体员工的力量。为了保证诗钞的顺利快速出版，我们精选业务骨干组成"5·12"大地震临时编辑部，项目组的成员加班加点辛苦工作，花了三个通宵，从1 000多首诗中精选出130首，又花了三个通宵，从800余张照片中选出100张，再花了三个通宵，美编一页页地设计效果，做后续的工作。最后三天,编辑和出版科的同志,在出版社、南京制版、上海印刷这三点之间奔波,通宵达旦。战士和志愿者们在前线与死神抢生命,我们在后方与时间竞跑,每个人都一样的激情澎湃、斗志昂扬。

《惊天地　泣鬼神》是责任和激情的产物。因为肩负责任,我们出版了这本诗钞;因为充满激情,我们才可以在短时间内将诗钞编辑出版。为了让地震中凸显的宝贵精神薪火相传,充分发扬诗歌的洗涤心灵的力量,我们还会继续组织一些义卖和诗歌朗诵活动,希望爱心能通过此书不断传递,一直送达灾区同胞的手中和心中。这是我现在最大的愿望。

(原载于《编辑学刊》2008年第4期)

阅读新药会让我们致癌吗?

阅读有这样几种类型,一是功利性的阅读,二是娱乐性的阅读,还有一种阅读,我把它叫做人文性或是修养性的阅读。我不反对功利性和娱乐性的阅读,但是,功利性的阅读和娱乐性的阅读大大压倒人文或者是修养性的阅读,恐怕问题就比较严重了。

阅读绝对不是一种自然而然的事情,不是人的本能,而是后天培养成的习惯。有了良好的习惯,才可能克服阅读的功利性与娱乐性。而习惯是需要养成的,心理学家的研究告诉我们,阅读习惯养成最关键的时间是在学龄前而不是学龄后,小学和中学是养成阅读技巧和阅读方向的时间段。但是非常遗憾,我们家庭教育和学校教育都没有阅读的训练,这是造成中国这么多年来国民阅读率只是北欧一些国家、甚至是日本的十几分之一的重要原因。

我认为,从本质上来说,阅读是文字的(包括数字和符号)而非图像的。抱歉和陈总的意见不一样,我认为这个特点是与人的思维方式相适应的。语言文字是人们思维推理的唯一工具,人类文明的进步与人类摆脱了直觉的思维,学会了抽象的思维是分不开的。所以所谓多媒体的滥用,必然会导致人类抽象思维的退化。最近有一个报道,美国 IT 行业最顶级的工程师、科学家把自己的孩子送入没有电脑的学校,用传统方法教育的学校。这是一个耐人寻味的消息,它也许能预示电子书永远也无法取代纸介质的图书。作为一种阅读的新药,电子阅读恨不得一夜之间取代我们的大米饭和我们的面包。可怕的是,当我们对一种新的生活方式是否有害还没有来得及验证的时候,它却已经成了我们的生活方式,这时我们才发现它会使人类患上癌症。当我们已经患上了不治之症,我不知道还有没有解药。

(原载于《中华读书报》2011年11月16日)

学术出版是需要门槛的

近年来,中国出版"走出去"有了很大进展,图书版权贸易,输出对输入已经实现反超。越来越多的中国图书和音像制品借助国家经济实力、国际地位的整体提升,踏上了走向世界的征途。

但其中有个情况我们不能不关注:中国的学术图书,无论人文类还是科技类的原创著作,很少能被西方发达国家接纳。除了对方的傲慢与偏见,我国整体的学术水准还比较低、创新能力还比较弱,肯定是毋庸讳言的原因。不过还必须看到,我国学术出版的失范,也是人家不愿引进的一个重要原因。堪为庆幸的是,眼下国内很多出版社已意识到这个问题,一些出版社更已自发地开始建设学术图书出版规范体系;同时国家有关部门也看到了问题的严重性、急迫性,相关改进工作正在推进中。

中国学术出版长期以来缺失规范,不仅对中国学术"走出去"造成消极影响,更阻碍学术发展。笔者在此提出讨论学术出版的门槛问题。

出版"泛学术化"不足取

学术出版是需要门槛的。门槛实质上是准入机制。

学术出版不是任何出版社都可以做的。出版应该有分工。

但在出版社进入市场后,这种分工被打破了。不再过分强调专业分工可以激活市场竞争,但终究要有个"度",比如学术出版不设门槛就是不可接受的。不是所有出版社都有能力出版学术著作,而且即便出学术著作的出版社,也不可能有能力出版所有门类的学术著作,这是常识。

在发达国家,学术图书的出版几乎都由专业出版社"垄断";读者要买哪个学科的学术著作,就会去找某个专门出版此类图书的出版社。当然,这是长期市场淘汰的结果——市场迫使那些不适合做学术出版的出版社退出了学术出版的市场。问题是,在一个发展中国家,在出版业刚刚从计划经济的控制下走上市场,蹒跚学步,在图书出版市场化程度还很低的情况下,我们的市场还不具备这样的调节能力。所以,出版者的自律、自知之明、准确定位就成了避免出版"泛学术化"的关键。当然,我们也寄希望于政府部门的监管,在当下选题还需要审批的体制下,政府部门应该把好出版分工的关,提醒那些没有能力涉足学术出版,或不具备某一类学科学术图书编辑能力的出版社主动退出。这样做,不仅可以避免重复出版、劣质出版,还可以大大地节省出版资源,有利于出版的可持续发展。

"学术垃圾"何以横行

学术出版的门槛还应该设在它的源头——作者。也就是说,出版社对学术出版的撰著者负有甄别的责任。换言之,不是阿猫阿狗都可以撰述出版学术著作的。现在,似乎只要学会写字,就可以出版学术著作;现在,似乎只要有职称,就可以出版学术著作——只要他或他们有钱或有权。于是，"学术垃圾"假学术之名而横行；于是，假学术、伪学术披学术之衣而"登堂入室"；于是，抄袭、准抄袭、拾人牙慧之作以学术之威而招摇过市。如果仔细查一查，每年大量生产的学术著作中，有多少是真正有创见的，有多少是为了评职称而拼凑的，又有多少是为了附庸风雅而糊弄作秀？笔者就读到过一位自诩是"著名学者"的一本研究《千字文》的大著，开宗明义把"天地玄黄"的"玄"字解释为"玄妙"。请问，这样的作者有资格出版学术著作吗？

没有理由做不到"盲审"

据我所知，发达国家的学术出版一般都有一个同行专家评审的制度。为了保证公正性，这种评审一般都是匿名的。这就保证了学术著作的品格和质量，最大限度地杜绝了假学术、伪学术图书的鸠占鹊巢。据我所知，我国的很多学术期刊已经引入了"盲审"的机制。学术期刊可以做到的，学术图书出版没有理由做不到。

必须指出，编辑应该是学术出版的又一道，而且是决定性的门槛。编辑的学术素养、学术判断力、学术眼光决定了学术出版的品质。没有基本的、专业的学术素养，就编不出合格的学术专著，没有学术判断力，就有可能断送一本具有前瞻性的学术著作，而学术眼光低下的编辑就有可能把学术垃圾当作宝贝。所以，不是所有的编辑都是可以做学术出版的，学术出版的门槛对编辑同样重要。

学术出版门槛的缺失或过低，会对国家和民族的科技、文化乃至社会风气产生恶劣的影响。它败坏了出版业，败坏了学者的公信力与学术品格，败坏了公众，尤其是青少年、大中学生对学术的情感、品味与敬畏。当然，受毒害最深的还是学术本身。

学术出版不应该"泛学术化"，而应该回归它"精英出版"的原点。

(原载于《文汇报》2012年9月19日)

传统出版：不要太过悲观

2009年，亚马逊阅读器Kindle的热销，让电子书成为当年最热门的词汇，数字出版经过多年沉积，终于迎来了发展的拐点；2010年，苹果公司研发的平板电脑Ipad上市，并迅速风靡全球，开启了电子阅读的新时代，这一年，被称为数字出版的元年。彼时起，世界进入"数字时代"。

2011年7月，美国最著名的主流大报《纽约时报》宣布，将在未来的某个时候停止出印刷版，转为网络发行；2012年10月，每期发行量150万份、拥有接近80年历史的《新闻周刊》正式宣布，在年底结束纸本杂志的发行，并于第二年年初全面转为数字出版。

一边是数字出版的风生水起，"抢滩登陆"；另一边，传统出版面对咄咄逼人的态势，显然没有做好应对准备，相形之下，黯然失色。伴随着诸多类似剧情的上演，各种悲观的言论蔓延开来，"夕阳论"、"瓶颈论"、"天花板论"、"消亡论"，等等等等，让有关纸质出版物即将死亡的说法显得越发真实，也让身处困境的传统出版在困惑和迷茫中备受煎熬。

作为一个在传统出版行业摸爬滚打十几年的老出版人，我对新兴的数字出版持欢迎态度：数字出版作为当下的一种潮流，是回避不了，也对抗不了的，我们要做的是大胆地去拥抱它。但是，我并不因此就认为传统出版行将消亡。相反，我觉得传统出版无需过度悲观，它与数字出版将会长期共存，互为补充。

从手抄、雕版印刷、活字印刷到现代机器印刷和激光照排制版，传统出版业走过了漫长的路程，这段路程也是人类文明的进化之路。与之形成鲜明对比的是，数字出版从萌芽酝酿到高速发展，再到成为一股世界浪潮，只用了短短数十年时间。排除技术的飞速进步因素，这其中的深层次原因，是社会的急剧变化。社会变化太快了，人心越来越浮躁，时间碎片化的趋势越来越严重，阅读快餐化的特征越来越明显。在一个日益匆忙的社会面前，精耕细作的传统出版一时间手足无措，不知何去何从。而数字出版却如鱼得水，其与生俱来的浮躁感和快餐感，符合当下快餐文化的特质，它借此成为潮流，并日渐主流化。

这种变化来得快，人们适应得也快，然而，电子书、新媒体、浅阅读对人类来说是福是祸，现在还很难判断。数字出版给人类带来的改变，不仅是阅读方式和思维方式的变化，而且甚至是更深层次的，包括生理结构、认知关系、人际关系和价值规范等诸多方面的变化。

一方面，在数字时代，信息碎片铺天盖地，人们在阅读的时候，时刻处于亢奋状态，没有时间休息、停顿，也没有时间判断、推理，传统阅读提倡的那种反复咀嚼、反复思考、与作者达到共情，进而在文字中发现思想火花、欢乐、痛苦与智慧的能力便会渐渐弱化。

另一方面，数字时代的阅读主要是浅阅读，一目十行，浮光掠影。浅阅读是与深阅读相对应的一种阅读方式，自古有之，在数字时代，它被赋予了新的特征，更像是一种"扫描与搜索"，人们读的不再是文本，而是一个个关键词，这些热点词汇在脑海中不断高亮度地闪烁、跳跃，频繁更新。一个微博热点事件往往一夜之间激起千层浪，不到两三周便如浮云散去，被层出不穷的其他热点事件所取代。在这种情况下，大脑的工作方式不是线性的"单任务"状态，而是分布式的"多任务"状态，因为全感官都在不同维度上扫描和搜索多个兴奋点，但人脑和电脑一样，计算能力都是有限的，多任务计算对机器的结果是"死机"，对人来说可能就是认知麻木。

科学家经长期研究发现，数字技术的蓬勃发展正迅速而深远地改变着我们的大脑：一部分脑区被过度激活，另一部分脑区则出现了退化，简单来说，就是"用进废退"。当然，短时间内，你的大脑还不会出现什么问题，但长此以往，大脑的功能结构就会发生器质性的改变。更多的信息、更浅的阅读，很可能会让人形成新的习惯乃至信息处理方式，去重新建立认知体系。这是数字时代对人类阅读和人类文明形成的挑战，其必然结果，是对传统人际关系与道德规范造成冲击。

因而，电子书、新媒体等数字出版形态对于人类的影响是深层次、多方面的，但那些影响究竟是什么，我们来不及验证，也无法验证。数字出版最终会把人类引向何处，尚不得而知。而我们能做的，除了欢迎，还要有警惕和审慎。

对于传统出版，我一直保持乐观态度。这并不是"王婆卖瓜，自卖自夸"。大家都知道，华东师大出版社是一家传统出版社，产品结构主要包括教育学、心理学、人文社科类出版物，以及中小学教材、教辅等。大家可能不知道，华东师大出版社也是国内最早大规模进军数字出版的传统出版社之一。这些年来,我们不断加大投入,在数字出版板块取得了不错的成绩,赢得了较高的利润。这一点足以说明我不但不拒绝数字出版,反而主动拥抱这个浪潮,并从中受益。但是,我始终相信,数字出版无论怎么发展,也不可能取代传统出版。因为,第一,传统出版推动人类进化,是人类文明的见证;第二,传统出版具有数字出版无法取代的优势。

首先,传统出版与人类的发展相伴而行,是人类文明进步的见证和促进力量。传统出版的发展与印刷术和造纸术的发展齐头并进,印刷术的发明,开启了人类文明的进程,印刷术的每一次进步,都带动了人类文明的跃进。纸介质产生以后,通过出版物对先进知识和思想的传播,人类的演绎、推理、思辨等高级思维能力,得到了大幅度的提高,并由此推动了思想、文化和科技的进步。而且,与传统出版对应的主要是深阅读。大脑唯有深度汲取知识,方能对知识有所积累、有所沉淀;也唯有如此,才能锻炼和培养抽象思维能力、逻辑推理能力和判断能力,才能有创新和创造,而创新和创造正是社会发展和人类进步最主要的推动力。人类思维的进化和文明的进化,不是靠数字时代的浅阅读和读图就能完成的,传统出版必定会伴随人类继续走下去。

其次,就如数字出版的优势是传统出版无法企及的,数字出版的不足恰恰成为传统出版不可被取代的一个因素。传统出版的独特优势是具有权威性和公信力。与数字出版形态下信息的瞬时、随意不同,传统出版物的选题必须经过反复考量和论证,层层筛选,旨在从浩如烟海的材料中选择出有价值的、值得向读者推荐的信息,因而具有相当的权威性,正是这种权威性,才使传统出版拥有了广泛的受众和基础。

而且，完善的审读、质检、责任编辑制度，素质过硬的编辑力量，保证了出版产品从选题到审稿到编辑加工的高效率与高品质。这一点也是数字出版所缺失的。

所以，肩负着推动人类向更高级进化、推进人类文明传承与进步重任的传统出版，请不要太过悲观。在数字出版的大举进攻下，只要保持准确的定位和鲜明的特色，发挥优势，扬长避短，传统出版将长期存在，它的未来依然有无限可能。

（原载于《博览群书》2013年第1期）

改革进取,促进出版社可持续发展

感悟之一:
出版人的责任和使命

我是被出版的。1997年8月,华东师大领导决定派我去出版社当社长。说老实话,我其实不想去。我想,自己做了一辈子学问,刚刚有了一点心得,却要去一个完全陌生的领域从头开始,何苦?再说,我深爱着自己的学术生活,不想放弃。但是,当我听说很有一些权力的人说"朱杰人怎么当得好出版社社长"时,我改变了主意。再说,我还是个共产党员,党员要听党召唤。

就这样,我被出版了。

但是,当我来到出版社,干了几个月下来,我彻底改变了自己的想法,我还真的爱上了这一行。我发现,这是一个比讲坛大得多的舞台。一个教授,他的影响力主要通过讲课来实现。他的课堂小则几个人,最大的阶梯教室也就是几百个人,就算是开讲座吧,一个礼堂,几千人。如此而已。但是出版不一样,通过策划出版的书,可以影响成千上万的人,甚至一代人、几代人。

这就是出版。

从那时起,我感到了自己身上的责任。十几年的出版生涯使我深感,出版人的责任感何其重要。有了责任感,你才会想到要出好书；有了责任感，你才会自觉地去抵制坏书；有了责任感，你才不会被各种诱惑牵着鼻子走；有了责任感，你才可能策划出好书来；有了责任感，你才有胆量去做一些大事；有了责任感，你才不会患得患失。定力和创造力，是从责任感生出来的；魄力和生命力，是由责任感长出来的。

但是，只有责任感还不够，还得有使命感。责任感和使命感是一对孪生兄弟。华东师大出版人是一群有着强烈使命感的人，他们知道怎样去回应时代的呼唤，这是时代的使命感；他们也知道如何去面对历史的责难，这是历史的使命感。所以，我们经得起寂寞；所以，我们耐得住孤独；所以，我们有眼光；所以，我们有耐力；所以，我们也会有爆发力；所以，我们低调。因为我们坚信，实至，名才归；因为我们坚信，衡量一个出版社，不是看它如何能轰轰烈烈于一时，而是看它是否有延绵不绝的生命力。

从被出版到爱出版，我走过了一条真正理解出版的长路。

感悟之二：
中国特色大学出版发展的快和强

中国的大学出版社非常年轻。除了中国人民大学出版社和华东师范大学出版社创建于二十世纪五十年代（不久因国家出版业调整而停办），中国所有大学出版社的创办（包括两社的复社）都始于二十世纪八十年代。然而，八十年代以来，大学出版社从无到有，从孱弱青涩到蓬勃发展，却已成长为中国出版业不容忽视的一支重要力量，成为中国特有的文化和商业现象，成为中国出版史上值得研究的一种现象。

从八十年代发展到今天，大学出版社从零起步，异军突起，在出书品种、出版码洋、销售码洋和总资产等方面在全国出版业中都占有相当大的份额，一些发展迅猛的大学出版社纷纷跻身于全国强社的行列。大学出版社不仅经济效益大幅提升，社会影响也不断扩大，在各类国家级大奖如国家图书奖、中国图书奖、"五个一"工程奖等奖项中屡屡夺魁，并形成不少影响力很大的品牌。大学出版社，已然成为我国出版业中整体发展最为迅速、规模实力和影响力上升最快的一支力量，可以说它对中国出版业的兴盛发展，乃至对国际出版业尤其是对国际上的大学出版业的影响都起到了积极的引领作用。

学术出版是大学出版社的永恒主题，这是众所周知的通行的国际法则。英国的牛津大学出版社与剑桥大学出版社已经有数百年的发展历史，始终坚持以"倡导学术出版，推动学术交流，营造科学氛围"为己任，美国出版协会更是直接将大学出版社定义为"大学（或学院）的学术出版臂膀或具有类似功能的机构……其目标是致力于学术的传播与教育的发展"。中国的大学出版社直接产生于传播学术的需要，并以繁荣学术为目标，在这一点上，我国的大学出版社和西方国家的大学出版社是完全相同的。除了出版高等教育教材和进行大众文化传播与普及以外，中国的大学出版社承载着繁荣学术出版、传播学术成果、推动学术创新的伟大使命。中国的大学出版社无一例外地把"为教学与科研服务"作为自己的办社宗旨，始终坚持把社会效益作为办社的第一要务，始终坚持把出版高水平和高质量的学术著作当作出版社的精神追求和品牌目标。几十年来，我国大学出版社在学术出版领域作出的贡献有目共睹,代表着当代学术前沿、凝聚了我国科技发展最新成果的出版物中很多出自大学出版社。经过百家大学社的苦心经营,中国大学出版社的学术品牌声誉鹊起,深入人心,而且远播海外。

但是,中国的大学出版是在中国这块土地上诞生的,必然带有鲜明的中国特色。中国是一个发展中国家,当中国大学出版社开始起步时,国家还十分贫穷。我们的大学出版社不可能像国外的大学出版社那样可以得到源源不断的资金支撑,学校在注入一笔注册资金后就不会再有资金投入,出版社必须依靠自己的努力维持生存和谋求发展。由于学术著作专业性强、受众面窄、市场需求小等自身的特殊性,使得多数大学社陷入进退两难的尴尬境地。显而易见,在中国的特殊国情下,要想单纯依靠出版学术著作来维持出版社的生存都很困难,更不要说出版社的进一步发展。为了化解这个难题,大学出版人表现出了极强的开拓勇气和创新精神。他们敏锐地把握市场动向,抓住机遇,积极开拓,在教材、教辅、大众读物等出版领域大显身手,迅速成长壮大,为中国大学出版的商业化经营模式开创了先河,走出了一条学术出版和商业出版有机结合、互为补充、相互支撑的新路,不仅保证了中国的大学出版的长盛不衰,而且促成了中国大学出版的迅猛发展,走出了一条独特的具有浓重中国特色的大学出版之路。

国际上,大学出版一般采取非营利模式,商业化运作比较成功的大学出版社屈指可数。牛津大学出版社和剑桥大学出版社是其中最成功的代表。但是,它们诞生至今已经有四五百年的历史。美国的大学出版社也有极个别商业操作比较成功，但也都已有近一个半世纪的历史。这些大学社用漫长的时间积累前行，缓慢发展，其成功是用时间和金钱累积起来的。与其相比，中国大学出版社的成长壮大有两个非常显著的特点：一是成长和发展的速度特别快；二是完全靠自身的力量和努力快速发展和迅速壮大，而非依靠外部资金的注入和外部力量的介入。这是任何国家、任何一个国外大学出版社都不可比拟的。可以说，中国大学社的发展历史是完全中国化的和独一无二的。

考察中国大学出版的发展历程，我以为有两点值得注意。

第一，中国的大学社较早地直接面对市场、进入市场，并主动适应市场的需求进行了改革和运作。中国的大学出版由于特殊国情的制约，从一开始就没有选择（也不可能选择）走非营利的模式。中国出版的一个特征就是它对教育的依赖。中国的出版社有约600家，发展得特别好的也就是各地的教育社和那些与教育有着各种联系的社。由于中国的大学社"出生"比较晚，所以当它们来到这个世界上时就痛苦地发现：教育出版所依赖的"系统"早已被瓜分一空，连残羹剩饭都吃不上。大学出版人领悟到，与其临渊羡鱼，不如退而结网。生存的压力迫使他们在"系统"之外寻找生机，于是他们便不得不走向市场。中国的大学出版社完全靠自己在市场上搏击奋斗，自觉地利用市场经济的规律和机遇，硬是在一片荆棘丛中踏出了一条阳关大道，成为长袖善舞的经营者和竞争者。随着国家市场经济改革的不断深化，出版的市场化程度也在不断加大，于是就出现了较早适应市场的大学出版社"疯长"的现象。所以我一直认为，中国的大学社是被市场逼出来的，也是被市场培养出来的。

第二，中国的大学出版之所以可以"疯长"，另一个重要原因是：它们享受了二十几年的免税待遇。国家为了支持教育产业的发展，多年来一直对校办产业实行免除所得税政策。大学社作为一种特殊的教育产业有幸享受了这一政策。此外，根据国家支持文教科技事业的相关政策，国家对教材（指高等学校的教材）、科技类图书实行营业税先征后退的优惠。在大学社的图书结构中这类图书占据较大份额，它们自然成为这一政策的最大受惠者。

综合以上两点，我认为中国的大学出版，第一命好，所谓生逢其时；第二争气，能够积极进取。

当然，大学出版社并没有枕在已有的成绩上睡大觉，安于现状。市场经济大潮的冲刷，让勇于开拓、不断进取的大学出版社日益成熟和坚韧，对于自身的先天不足和体制缺陷有了更深层次的认识，由内部产生了改制的迫切要求。从最早的事业单位，到独立法人登记，到事业单位企业管理，再到建立现代企业制度，实行企业化管理，直至转企改制，大学出版社在体制创新方面一直在摸索，不断寻求突破，排除制约发展的内部障碍，以改革促进大学出版社不断向前发展。

感悟之三：
转企改制是出版社可持续发展的必由之路

当华东师大出版社站在 2007 年的路口时，我们已经在出版社的发展历程中走过了两个重要的阶段：从 1980 年到 1998 年中期是出版社的初创时期，也是"第一次创业"阶段，在这个阶段，华东师大出版社形成了完整的组织架构，具备了一定的出版能力，但品牌影响力和经济实力都还不足以应付市场的风浪；从1999年到2007年是华东师大出版社的高速成长期，也是"第二次创业"阶段，在这个阶段，华东师大出版社的销售码洋从几千万增长为5.5亿，以迅猛的势头跻身全国大社、强社的行列。

2007年，华东师大出版社成为高校出版社体制改革的19家首批转企改制试点单位之一，义无反顾地踏上了漫漫改革路。

2008年，华东师大出版社在管理体制、组织架构、绩效考核、薪酬体系等方面大刀阔斧，全方位着手革新，调整力度之大令业界为之震动，堪称"伤筋动骨"。2009年，经历了一年多的摸索、磨合和调整之后，华东师大出版社迎来了一个重要变化：全面完成转企改制。这一年，社里的销售回款码洋首次突破6个亿，改革成果初步显现。2010年，是华东师大出版社历史上最困难的一年，也是最令人难忘的一年。年初，我们的管理层和骨干人员大量流失，随之而来，诸多被掩盖着的问题暴露出来，外界也开始风传很多对出版社不利的流言：一个昔日风光无限的出版社瞬时处于内忧外患的境地。但是，我们没有悲观绝望，也没有就此沉沦，因为改制给我们塑造了一个科学合理的体制，改制为我们锻炼出一个强有力的团队！而体制机制等的深度变革则为我们提供了一个可以经受任何风浪和磨难的制度保证。在全社员工的共同努力之下，我们很快克服了这些困难，迎来了柳暗花明。从年底的数据来看，出版社的销售码洋、经济利润保持了良好的发展态势，取得了较大增长：2010年，我们的回款码洋达到了6.5亿元，比2009年增长7%，创历史新高；净利润比

2009年增长8%；我们的银行存款和现金流也达到了历史最高值。同时，改革大大优化了我们的选题和产品结构，提高了员工的工作积极性。我们的出版物无论是内容还是形式，都发生了深刻变化。大批优质图书源源不断地面世，得到了新闻出版总署领导、上海市新闻出版局领导、业界同仁和读者朋友的高度肯定。在第二届中国政府出版奖的颁奖典礼上，我社出版的《中国教育史研究》喜获"第二届中国出版政府奖"，《中古汉字流变》和《儿童心理学手册》（第六版）获得提名奖，《私想者》获优秀装帧设计奖。同时有四种图书获得国家级的大奖，这在华东师大出版社的历史上是从未有过的。经过2010年这一场风雨的考验，我们用坚强的机体打赢了一场对华东师大出版社来说具有生死存亡意义的硬仗，事实证明，华东师大出版社的改革是成功的，改革为我们战胜困难提供了制度的保证，更为我们的可持续发展提供了可能！2010年的经验和教训告诉我们，改革不可能毕其功于一役，继续深化改革，才可能促进出版社可持续发展。

转企改制虽然完成，华东师大出版社也在新的体制机制下刷新了自己的业绩，但是，进入新世纪的第二个十年后，我们身处新一轮改革后的新发展时期，整个出版业都在急剧发生变化，无论是改制、兼并与收购，还是集团化、资本化以及数字化的大趋势，都给出版业带来了巨大的冲击，使我们感受到了前所未有的危机和压力，也刺激我们寻找新的发展方向。在这种背景下，出版社的发展又到了一个新的十字路口，当时我们提出，华东师大出版社要开始"第三次创业"。创业，就是一切归零，从头开始。过去的已然是历史，我们不能躺在过去的成绩上自我陶醉，更不能停在过去的经验上固步自封；我们不能安于过去积累的财富而悠然自得，更不能滑行在已经自然成习惯的行为方式和思维方式上不思进取。我们以创业的心态，从五个方面来规划出版社的未来，以谋求出版社的可持续发展。这五个方面是：企业化、集团化、数字化、国际化和资本化。

企业化就是建立现代企业制度以及与之相适应的企业文化，从单纯的内容提供商向内容提供商与服务提供商相结合转型。转企改制后的前三年，我们并没有要求业务大幅度增长，这三年是消化改革的时间。管理体系、工作流程以及绩效考核的大变化，ERP管理系统的上线，分社社长角色的转变都需要一定时间的磨合，这是建立现代企业制度必须经历的过程，也是出版社实现新的飞跃所要突破的瓶颈。改制以后，我们对组织架构进行了根本性的改变，实行分社制，这是我们模拟集团化而尝试的道路。华东师大出版社当时设立了九个分社、三家子公司。每个分社，都是出版社的一个利润中心，具有很大的自主性，它们拥有相对独立的人事权、财权、选题权。

这种内涵式和市场化的发展模式，将使成立集团成为一个水到渠成的选择。实现集团化的科学管理，将主业做强的同时实施多元经营，并将内涵发展与并购、联合相结合，是我们走集团化所坚持的原则。

数字化是我们特别重视的一个方面。它有两重含义，一是指企业内部管理的数字化。2009年8月，华东师大出版社ERP管理系统上线，全面启动了数字化管理，实行"无纸办公"，书稿的审读、文件的流转均在网上进行。经多年运行，它已经成为一个比较成熟和完善的系统。数字化的另外一重涵义,就是数字出版,即整合本社资源向数字化转型,寻找适合本社特点的赢利模式。这是我们改制后一直在重点投入和大力发展的板块。改制前,我们已经开始了前期的数字化建设;2009年,我们抓住金融危机提供的机遇,实施人才抄底,一次性招聘了十几个专业人才,组成了一支具有强大战斗力的数字出版专业队伍。经过多年的前期投入,当时我们开发的"数字互动教室"、"电子书包"、"手机报"等产品在市场推广方面已经取得了突破性的进展。

国际化是我们出版社发展的一个重要支点。从1998年以来,华东师大出版社一直坚持实施"走出去"的发展战略,不仅积极开展版权贸易,让产品"走出去",而且在海外设立办事处,让机构"走出去";同时,还与海外出版社联手合作,共同开发双方感兴趣的选题。比如,2009年法兰克福书展期间,华东师大出版社与欧洲两家出版社就中国典籍的合作出版举行了签约仪式。国际化战略一方面有效地促进了本版优秀作品的海外版权输出工作,另一方面也有力地提升了华东师大出版社的国际影响力,加快了出版社整体"走出去"的脚步。

在企业化、集团化、数字化、国际化转型的时代背景下,出版企业要做大做强,必须加强资本经营能力和资本运作力度,借助资本化手段,优化出版资源配置,扩张资本规模,实现最大限度的增值。如何让资本化带动出版业起飞,是我们一直重点考虑的一个问题。当前,我们国家已全面进入"十三五",国家的经济、文化建设进入了一个崭新的发展时期。"创业",永远是华东师大出版人奋斗精神的写照,也是深化改革、实现出版社可持续发展的核心和基础。虽然实现梦想的旅程可能异常艰难而漫长,虽然前进的路上也许荆棘密布、暗礁丛生,虽然我们将冒更大的风险,承受更大的磨难,但祝愿华东师大出版人,以更高的热情、更大的干劲、更新的思路去直面挑战,创造更加灿烂辉煌的明天!

(原载于《甲子华章——我与华东师大出版社》,华东师范大学出版社,2017年11月)